本书为教育部人文社会科学研究青年基金项目（18YJCZH248）、
广东省哲学社会科学规划青年项目（GD17YGL02）、
广州市社会科学界联合会2018年度“羊城青年学人”资助研究项目（18QNXR27）研究成果之一

智慧城市系统研究

要素、结构与模型

张小娟 著

RESEARCH ON SMART CITY SYSTEM

Elements, Structure and Model

经济管理出版社
ECONOMY & MANAGEMENT PUBLISHING HOUSE

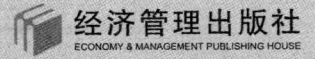

图书在版编目（CIP）数据

智慧城市系统研究：要素、结构与模型/张小娟著.—北京：经济管理出版社，2019.10
ISBN 978-7-5096-6817-7

Ⅰ.①智⋯　Ⅱ.①张⋯　Ⅲ.①现代化城市—城市建设—研究　Ⅳ.①C912.81

中国版本图书馆 CIP 数据核字（2019）第 158340 号

组稿编辑：梁植睿
责任编辑：梁植睿
责任印制：黄章平
责任校对：董杉珊

出版发行：经济管理出版社
　　　　　（北京市海淀区北蜂窝 8 号中雅大厦 A 座 11 层　100038）
网　　址：www.E-mp.com.cn
电　　话：（010）51915602
印　　刷：三河市延风印装有限公司
经　　销：新华书店
开　　本：720mm×1000mm/16
印　　张：17.75
字　　数：319 千字
版　　次：2019 年 10 月第 1 版　2019 年 10 月第 1 次印刷
书　　号：ISBN 978-7-5096-6817-7
定　　价：68.00 元

·版权所有　翻印必究·
凡购本社图书，如有印装错误，由本社读者服务部负责调换。
联系地址：北京阜外月坛北小街 2 号
电话：（010）68022974　　邮编：100836

前　言

　　智慧城市是近几年进入人们视野并受到广泛关注的城市发展的新概念、新模式，学术界也从不同视角对智慧城市的概念界定及理论模型构建进行了形态各异的探索性分析。围绕"什么是智慧城市"这一核心问题，本书从城市系统的视角入手，结合城市发展演进的基本规律以及智慧城市的典型观点等，剖析了智慧城市以及智慧城市系统的基本内涵；在此基础上，运用内容分析法中的共词分析方法以及社会网络分析方法归纳了智慧城市的主要构成维度；通过规范的理论分析，分析了智慧城市系统的要素与结构层次，并在此基础上构建了智慧城市的系统模型；最后结合本书关于智慧城市系统理论的探讨对广州智慧城市系统进行了案例分析。

　　本书通过研究表明：①智慧城市是以新兴信息技术为基础，以谋求经济、社会、环境的全面可持续发展为基本方向，以信息技术的人工智能和人的智慧为重要手段，通过充分整合城市各类资源推进城市的创新运作，进而实现城市核心资源的优化配置以及城市运行发展全面优化的城市。以系统思考的方法来看，智慧城市本身就是一个完整的系统，智慧城市系统是通过新兴信息技术的人工智能和人的智慧在城市情境中的良好耦合，推动城市发展全面优化的城市系统形态。②智慧城市系统是由各类要素或子系统复合而成的复杂巨系统，它的要素主要包括战略系统、社会系统、经济系统、支撑系统和空间系统五个子系统。从结构方面来看，智慧城市系统具有特定的层次结构特征，主要体现为它具有复杂程度由低到高的物理层、活动层、战略层三大层次。③智慧城市的系统模型刻画了一个完整的智慧城市系统所包含的主要构成因素，并按照一定的结构形式表达了不同构成因素之间的联系和作用方式。它通过战略系统、社会系统、经济系统、支撑系统、空间系统五大子系统以及战略层、活动层、物理层三大层次之间的相互联系、相互作用关系，揭示了智慧城市系统形成、运行和发展的内在机制。

本书主要创新点体现在：①探索性地研究分析了智慧城市系统的概念、要素与结构，形成了一些关于智慧城市的基本观点和理论；②结合规范的理论分析构建了智慧城市的系统模型，并详细地分析了系统模型中的结构关系，揭示了智慧城市系统形成、运行和发展的内在机制；③发展了城市系统的相关理论，创新性地从战略系统、社会系统、经济系统、支撑系统、空间系统五个方面来认识和研究城市系统。

目 录

第1章　绪　论 ………………………………………………………… 1

  1.1　研究的背景、问题及意义 …………………………………………… 1

    1.1.1　研究背景 ………………………………………………………… 1

    1.1.2　研究问题 ………………………………………………………… 6

    1.1.3　研究意义 ………………………………………………………… 7

  1.2　文献综述 …………………………………………………………… 9

    1.2.1　智慧城市的概念综述 …………………………………………… 9

    1.2.2　智慧城市的要素综述 …………………………………………… 14

    1.2.3　智慧城市的模型综述 …………………………………………… 18

  1.3　研究思路、方法与技术路线 ………………………………………… 22

    1.3.1　研究思路 ………………………………………………………… 22

    1.3.2　研究方法 ………………………………………………………… 23

    1.3.3　技术路线 ………………………………………………………… 25

  1.4　创新之处 …………………………………………………………… 25

第2章　相关理论基础 ……………………………………………… 28

  2.1　智慧城市的相关概念 ……………………………………………… 28

    2.1.1　数字城市和智能城市 …………………………………………… 28

    2.1.2　知识城市 ………………………………………………………… 30

    2.1.3　创新型城市 ……………………………………………………… 31

    2.1.4　创意城市 ………………………………………………………… 31

      2.1.5 生态城市、低碳城市、宜居城市 …………………………………… 33
  2.2 系统科学理论 …………………………………………………………………… 34
      2.2.1 系统的一般定义 …………………………………………………… 35
      2.2.2 系统的等级与突现 ………………………………………………… 36
      2.2.3 系统的通信及控制 ………………………………………………… 37
      2.2.4 系统的综合微观分析方法 ………………………………………… 37
  2.3 城市系统理论 …………………………………………………………………… 39
      2.3.1 城市的含义 ………………………………………………………… 39
      2.3.2 城市及城市系统的形成 …………………………………………… 40
      2.3.3 城市系统的组成要素 ……………………………………………… 41
      2.3.4 城市系统的特征 …………………………………………………… 42

第3章 智慧城市系统的概念分析 …………………………………………………… 45

  3.1 智慧城市的概念内涵分析 …………………………………………………… 45
      3.1.1 智慧城市的概念缘起 ……………………………………………… 45
      3.1.2 智慧城市与相关概念 ……………………………………………… 50
      3.1.3 智慧城市的典型观点 ……………………………………………… 52
      3.1.4 智慧城市的概念界定 ……………………………………………… 53
      3.1.5 智慧城市的内涵分析 ……………………………………………… 54
      3.1.6 智慧城市的基本特征 ……………………………………………… 57
  3.2 智慧城市系统的概念内涵分析 ……………………………………………… 59
      3.2.1 智慧城市的系统隐喻 ……………………………………………… 59
      3.2.2 智慧城市系统的概念内涵 ………………………………………… 61
      3.2.3 智慧城市系统的自组织与他组织特性 …………………………… 64

第4章 智慧城市系统的要素分析 …………………………………………………… 66

  4.1 基于共词分析的智慧城市系统要素构成分析 ……………………………… 66
      4.1.1 研究设计 …………………………………………………………… 67
      4.1.2 共词矩阵构建 ……………………………………………………… 69
      4.1.3 共词矩阵的多元统计分析 ………………………………………… 73
      4.1.4 高频关键词的归类分析 …………………………………………… 76

4.1.5　高频关键词的社会网络特征分析 …………………………… 79
　　4.1.6　智慧城市的五大构成维度分析 ………………………………… 83
　　4.1.7　智慧城市系统的要素构成分析 ………………………………… 84
4.2　智慧城市的战略系统分析 …………………………………………………… 85
　　4.2.1　城市战略在城市"智慧"中的必要性 ………………………… 85
　　4.2.2　智慧城市战略的系统特征 ……………………………………… 86
　　4.2.3　智慧城市战略系统的要素与结构 ……………………………… 87
　　4.2.4　智慧城市战略系统的主要内容 ………………………………… 87
4.3　智慧城市的社会系统分析 …………………………………………………… 100
　　4.3.1　社会系统的含义 …………………………………………………… 100
　　4.3.2　智慧城市社会系统的内涵与要素 ……………………………… 101
　　4.3.3　智慧城市社会系统的主要内容 ………………………………… 103
4.4　智慧城市的经济系统分析 …………………………………………………… 115
　　4.4.1　经济系统的含义与要素 ………………………………………… 115
　　4.4.2　智慧城市经济系统的内涵与要素 ……………………………… 116
　　4.4.3　智慧城市经济系统的主要内容 ………………………………… 117
4.5　智慧城市的支撑系统分析 …………………………………………………… 133
　　4.5.1　城市基础设施的含义 …………………………………………… 133
　　4.5.2　智慧城市支撑系统的内涵与要素 ……………………………… 135
　　4.5.3　智慧城市支撑系统的主要内容 ………………………………… 136
4.6　智慧城市的空间系统分析 …………………………………………………… 146
　　4.6.1　城市空间的含义 ………………………………………………… 146
　　4.6.2　信息社会时代流动空间的形成 ………………………………… 147
　　4.6.3　智慧城市空间系统的内涵与要素 ……………………………… 148
　　4.6.4　智慧城市空间系统的主要内容 ………………………………… 149

第5章　智慧城市系统的结构与模型分析 ……………………………………… 156

5.1　智慧城市系统的结构分析 …………………………………………………… 156
　　5.1.1　基于复杂系统理论的智慧城市系统结构的层次特征 ………… 156
　　5.1.2　智慧城市系统的物理层分析 …………………………………… 159
　　5.1.3　智慧城市系统的活动层分析 …………………………………… 165

5.1.4　智慧城市系统的战略层分析 …………………………………… 170
　5.2　智慧城市的系统模型构建 …………………………………………… 174
　　　5.2.1　基于复杂开放系统通信与控制规律的智慧城市系统 ………… 174
　　　5.2.2　基于有生命力系统模型的智慧城市系统 ……………………… 176
　　　5.2.3　智慧城市的系统模型描述 ……………………………………… 179
　5.3　智慧城市系统模型的结构关系分析 ………………………………… 185
　　　5.3.1　战略系统视角的结构关系 ……………………………………… 185
　　　5.3.2　社会系统视角的结构关系 ……………………………………… 186
　　　5.3.3　经济系统视角的结构关系 ……………………………………… 187
　　　5.3.4　支撑系统视角的结构关系 ……………………………………… 191
　　　5.3.5　空间系统视角的结构关系 ……………………………………… 191

第6章　广州智慧城市系统分析 …………………………………………… 195

　6.1　广州智慧城市建设的背景分析 ……………………………………… 195
　　　6.1.1　广州智慧城市建设的基础和条件 ……………………………… 195
　　　6.1.2　广州智慧城市建设的发展历程 ………………………………… 198
　6.2　广州智慧城市系统的要素分析 ……………………………………… 198
　　　6.2.1　广州智慧城市的战略系统分析 ………………………………… 198
　　　6.2.2　广州智慧城市的社会系统分析 ………………………………… 201
　　　6.2.3　广州智慧城市的经济系统分析 ………………………………… 206
　　　6.2.4　广州智慧城市的支撑系统分析 ………………………………… 214
　　　6.2.5　广州智慧城市的空间系统分析 ………………………………… 220
　6.3　广州智慧城市系统的结构分析 ……………………………………… 226
　　　6.3.1　广州智慧城市系统的物理层分析 ……………………………… 226
　　　6.3.2　广州智慧城市系统的活动层分析 ……………………………… 227
　　　6.3.3　广州智慧城市系统的战略层分析 ……………………………… 229
　6.4　广州智慧城市的系统模型分析 ……………………………………… 231
　6.5　总结与启示 …………………………………………………………… 235

第7章　结论与展望 ………………………………………………………… 237

　7.1　研究结论 ……………………………………………………………… 237

7.2 研究局限与展望 …………………………………………… 241

参考文献 ………………………………………………………… 243

附　录 ………………………………………………………… 261

第1章 绪　论

1.1　研究的背景、问题及意义

1.1.1　研究背景

（1）新一代信息通信技术的快速发展及广泛应用引发了城市发展模式的变革，智慧城市成为近几年进入人们视野的新的城市发展理念，并引发了世界各地对智慧城市探索和实践的热潮。

物联网、云计算、大数据、移动互联网等新一代信息通信技术是近几年快速发展并在城市各领域中日益得到广泛应用的新兴信息技术。如在美国的芝加哥，芝加哥大学、阿贡国家实验室和芝加哥城市数据计算中心共同合作来开发一个名为"Array of Things"的项目，期望通过收集城市中的资料进行分析，让芝加哥市变成一个安全、有效率、干净的居住城市。该项目将在芝加哥市密歇根大道的八个十字路口路灯上安装类似灯罩的传感器，其传感器能够收集城市中的大量资料，包含城市中的光线强弱、音量、降雨量、风速、街道温度、空气质量等，还有能通过人群的移动装置通话量计算出往来人次等数据。该项目最终目标是部署超过500个节点，并将每个节点收集到的资料能够被公开且实时地上传到芝加哥的数据平台网站上，为公共机构、私有企业和学术单位等通过这些数据来进行城市相关分析提供支持。① 这是一个典型的智慧城市项目，在该项目中，物联网技

---

① 宗文．芝加哥利用大数据建设智慧城市［EB/OL］．中国信息产业网，http://www.cnii.com.cn/internation/2014-10/15/content_1459987.htm，2014-10-15．

术实现了对城市物理空间数据的收集，数据的主要形态是大数据，互联网、移动互联网等实现数据的传输，云计算技术为数据的分析和处理提供技术支持，另外还有其他众多的存储、计算、数据挖掘、数据显示等信息技术为该项目的运行提供支持。

新一代信息通信技术的发展及其在城市各领域的深入应用而形成的新的城市发展模式，人们称之为"智慧城市"。从技术方面来看，智慧城市的基本理念和发展模式主要体现为，通过把新一代信息通信技术应用到城市的各行各业中，把传感器嵌入或装备到各种各样的物体中，并通过通信机制，包括通信网、互联网等进行信息传输，形成人与物、物与物的信息交互和无缝链接，再使用高性能计算机和云计算等先进技术对数据进行技术处理和知识挖掘，从而提升人对物理世界实时控制、精准管理和资源优化配置的能力，实现生产生活的科学决策，即通过虚拟空间大大提升人们运行、管理和改造城市物理空间的能力。而智慧城市作为一个明确的概念进入人们视野并得到世界各地的热烈追捧始于 IBM 公司提出的"智慧地球"计划。2009 年 1 月，在美国工商领袖的"圆桌会议"上，IBM 公司的首席执行官彭明盛提出了"智慧地球"这一概念，其主要内容是把信息技术充分应用到各行各业中，即将传感器嵌入到医院、电网、铁路、建筑、桥梁、供水系统、油气管道等全球各个角落的各类物体中，使其普遍连接形成"物联网"，而后将互联网与物联网连接起来，通过超级计算机和云计算对所收集的大量数据进行高级运算和精准呈现，使人类能够更加精细地管理生产和生活，从而使全球达到一种"智慧"的状态。这一提案得到了奥巴马政府的积极回应，并将其上升到国家战略层面，其称将经济刺激资金投入到宽带网络等新兴技术中去，是美国在 21 世纪保持和夺回竞争优势的根本所在（陈柳钦，2011）。随后，这一理念被世界各国作为应对国际金融危机、振兴经济的重点领域。智慧地球有六大"智慧"解决方案：智慧的城市、智慧的电力、智慧的医疗、智慧的交通、智慧的金融、智慧的供应链。作为智慧地球的重要组成部分，智慧城市不仅可以提供未来城市发展新模式，而且可以带动新兴产业——物联网产业的发展，因此，世界各个国家和地区纷纷将建设智慧城市作为应对金融危机、扩大就业、抢占未来科技制高点的重要战略。

世界各地在智慧城市建设实践中具有不同的特点和侧重点。美国的硅谷、圣地亚哥、布莱克斯堡，以及加拿大的渥太华、哈里法克斯等城市，它们将智慧城市建设作为营造有利的商业发展环境和发展高新技术产业来驱动经济发展的重要动力。在欧洲的阿姆斯特丹、斯德哥尔摩、维也纳、哥本哈根、赫尔辛基等城市，它们更多地关注通过智慧城市建设来为市民提供更好的学习、参与和合作平台，进而推进社会的包容发展和环境的可持续发展。在亚洲，日本的北九州、横滨市、丰田市、京都府四个城市侧重利用绿色信息技术实现交通系统、能源利用和环境质量的改善，韩国较为重视通过信息技术的应用为市民提供更好的公共服务，以及促进经济的发展和城市竞争力的提升。新加坡则通过智慧城市建设实现了社会的融合发展和经济的增长。中国政府及企业界建设智慧城市的热情高涨，在智慧交通、智慧政务、智慧产业等经济社会领域进行了一系列应用项目的建设，目前宁波、无锡、杭州、银川等多个城市都成为国内外智慧城市建设的典范。

（2）在我国城市化快速发展的同时，城市的发展也面临着巨大挑战，智慧城市的建设和发展为我国城市破解和缓解城市发展难题，推进城市的转型和创新发展提供了行之有效的解决方案。

改革开放以来，我国城镇化快速推进，呈现出不断加速的趋势（见图1.1），为城市发展带来巨大挑战。在2011年，我国的城镇化率达到了51.27%，首次超过了50%，这也意味着我国进入了城市型社会①，并且预计至2030年，我国的城市化率将达到65%（中国发展研究基金会，2010）。城市型社会的主要特征体现为城市人口为主体、城市经济占支配地位、城市生活方式占主导地位、城市生活品质更受重视，城市的发展品质决定了中国半数以上人的生活品质，甚至在某些城市化程度较高的地方（如在2018年，北京、上海、广州的城市化率分别达到了86%、88%、86%），城市的发展品质就是大部分人的生活品质，城市被赋予了前所未有的经济、政治和技术权力。与城市化快速推进和较高的城市化水平相对应的是，城市的发展面临着巨大的挑战。一方面，由于长期单纯重视经济发展，城市在公共住房、基础教育、文化设施、医疗卫生、公共交通等方面的社会基础设施建设相对滞后，伴随着人口的大规模集聚，城市公共服务出现了严重的供给不足的状况，城市建设和运行管理的压力更加凸显，人口规模过快增长给资源平衡、环境承载、公共服务和城市管理带来严峻挑战。另一方面，由于长期以来粗放式的经济增长，城市的土地资源消耗过快，水资源以及能源的日益紧缺，城市的环境污染问题日益严重，城市的生态状况日益恶化，生态承载力不断下

---

① 潘家华和魏后凯（2012）指出，从国际经验看，判断一个国家或地区是否已进入城市型社会，主要有五个标准：一是城镇人口标准；二是空间形态标准（即制造业和服务业在城市空间的集聚所形成的城市圈、城市群等形态）；三是生活方式标准；四是社会文化标准；五是城乡协调标准。其中，城镇人口标准是最为重要的核心标准，即城镇人口比重（城市化率）超过50%即可认为该国家或地区进入了城市型社会。

降。这些问题的存在为城市的可持续发展带来严峻的考验，使城市的进一步发展面临较大的挑战。

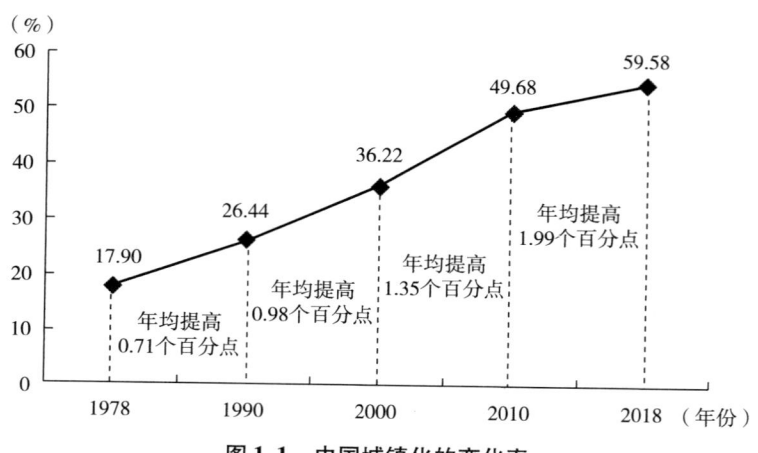

图 1.1 中国城镇化的变化率

资料来源：根据历次全国人口普查和 2018 年全国统计公报数据绘制。

　　智慧城市的建设与发展为我国城市解决现有的发展难题提供了行之有效的解决方案。在社会发展及公共服务方面，智慧城市通过运用物联网、云计算等新兴信息技术，收集和分析庞大的城市人口信息，实现对城市流动人口的有效管理；通过建立相应的信息平台实现劳动力教育、技能等多方面信息的共享，帮助城市掌握人才供需状况，更好地实施城市人才战略，并推进居民的充分就业；通过建立便捷、信息透明的市民公共服务平台，推进公共服务信息和资源的共享，实现公共服务的供求平衡。在经济转型发展方面，智慧城市的投资建设和信息技术应用能促进包括物联网、云计算、下一代互联网等战略性新兴产业的发展和传统产业的改造升级；通过构建各类信息的互联互通，以及提升政府面向企业的公共服务能力，为城市的创新创业提供更加有利的外部环境。在环境与生态方面，智慧城市可以评估和优化自然资源的使用，保护和提高自然资源的再生能力；通过先进的监控手段灵活有效地发现和控制污染，及时采取有效的补救措施。另外，先进的信息技术手段的应用将大大提升政府的城市管理能力，政府可以运用智能技术预测未来基础设施的需求和供应，从而得以对基础设施建设进行合理规划，提升基础设施的利用率和运营效率，通过智慧基础设施也可以方便收集数据建立预警机制，快速影响公共危机，加强公共安全和应急管理。由此可以看出，推进智慧城市建设，为我国城市突破发展瓶颈，解决城市发展中遇到的难题，推动城市的转型和创新发展带来了新的机遇。

(3) 我国国家相关部门及各地政府都较为重视智慧城市的建设工作，推进和强化智慧城市建设对于我国城市的发展也具有重要的现实意义。

近几年智慧城市建设得到了我国国家以及地方政府部门的重视和支持。目前我国掀起了一股智慧城市建设的热潮，全国已有超过250个城市提出要建设智慧城市。① 为了更好地推进我国智慧城市建设，自2013年1月以来，我国住房城乡建设部共分三批公布了290个智慧城市试点。为了加强对我国各地智慧城市建设实践的引导，促进智慧城市建设工作的统筹，2013年7月，国家发展改革委、工业和信息化部、科技部、公安部、财政部、国土资源部、住房和城乡建设部、交通运输部八大部委共同研究起草了《关于促进智慧城市健康发展的指导意见》，并得到了国务院的批复，我国智慧城市建设将进入统筹推进阶段。② 随后，国家又出台了《关于开展智慧城市标准体系和评价指标体系建设及应用实施的指导意见》(2015年10月)、《新型智慧城市建设部级协调工作组2016-2018年任务分工》(2016年8月)、《推进智慧交通发展行动规划》(2017年1月)、《新一代人工智能发展规划》(2017年7月)、《智慧城市时空大数据与云平台建设技术大纲(2017版)》(2017年9月)、《关于开展国家电子政务综合试点的通知》(2017年12月)、《促进新一代人工智能产业发展三年行动计划(2018-2020)》(2017年12月)等相关政策以进一步统筹、指导和推进我国智慧城市的建设与发展。同时，各地政府也较为重视智慧城市建设，将智慧城市建设写入政府工作报告或纳入当地的"十三五"规划。

智慧城市建设通过提供一套系统化的解决方案促进城市发展的优化，推进我国城市的转型和创新发展。通过利用新一代的物联网、云计算、决策分析优化等信息技术，智能地感知、分析、集成城市所辖的环境、资源、基础设施、公共安全、公共服务、公益事业、公民、企业和其他社会组织的运行状况，以及它们对政府职能的需求状况，从而改造和提升城市运行系统，使政府能够更有效地发挥经济调节、市场监管、社会管理和公共服务的职能，使企业获得更好的发展环境，使市民获得更好的生活居住环境。可见，智慧城市将通过实现城市运行系统的感知化、网络化、智能化、可视化，使城市中的各类行为主体能够及时根据外在环境和条件的变化来改进自身的行为，使城市系统具有更强的自适应、自调节能力。因此，智慧城市能够通过大大增强城市系统的反应和调节能力，来推进城

---

① 唐斯斯. 智慧城市建设热暗藏隐忧［N］. 中国青年报，2013-08-14（02）.
② 傅嘉. 四季度智慧城市建设有望提速升级［N］. 中国证券报，2013-10-11（A11）.

市发展面临问题的缓解和解决，促使其实现协调、持续、健康发展。

1.1.2 研究问题

作为一个近几年刚进入人们视野的新的城市发展理念，尽管智慧城市得到了政府和企业界的热烈追捧，但综合而言，人们对于"什么是智慧城市"还没有形成清晰的概念，人们对于智慧城市的认识和实践仍处于起步和探索阶段。本书研究将聚焦于"什么是智慧城市"这一现实问题，主要对以下三个子问题进行研究：

（1）智慧城市是一类怎样的城市，如何通过系统思考方法认识这一复杂的新事物？

从城市发展演进的历程来看，智慧城市是第四次工业革命——信息革命以来出现的一种城市信息化发展模式，是信息技术不断进步和城市信息化不断深化的必然结果，是数字城市、智能城市发展的高级阶段。那么智慧城市与数字城市、智能城市相比，以及与近些年同样倡导的创新型城市、创意城市、生态城市、宜居城市等新的城市概念有什么区别，它们之间具有怎样的关系？剖析城市发展演进的基本规律，探索智慧城市这一概念的来龙去脉，理性分析理论界和实业界对智慧城市的基本看法，能够帮助我们更加全面、深刻地了解智慧城市的本质特征及基本内涵。系统思想是一种对复杂事物进行整体性认识的思路和方法，它通过一定的认知和分析方法建立在不同领域之间普遍适用的基本规则。如果通过系统思考的方式来分析智慧城市这一复杂新事物，将有助于我们更为清晰地认识智慧城市内部是通过怎样的联系作用机制而使城市呈现出具有"智慧"特征的城市形态，从而帮助我们更为深刻、透彻地把握智慧城市的本质内涵。因此，在对智慧城市的概念内涵及其本质特征进行界定和分析之后，本书将借助于系统思考和系统隐喻的方法，探讨智慧城市系统的概念内涵，从而明确智慧城市是如何体现出"智慧"特征的。

（2）智慧城市系统是由哪些基本要素构成的，它具有怎样的结构特征？

智慧城市系统表明了智慧城市是通过在城市内部形成和建立特定的城市运行和发展机制而使其逐步向"智慧"演进的。具体而言，它究竟是通过哪些城市要素的分工合作而形成和建立这种城市运行和发展机制的？在现有的研究中，学者们对于智慧城市的构成要素有着各不相同的认识。Taewoo Nam 和 Theresa A. Pardo（2011）认为智慧城市是一种由技术、人和制度组合作用形成的城市，Rudolf Giffinger 等（2007），Rudolf Giffinger 和 Haindlamaier Gudrum（2010）认为，智慧城市是在经济发展、人的素质和技能、社会参与和治理、交通和信息通畅性、自然资源和环境、生活质量六个方面有良好表现的城市，Hafedh Chourabi 等（2012）认为智慧城市是由管理和组织、技术、治理结构、政策、人和社区、经济、ICT 基础设施、自然环境八个要素按照一定的秩序组合形成的城市。为了更加清晰地分析智慧城市系统的基本要素，本书采用内容分析法中的共词分析法和社会网络分析方法，通过对智慧城市研究的高频关键词的多元统计分析和网络分析，划分和讨论智慧城市的主要构成维度，形成关于智慧城市系统要素构成的基本观点。同时，对于智慧城市系统而言，作为一个复杂的复合巨系统，它具有复杂系统所具有的层次结构特征，主要体现为，它首先由各种不同的元素组合成相应的子系统，然后再由各种不同的子系统复合成更高一层级的系统，层层嵌套，最后形成一个复杂的大系统。那么对于智慧城市系统而言，它的层次结构特征是怎样的？本书将结合系统科学相关理论来分析智慧城市系统的结构特征。

（3）在智慧城市系统中，不同的要素是怎样在相互联系中按照特定的结构层次构成智慧城市系统这一整体的？

模型是研究系统的基本工具，系统模型则是对一个系统某一方面本质属性的描述，它以某种确定的形式（如文字、符号、图表、数学公式）提供关于系统的知识，它由反映系统本质或特征的主要因素构成，它集中体现了这些主要因素之间的关系。在了解了智慧城市系统的要素与结构之后，为了更加深入地分析智慧城市系统形成、运行及发展的内在机制，本书将构建智慧城市的系统模型。在已有研究中，由于人们认识智慧城市的视角不同，不同学者也构建了不同的智慧城市模型。如 Colin Harrison 和 Ian Abbott Donnelly（2011）以及 Colin Harrison（2012）从信息系统的视角，将智慧城市看作一个城市信息系统，基于社会系统、服务、资源、基础架构、自然环境五个层面来构建了智慧城市的系统模型，Sotiris Zygiaris（2012）从创新系统的视角，将智慧城市看作一个创新生态系统，从创新层、应用层、开放整合层、装备层、互联层、绿色城市层、城市七个层面来构建智慧城市的系统模型。本书对智慧城市系统模型的研究主要基于系统科学理论中对于复杂系统的通信控制规律及有生命力的系统模型理论的相关阐述，结合上文对于智慧城市系统要素及结构的分析，构建智慧城市的系统模型，揭示智慧城市系统形成、运行及发展的基本机制，为人们对智慧城市的认识以及实践提供理论参考。

1.1.3 研究意义

通过文献梳理、统计分析、理论探讨以及案例分析相结合的方式对"什么是智慧城市"这一核心问题进行了分析和探讨，本书研究的理论意义和现实意义分别体现在：

（1）在理论层面来看，对智慧城市及智慧城市系统进行了深入的理论剖析，探索性地构建了智慧城市的系统模型，推进了城市系统理论的深化和拓展。

对于智慧城市这一新概念的研究，目前学术界仍处于概念界定和理论构建阶段，不同学者从不同的理论视角对智慧城市进行了分析和探讨，但相关研究仍处于初步探索阶段，对于什么是智慧城市还没有形成较为清晰和统一的看法。本书从城市发展演化的历程、智慧城市概念的来源出发，结合现有研究中人们对智慧城市内涵的典型观点，详细地分析了智慧城市的本质特征和基本内涵，并以系统思考的方法分析了智慧城市能够成为具有"智慧"特征的城市形态所隐含的内在联系运行机制，界定了智慧城市系统的主要内涵。为了进一步了解智慧城市的基本构成要素，本书利用内容分析法中的共词分析方法和社会网络分析方法分析了智慧城市的基本构成维度，围绕战略、社会、经济、支撑、空间五大维度详细分析了智慧城市系统的要素。为了更加深入地剖析智慧城市系统的运行和发展机制，本书结合复杂系统的相关理论，分析了智慧城市系统的战略层、活动层、物理层三大层次结构，并结合智慧城市系统要素的分析构建了智慧城市的系统模型，揭示了智慧城市系统形成、运行和发展的内在机制。总体而言，本书关于智慧城市系统的研究和分析，突破了传统的城市系统理论中关于城市系统构成的经济、社会、环境三维度认识，创新性地从战略、社会、经济、支撑、空间五个维度来构建城市系统的基本理论。

（2）从实践层面来看，从发展战略、社会发展、经济发展、基础设施建设、城市空间规划五个方面深入、细致地分析了智慧城市中相关内容呈现的新特点和发展趋势，以及它们之间的相互联系和作用关系，为我国智慧城市的设计和建设提供理论参考。

虽然目前我国掀起了一股智慧城市建设的热潮，但各地对于如何建设智慧城市仍处于探索阶段。为了更好地推进我国智慧城市建设，2013年以来我国城乡与住房建设部分三批部署了290个智慧城市试点，2013年7月国家八部委也共同起草了《关于促进智慧城市健康发展的指导意见》，来统筹和引导我国的智慧城市建设。很多地方政府也都提出要建设智慧城市，并将智慧城市建设写进政府工作报告或"十三五"规划。总体而言，虽然我国目前大约有超过500个城市提出要建设智慧城市，但是从目前拟定或出台了智慧城市建设规划和方案的北京、上海、广州、深圳、杭州、南京、宁波等几个城市来看，相关规划和方案大致从发展目标、信息系统与基础设施建设、城市运行与管理、智慧产业发展、智慧民生建设、保障措施等几个方面部署了智慧城市建设的主要内容,智慧城市的设计与建设仍处于探索和摸索阶段。本书从智慧城市系统角度分析了在智慧城市中城市的发展战略、社会发展、经济发展、基础设施建设、城市空间规划方面所呈现的新特点和发展趋势,并结合以上五大方面的结构层次特征构建了智慧城市的系统模型,为人们研究和设计智慧城市提供了一个基本的理论框架。最后以广州市为例对广州智慧城市系统的发展进行了案例分析,为我国智慧城市的设计和建设提供理论借鉴和参考。

1.2 文献综述

1.2.1 智慧城市的概念综述

对于智慧城市这一新的概念,国内外学者们对它的概念内涵进行了广泛探讨,人们对智慧城市的认识也逐渐从狭义到广义,也由单纯注重技术层面拓展到了城市的全面可持续发展。

(1) 国内外研究中关于智慧城市概念的探讨。

以 IBM 公司提出的智慧城市方案为典型代表,很多学者较为重视智慧城市的技术内涵,这一认识较多地见于技术研究领域和实践分析情境。最早提出智慧城市建设方案的 IBM 公司指出,智慧城市是运用信息技术来改造城市的核心系统、优化有限资源利用的城市,即通过创造一个互联、互通、智能化的城市系统,政策制定者和市民可以从大量数据中洞悉城市活动及其新趋势,从而做出更加明智的决策。与此类似,Colin Harrison 和 Ian Abbott Donnelly(2011)认为,智慧城市是一种充分利用城市信息系统对城市基础设施和服务进行规划、设计、投资、建设、管理和运作的城市。同样,我国的很多学者也较为重视智慧城市的技术内涵。如王家耀等(2011)认为智慧城市就是让城市更聪明,它是通过互联网把无处不在的被植入城市的智能化传感器连接起来形成的物联网,实现对物理城市的全面感知,然后利用云计算技术对感知信息进行智能处理和分析,实现网上"数字城市"与物联网的融合,并发出指令,对政务、民生、环境、公共安全、公共服务、工商活动等在内的各种需求做出智能化响应和智能化决策支持。李德仁等

（2011）认为智慧城市是城市全面数字化基础之上建立的可视化和可量测的智能化城市管理和运营，更为简练的说法就是"智慧城市＝数字城市＋物联网"。韦颜秋和李瑛（2019）从城市建设的视角，认为物联、互联和智能是智慧城市的技术逻辑，并从生态复杂系统角度论述了智慧城市通过物联网、高速全覆盖的互联网和具有人工智能的分析决策平台，将城市中的基础设施、商业实体、政府部门、能源环境及人的活动连接起来，构成一个复杂的巨型生态系统，在数据驱动下，用智慧分析决策的方式建立普遍联系。Camero 和 Alba（2019）就大量计算机科学与信息技术领域对智慧城市的研究文献进行收集、统计和分析后发现，相关文献更多地在环境和移动性应用方面进行研究，其次是治理与生活方面，在人和经济方面很少提及，包括政策和城市规划也很少有人涉及，这不利于相关研究成果引起政策制定者和城市政府部门的关注。

很多学者认为信息技术只是智慧城市的基础，只有信息技术与城市的经济、社会、生态等主要发展领域实现良好的融合、整合时，这样的城市才能成为一个智慧的城市，这是目前学界比较主流的认识。Holland（2008）在对北美、欧洲以及东南亚很多自我标榜为智慧城市的案例进行剖析之后发现，这些智慧城市涉及的主要因素有信息技术及网络、教育与学习、创业创新环境与经济发展、公共服务与治理模式转变、社会资本与社会融合、环境与可持续发展等多个方面，并且他指出，信息技术本身不会自然而然地带来城市的转变和发展，智慧城市发展应该从关注城市中人的现实状况（如需求、知识、技能等）和相应的人文资本（Human Capital）现状出发，在此基础上，要平衡信息技术在商业、政府、社区等领域与城市普通市民之间的应用状况，以及经济发展和可持续发展的平衡。Giffinger Rudolf 和 Gudrun Haindlmaier（2009）认为，那些将城市自身禀赋状况和城市中具有独立意识、具备自我决策能力的市民的活动巧妙地结合起来，在经济发展、人的素质和技能、社会参与和治理、交通和信息通畅性、自然资源和环境、生活质量六个方面以富有远见的方式发展，且在这些方面具有良好的表现的城市是智慧城市。我国部分学者也认为不能单纯地从技术角度考虑智慧城市，应该从城市管理和公共服务角度来认识智慧城市。如宋刚和邬伦（2012）指出智慧城市建设既要通过物联网、云计算等新一代信息技术的应用实现全面感知和深度互联，更要营造一种可持续创新的制度、生态和社会环境。王广斌、张雷和刘洪磊（2013）指出，技术进步只是实现智慧城市的一个重要前提，如何使技术带给人类更智慧、更美好、可持续的生活，才是智慧城市的核心价值和内涵。与此同时，也有一些学者开始从城市发展角度来更全面地认识智慧城市，如许庆瑞等

（2012）指出概念是对数字城市、知识城市、生态城市、创造城市的一种整合，是整合了以上几个概念的城市功能并凌驾于它们之上的综合体，智慧城市的战略愿景是实现经济、社会、环境的可持续发展。夏昊翔和王众托（2017）认为目前学界和业界主要从信息与通信技术视角来认识城市，这具有一定的片面性。他们提出智慧城市具有内在的"三位一体"，即智慧城市是对城市信息化、城市智慧成长与可持续发展，以及知识与创造力城市三方面发展思潮的综合，城市的"智慧"表现为由"生理智能"、"社会智能"和广义"人工智能"三种智能形式综合形成的"整体谐生智能"。

还有一些学者从动态的、系统的观点来看待智慧城市。Taewoo Nam 和 Theresa A. Pardo（2011）认为，智慧城市不是一个城市"智慧"程度的状态，而是该城市使其自身变得"智慧"的努力。因此，智慧城市的内涵是城市创新，它是城市在技术、管理和政策方面进行的创新而使城市运作变得更加灵活的过程。夏昊翔和王众托（2017）也在研究中指出城市"智慧"的发展理应是一个持续提升的长期过程，因而很难绝对化地界定某一城市已经建成了"智慧城市"而另一城市还不是"智慧城市"。这样，智慧城市建设的更为确切的提法应是"城市智慧化"。Camero 和 Alba（2019）通过对计算机科学和信息技术的文献进行统计和数据分析后指出，智慧城市不是一个概念性物体、一个目标或一种身份，它或许是一个城市在时间上不断变得更加智慧的迭代过程。Raffaele Pé（2011）将智慧城市看作一个跨学科的关于城市新陈代谢（UM，即 Urban Metabolism，这一概念将城市看作一个生物物理系统，将城市的经济、社会方面和生态因素统一纳入该系统，将该系统中物质和能量的流动拟人化，视作由食物输入和废物输出所组成的人的新陈代谢所形成的循环系统）的综合性的概念，他认为，智慧城市之所以被称为"智慧"，是因为它具有感知能力，这种感知能力使城市能够迅速发现它在社会、环境、技术等方面的薄弱环节，并通过改进和提升这些环节来激发城市的发展活力。

综上所述，国内外学者从不同的角度对智慧城市的概念进行了较为广泛的分析，但具体什么样的城市是智慧城市，目前形成了较为明显不同的几类观点，并且不同类别当中不同学者之间的观点也不尽相同。对于智慧城市概念的界定，是进行智慧城市研究的起点，同时，不同的智慧城市概念和定义对智慧城市建设实践具有重要的引导作用，如技术层面的定义容易使智慧城市建设进入唯技术论的误区。尽管如此，不同学者对智慧城市概念的界定反映了人们基于不同的视角对智慧城市这一新事物进行的理论定义，相关观点为本书深入剖析智慧城市这一新事物奠定了基础。

（2）国内外研究中关于智慧城市内涵的探讨。

尽管学者们对智慧城市的定义各不相同，但从现有的文献来看，国内外学者们主要结合以下三个方面来分析智慧城市的基本内涵。

第一，技术层面：信息网络。信息通信技术（Information and Communication Technology，ICT）是智慧城市建设的核心驱动因素，信息基础设施的建设和各类信息技术（互联网、物联网、无线技术、移动通信等）的整合能够改变城市的面貌，创造大量潜在发展机会，并帮助加强城市的管理和促进城市各项功能的顺利实现（Odendaal N.，2003；Nancy Golubiewski，2012）。但它们实现的基础是由信息技术及相关基础设施进行连接所形成的智能的信息网络。这样一个信息网络将城市中所有的人、所有的物连接起来，使其能在任何时间、任何地点都能进行互连（Taewoo Nam and Theresa A. Pardo，2011；Ho Lee et al.，2008），实现信息的交流和共享，这是城市实现转变、创新、提升的技术基础。

第二，社会层面：社会网络和社会资本。在智慧城市中，用信息网络将人们联系起来，其主要目的是实现城市中知识、信息、经验、技能的共享以及城市发展战略、愿景的交流，从而帮助企业、政府和社区为市民提供更好的产品、服务以及政策措施（Krassimira Antonova Paskaleva，2011）。由此可见，城市的智慧发展离不开城市中各利益相关者的参与、合作和共同努力。同样，城市集聚发展所产生的各类问题的解决也是通过利益相关者的知识、创造性和合作来形成智慧解决方案（Taewoo Nam and Theresa A. Pardo，2011）。因此，社会网络的构建以及人们的积极参与需要充分了解、挖掘、激发、创造人们的需求（John G. Jung，1998；Ohbyung K. and Jihoon K.，2007），并在此基础上激发产生社会资本。社会资本主要由一定网络条件下的一组规范、制度、价值观、期望以及相应的制裁处罚组成（D. Halpern，2005），它对连接社会成员和社会组织，消除社会分割的具有重要作用，它促进社会成员交往的规范标准和价值观逻辑的形成，是产生集体智慧的基础（Krassimira A. P.，2009）。与此同时，在智慧城市中，创建一些推进创新的实体协作空间以建立社会资本同样重要，如建立一些孵化器、加速器、黑客空间和合作办公空间等，为人们的连接、协作以及在此基础上共同创新、共同创业创造条件（Guilherme F. Camboim et al.，2019）。社会网络和社会资本的形成是智慧城市建设目标实现的社会基础。

第三，愿景目标层面：智慧城市致力于实现城市经济增长与竞争力提升、社会公平与社会融合、资源与环境可持续发展。信息技术的发展是智慧城市概念出现的基础。对于信息技术而言，最重要的不是它的先进性和创造智慧城市的能力，而是它能通过信息网络的构建和应用成为城市经济、政治、社会、文化整体发展中的重要组成部分（Sam A. and Peter C., 2011; Joost B., 2011）。Margarita Angelidou（2015）指出，对智慧城市的认识应该兼顾两个方面：一方面，进入工业化时代以来，技术已经成为推动城市发展演进，进而推动智慧城市出现的一种主要驱动力量，它成为未来城市愿景展望中不可缺少的重要组成部分；另一方面，作为一种技术导向的城市发展模式，智慧城市中信息技术的发展及应用也深刻地影响了城市的发展政策及发展的优先级，使知识和创新经济成为推动城市智慧发展的一股强大力量。对于很多城市而言，建设智慧城市的主要目的是将其视为城市经济发展的驱动力（基本思路：通过信息和社会网络促进社会学习和创新，促进知识的形成、积累、传播和转化，推动城市创新创业，并通过有培育利于商业发展的环境和投资人文基础设施以吸引资本投资和创意人才），从而在全球经济中保持较强的竞争力（Holland G., 2008）。这种经济导向的智慧城市必然会为了吸引更多的具有知识、技能和创造力的人才，而将城市打造成更加适宜这一阶层居住、生活和工作的环境，而那些当地没有技能和IT文盲的贫穷者则被忽略了，城市社会分化将会加剧。但城市发展的生态完整性和公平性要求城市加快民主决策议程，一方面加快推进政府管理和决策的民主化，建立基于IT网络的治理机制，发展电子治理（E-governance，一般认为包括两部分，一是电子政务，依托ICT技术平台提供公共服务和进行政府政务管理；二是电子民主，依托ICT平台实现城市决策的公众参与（Krassimira A. P., 2009））。另一方面则通过建设和发展信息网络和社会网络将所有市民都接入知识社会中来，为市民提供社会学习的平台，进一步提高他们积极参与电子政务和电子民主的能力，使他们能够通过这些网络平台更好地参与到当地的规划、设计、发展事务中，将城市建设成当地人们希望的居住场所（Emmanouil T. and Drew G., 2012）。同时，社会的融合与公平也更好地促进城市经济的健康发展。Tannaz Monfaredzadeh 和 Robert Krueger（2015）也在研究中指出，可持续发展是未来城市发展的基本目标，但在人们对于智慧城市的讨论中，忽略了对技术智能的深刻理解，智慧城市的战略目标更多地在于充分利用新兴信息通信技术实现社会的可持续发展。在城市经济迅速增长的同时，城市也是大量资源的消耗者和大量环境垃圾的制造者，因此城市环境的可持续发展也非常重要，很多城市尤其是欧洲地区，都将智慧城市建设看作达到一定节能目标实现可持续发展的重要手段。如阿姆斯特丹就建立了一个市民、政府、企业共同合作来节约能源的ICT网络系统（Joost B., 2011）。面对全球日益严峻的环境和能源问题，信息技术可以作为一种替代现有物质资源的数字资源，通过信息技术对相关信息的收集、传递、分析，帮助达到一定的环保和节能指标。总之，从现有的文献来看，智慧城市建设的侧重点在于通过发展高新技术、创造性的产业以及营造有利的商业环境来促进城市经济的发展，通过发展电子治理来实现社会公平和社会融合，通过信息技术运用和全民参与来实现可持续发展。

综上所述，国内外学者们对智慧城市的内涵进行了广泛探讨，本书从技术、社会、愿景目标三个层面对相关研究进行了梳理，呈现了对智慧城市内涵进行认识和分析的基本脉络。但总体而言，相关研究和探讨比较零碎、分散，没能揭示和体现以上三个方面之间的内在联系，没有呈现出智慧城市的基本面貌。

1.2.2 智慧城市的要素综述

在研究中，学者们较为关心的是哪些要素使一个城市不同且优于以往的城市理念和城市形态，从而使其能够成为一个智慧的城市。因此，学者们也对一个智慧城市应该具备的特定要素，或者是城市的要素应该具备的特征进行了深入分析。

在现有研究中，对智慧城市要素构成的较为典型的探讨主要有智慧城市的技术—制度—人三要素、技术—组织—政策三要素、治理等四要素、组织等六要素和智慧经济等八要素组成的研究。Taewoo Nam 和 Theresa A. Pardo（2011）认为，技术、人和制度是智慧城市的关键组成部分，三者相互联系，相互连接，它们之间的关系如图1.2所示。他们指出，当一个城市建立了广泛参与的治理结构，投资于人文/社会设施和IT基础设施来推动城市的可持续发展，改善人们生活质量的时候，这个城市就是一个智慧的城市。Taewoo Nam 和 Theresa A. Pardo（2011）从城市创新角度提出了智慧城市的技术、组织、政策三个要素。他们认为，智慧城市不是一个城市"智慧"程度的状态，而是该城市使其自身变得"智慧"的努力。因为城市中所出现的大量棘手的问题出现在政治、经济和组织等方面，所以城市的创新战略必须在考虑技术方面创新的同时兼顾管理和政策方面。城市需要在自身特色的基础上，在技术、组织、政策三个方面进行创新。基于此，他提出了一个基于技术创新、组织创新和政策创新，并考虑创新风险和创新情境的基本框架，如表1.1所示。Camboim 等（2019）认为智慧城市是由城市治理、环境与城市配置、社会与制度结构、技术与经济动力四大要素组成的，如图1.3所示。示，城市治理要素发挥一种战略作用对环境与城市配置、社会与制度结构、技术

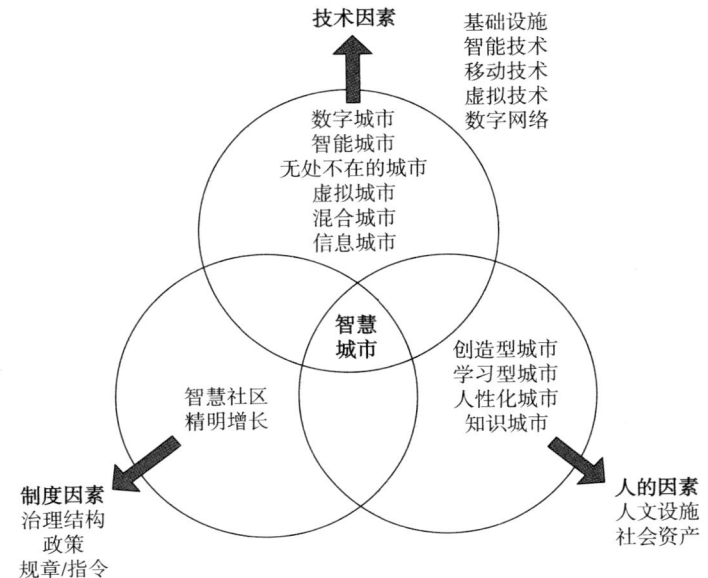

图 1.2　智慧城市的技术—制度—人三要素组成

资料来源：根据参考文献 Taewoo Nam 和 Theresa A. Pardo（2011）翻译所得。

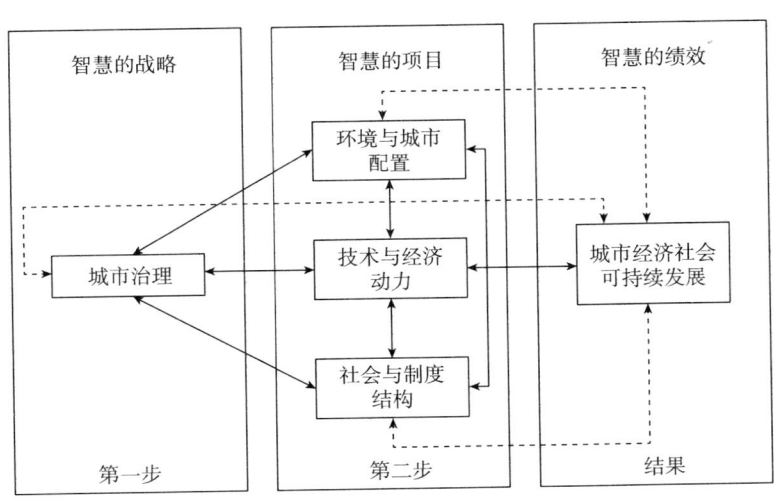

图 1.3　智慧城市的四要素组成

资料来源：根据 Camboim 等（2019）翻译所得。

表 1.1 智慧城市的技术—组织—政策三要素组成框架

维度	创新	风险	成功的方法
	我们怎样改变政府提供服务的方式?	创新中的风险是什么?	在创新中我们怎样处理风险?
技术（作为一种创新的工具）	■充分利用先进的ICT技术带来的潜在机会	■知识的缺乏 ■不兼容 ■期望过高 ■安全隐患	■实现系统互操作化 ■实现系统与基础设施的整合
组织（对创新进行管理）	■增强效率,实现高效管理（前厅办公和后台处理） ■改进组织内部以及组织间的互操作性	■组织冲突 ■抗拒改变 ■目标和项目之间的不一致	■企业间互操作化和商业模拟 ■跨组织管理和管理的互操化 ■加强组织领导
政策（创造进行创新的环境）	■重构政府和其他参与者之间的关系 ■政策模拟	■对各种利益相关者的忽略 ■政治压力 ■与其他政策的冲突	■政策整合 ■城市品牌营销 ■治理结构 ■协作、参与
情境	■物理距离 ■环境 ■交互作用的程度		■对情境的考虑

资料来源：根据参考文献 Taewoo Nam 和 Theresa A. Pardo（2011）翻译所得。

与经济动力三大要素进行规划、领导、投资、建设与评估，最终实现城市经济社会的可持续发展。Rudolf Giffinger 等（2007），Rudolf giffinger 和 Haindlamaier Gudrum（2010）认为，智慧城市是在经济发展、人的素质和技能、社会参与和治理、交通和信息通畅性、自然资源和环境、生活质量六个方面有良好表现的城市，"智慧"在一定程度上意味着城市在发展中改进这些方面所表现的意图和决心，他们将智慧经济、智慧人民、智慧管理、智能移动性、智慧环境、智慧生活六个方面作为智慧城市的要素，并基于此提出了包括 31 个二级指标和 74 个三级指标的智慧城市评价指标体系，如表 1.2 所示，在欧洲地区得到了广泛认同和应用。Hafedh Chourabi 等（2012）八位分别来自加拿大、美国、墨西哥等不同国家的学者根据实践中对智慧城市的工作进行了定义讨论和确定了智慧城市的必要要素，包括了管理和组织、技术、治理结构、政策、人和社区、经济、ICT 基础设施、自然环境八个要素，并据此提出了一个综合性的分析框架，如图 1.4 所示，在这八个要素里面，技术、组织、政策三个要素对其他要素的影响更大。

表1.2 智慧城市的六要素组成框架

智慧经济（竞争力）	智慧人民（社会和人力资本）
■创新精神 ■创业精神 ■经济形象和商标 ■劳动力市场的灵活性 ■产业国际化程度 ■经济转型能力	■资格等级 ■终身学习的认同度 ■社会的多元化和种族的多样性 ■适应性 ■创造性 ■世界性和开放性 ■公共生活的参与程度
智慧管理（参与） ■决策制定过程的公众参与 ■公共、社会服务水平 ■透明的政府管理 ■政治策略和政治观点	智能移动性（交通和ITC） ■局部范围的可达性 ■国家和国际范围的可达性 ■ITC 基础设施的可用性 ■稳定、创新、安全的交通系统
智慧环境（自然资源） ■自然环境中污染的减少 ■环境保护 ■可持续资源的管理	智慧生活（生活质量） ■文化设施 ■医疗条件 ■个人安全 ■住房质量 ■教育设施 ■旅游吸引力 ■社会凝聚力

资料来源：根据参考文献 Rudolf Giffinger 等（2007）翻译所得。

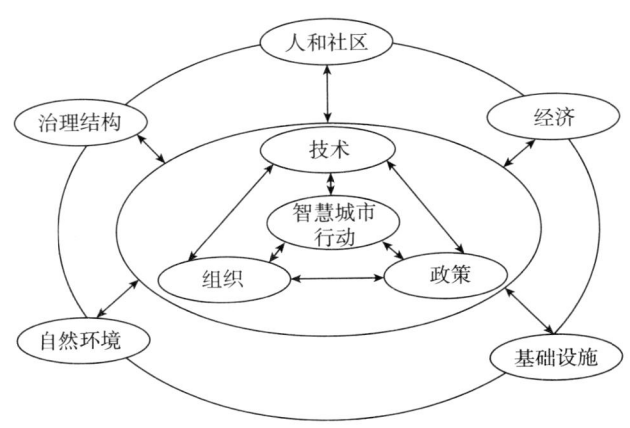

图1.4 智慧城市的八要素组成

资料来源：根据参考文献 Hafedh Chourabi 和 Taewoo Nam（2012）翻译所得。

综上所述，国内外学者们对智慧城市的构成要素进行了广泛探讨，也形成了迥然不同的各类观点，并且有的学者只对智慧城市的基本要素进行了罗列，有的学者对不同要素之间的优先级和相互关系进行了分析。但总体而言，学者们对智慧城市要素的探讨集中在技术、组织、管理、政策、人、经济、环境等几个方面。对于智慧城市而言，探讨分析它由哪些要素构成较为重要，但探究各类要素究竟具有怎样的地位和作用，以及它们如何相互联系构成智慧城市这一整体也具有非常重要的理论和现实意义。本书将以现有研究中关于智慧城市要素的探讨为基础，通过共词分析方法和社会网络分析方法划分和分析智慧城市的基本要素，进而结合系统科学等基本理论进一步探讨几类基本要素的地位、作用和它们之间的相互关系。

1.2.3 智慧城市的模型综述

国内外学者们在分析智慧城市概念内涵的同时，也从城市系统角度出发构建了一些智慧城市的理论模型，较为典型的有智慧城市信息系统模型和智慧城市创新生态系统模型。Colin Harrison 和 Ian Abbott Donnelly（2011）从城市系统视角出发提出了智慧城市的城市信息系统模型。Colin Harrison 和 Ian Abbott Donnelly 认为，智慧城市的本质就是一个城市信息系统，它通过在城市内部构建一个发达的城市信息系统，实现信息的产生、收集、传递、运用、反馈。通过将城市中包含和流动的不同类型的信息加以分类和结构化，他们建立了包括自然环境、基础架构、资源、服务、社会系统五个层次的城市信息模型，如图 1.5 所示。

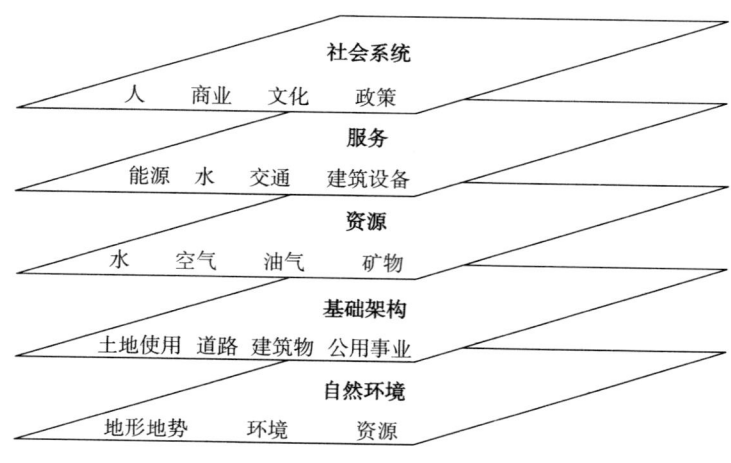

图 1.5 智慧城市的城市信息系统模型

资料来源：根据参考文献 Colin Harrison（2012）翻译所得。

Sotiris Zygiaris（2012）从城市生态系统视角出发提出了智慧城市的城市创新生态系统模型。Sotiris Zygiaris 认为，智慧城市是对传统的城市特征和新出现的"绿色""智能""开放""创新"等这些智慧环境理念的概括，它是以IT为基础的城市创新生态系统。为了将城市绿色、可持续的投资与智慧城市的社会—技术、财政资金等方面相结合，并把城市中心监控系统与底层利益相关者纳入一个混合的模型中，他们提出了以创新生态系统为特征的智慧城市，如图1.6所示。

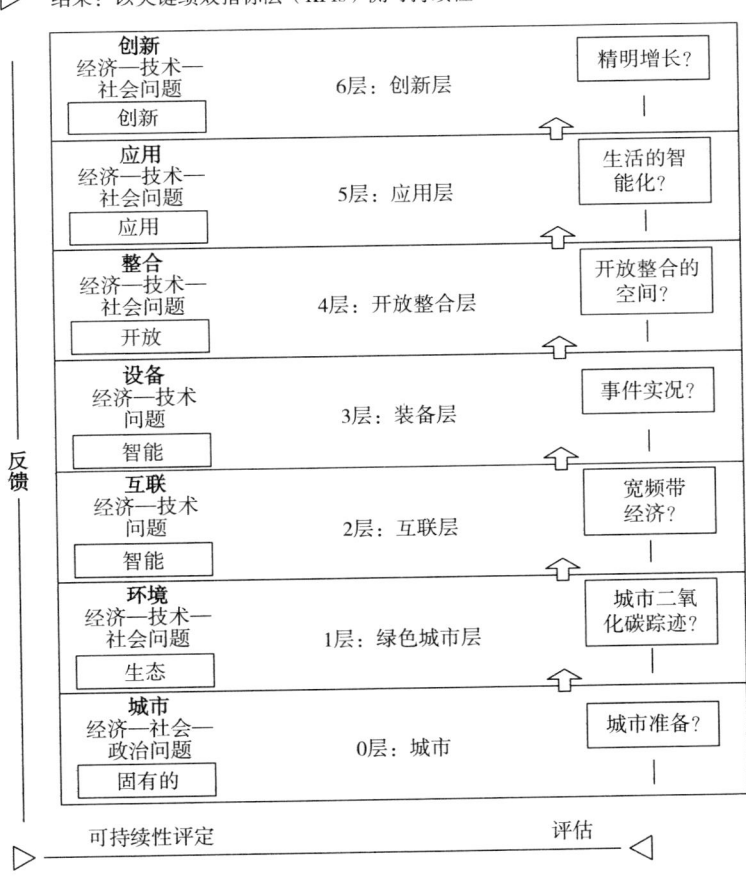

图1.6　智慧城市的创新生态系统模型

资料来源：根据参考文献 Sotiris Zygiaris（2012）翻译所得。

为了明确如何设计和实施相应的战略以建设智慧城市，Letaifa（2015）在对伦敦、蒙特利尔、斯德哥尔摩三个城市的公共部门领导者、私营企业家、教授以及顾问进行了长达 6 个月的 77 次访谈，以及收集了 60 多份相关文件，并进行了 5 次座谈，最终构建了一个智慧城市实现"智慧"的理论模型，如图 1.7 所示。该模型主要包括战略、多领域参与、投资、路线图和技术五大组成部分，另外也包括这五大组成部分所属的战略层级、涉及的具体内容以及关注的焦点等。这一模型是一个利益相关者如何设定并实施战略将一个城市建设和打造成为智慧城市的理论模型。

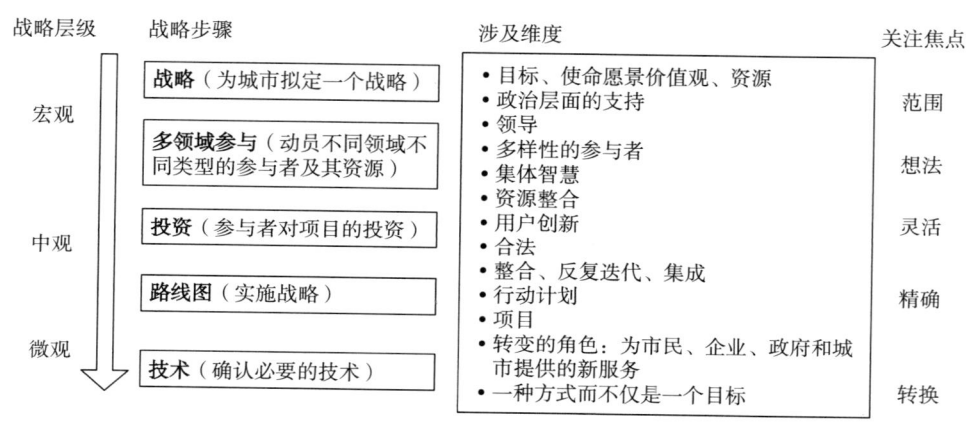

图 1.7　智慧城市的"智慧"战略模型

资料来源：根据 Letaifa（2015）翻译所得。

夏昊翔和王众托（2017）认为智慧城市是在新一代信息技术推动及城市可持续发展、创新驱动发展以及社会治理创新等发展需求的拉动下兴起的，城市的"智慧"表现为由"生理智能"、"社会智能"和广义"人工智能"三种智能形式综合形成的"整体谐生智能"，"整体谐生智能"的演化发展过程如图 1.8 所示。这一整体谐生智能的演化发展过程对应于智慧城市的发展过程。通过提升整体谐生智能，智慧城市建设的现实目标是推动城市在经济、社会、生态诸方面的全面发展，增进城市整体宜居度。

由上文分析可知，目前国外学者分别从不同角度建立了智慧城市的系统模型，通过相关内容及其层次结构来描绘和揭示智慧城市形成、运行和发展的基本原理。通过对相关研究的深入分析可以发现，其中 Colin Harrison 和 Ian Abbott Donnelly（2011）构建的智慧城市信息系统模型和 Sotiris Zygiaris（2012）构建的

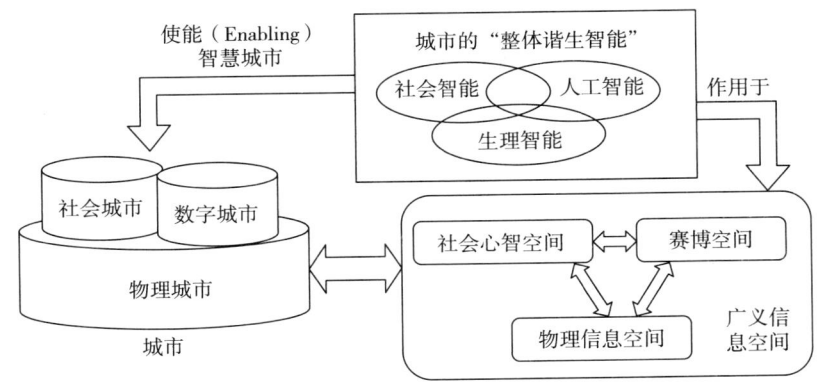

图 1.8 智慧城市中"智慧"的演化发展过程模型

资料来源:参考夏昊翔和王众托(2017)。

创新生态系统模型是他们对智慧城市理论模型的一些主观构想和探索,对于系统模型的组成部分,以及组成部分之间的层次关系,没有通过科学的理论深入、详细地剖析为什么智慧城市系统会有这些组成部分,这些组成部分之间为什么会有相应的层次关系,以及不同组成内容和层次之间的联系和作用机制是怎样的。Letaifa(2015)通过调研和数据分析建立的"智慧"战略模型从战略设计和实施角度分析了智慧城市如何通过规划和建设成为智慧城市,但没有体现出智慧城市要成为"智慧"城市应该具有的要素以及相关要素如何相互作用形成了一个"智慧"的城市。夏昊翔和王众托(2017)从系统工程的视角出发,从赛博系统、物理系统和社会系统三大子系统演化产生的"生理智能"、"社会智能"和广义"人工智能"三种智能,以及三种智能形式综合形成的"整体谐生智能"推动城市在经济、社会、生态诸方面的全面发展,增进城市整体宜居度。他们的研究从系统角度深刻揭示了城市系统如何演化发展出"智慧",进而推进城市全面可持续发展。本书将在此基础上,进一步具体细分智慧城市形成与发展过程中涉及的子系统,在此基础上分析不同子系统之间的性质、地位及其结构关系,进而构建智慧城市的系统模型,以揭示智慧城市形成、运行和发展的内在机制。

1.3 研究思路、方法与技术路线

1.3.1 研究思路

本书首先从智慧城市出现与建设发展的现状，以及我国城市推进智慧城市建设的必要性和重要性出发，提出"什么是智慧城市"这一重要研究问题，并分析研究这一问题的重要意义所在。为了解决这个问题，本书首先介绍了与本书研究密切相关的一些基本理论，主要包括智慧城市的相关概念、系统科学理论、城市系统理论等。在此基础上，本书对智慧城市和智慧城市系统的基本理论进行了分析，探讨了智慧城市和智慧城市系统的概念内涵，并在此基础上对智慧城市系统的要素、结构和模型进行了详细的分析研究。进一步地，以本书对智慧城市系统的理论分析为基础，结合广州智慧城市的建设和发展现状，对广州智慧城市系统的要素、结构及模型进行了具体分析，并总结了本书理论研究的管理启示。最后总结和分析本书的研究结论、研究局限性及未来研究展望。本书的主要研究内容分为七章，总体的结构框架如图1.9所示。

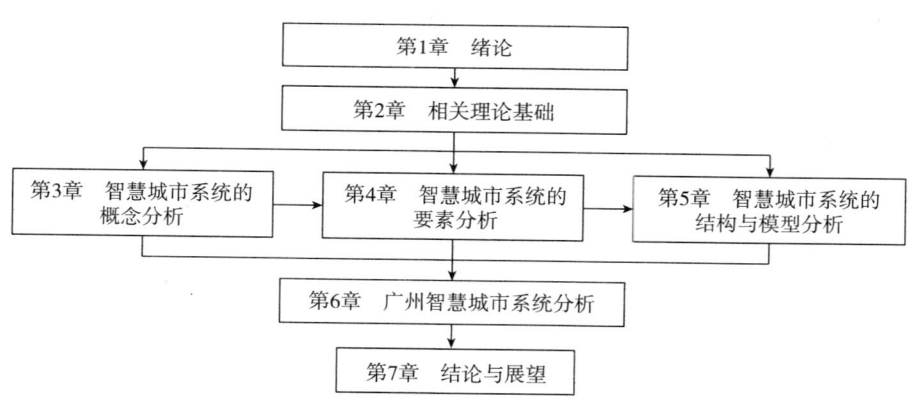

图1.9 本书总体结构框架

具体的章节内容安排如下：

第1章，绪论。阐述本书的选题背景、研究问题及研究意义，分析目前国内外相关研究现状，在此基础上分析本书的研究方法、研究内容及研究的技术路线,最后介绍本书的主要创新点。

第2章,相关理论基础。基于现有的理论研究成果,对智慧城市的相关概念、系统科学理论、城市系统理论等相关理论进行了详细介绍,为本书后续研究中的理论分析提供理论依据。

第3章,智慧城市系统的概念分析。首先,对智慧城市的概念缘起、智慧城市的发展历程、智慧城市与相关概念的关系、智慧城市的典型观点进行了详细分析,在此基础上对智慧城市的概念内涵进行了界定,对智慧城市的特点进行了分析。然后,从系统隐喻的视角出发,分析了智慧城市系统的概念内涵,并分析了智慧城市系统中存在的自组织和他组织特征。

第4章,智慧城市系统的要素分析。首先,为了分析智慧城市系统的要素构成,本书利用共词分析方法和社会网络方法对智慧城市的构成维度进行了分析,提出了本书关于智慧城市系统要素包括战略系统、社会系统、经济系统、支撑系统、空间系统五个子系统的观点。然后,结合城市研究领域相关理论,对以上五大子系统的内涵、要素及主要内容进行了详细分析。

第5章,智慧城市系统的结构与模型分析。首先,结合系统科学理论中关于复杂系统结构的相关理论,分析了智慧城市系统的结构层次,主要包括战略层、活动层和物理层三大层次。然后,在前文智慧城市系统要素和结构分析的基础上,结合复杂系统的通信与控制理论、有生命力的系统模型理论等,构建了智慧城市的系统模型。最后,分别从战略系统、社会系统、经济系统、支撑系统、空间系统五大子系统视角详细分析了智慧城市系统模型的结构关系。

第6章,广州智慧城市系统分析。首先分析了广州智慧城市建设的背景,分别从广州城市发展的现状与挑战、广州智慧城市建设的基础与条件、广州智慧城市建设的发展历程三个方面进行了介绍。然后,以上文对智慧城市系统的理论分析为基础,结合广州智慧城市的建设与发展,对广州智慧城市系统的要素、结构及模型进行了详细分析。最后,分析了本书研究的管理启示。

第7章,结论与展望。首先,对全书的研究进行了全面总结,归纳了本书的研究结论。然后,分析了本书研究存在的局限及不足之处,并对未来的研究进行了展望。

1.3.2 研究方法

本书主要采用以下五种研究方法:

(1) 文献研究和理论演绎方法。

智慧城市系统研究：要素、结构与模型

为了系统深入地探讨智慧城市的理论内涵，本书对国内外智慧城市研究的文献和资料进行了广泛的梳理和分析，对国内外相关研究中对智慧城市概念内涵的探讨进行了全面的归纳和总结，为本书剖析智慧城市及智慧城市系统的内涵奠定了基础。同时，为了能够对智慧城市系统进行科学的理论分析，本书结合系统科学理论中系统的定义、系统的隐喻观、系统的等级与突现、系统的通信与控制等相关理论，以及城市系统理论中城市系统的要素、特征等相关理论，对智慧城市系统的概念、要素、结构进行了规范的理论分析，并构建了智慧城市系统模型，形成了本书关于智慧城市系统的一些基本观点。

（2）内容分析方法。

内容分析法是一种对传播内容进行客观、系统和定量描述的研究方法，根据研究对象的不同，主要有共被引分析法和共词分析法两种。共词分析法主要以文献中的关键词为研究对象，它通过对能够表达某一学科领域研究主题或研究方向的关键词共同出现在同一篇文献中的次数进行分析，来判断学科领域的研究主题和研究结构。本书将采用共词研究方法对智慧城市研究的相关文献进行分析，筛选、统计相关关键词，以帮助识别和分析智慧城市的主要构成维度，为智慧城市系统要素的归纳分析提供依据。

（3）数据统计分析与社会网络分析方法。

本书主要采用数据统计分析方法来帮助分析智慧城市的主要构成维度。为了对本书构建的关键词共词矩阵进行深入分析，本书利用 SPSS 17.0 中的聚类分析和多维尺度分析方法对共词矩阵进行统计分析，以统计分析的结果为依据对高频关键词进行分类，以此作为划分和分析智慧城市主要构成维度的基础。在智慧城市构成维度的归纳和分析中，本书也同时利用了社会网络分析软件 UCINET 6 来分析高频关键词的共词矩阵，通过对高频关键词整体网以及划分后不同维度中相关子网的网络特征指标的相关分析，进一步探究智慧城市主要构成维度划分的合理性。

（4）系统的综合微观分析方法。

系统的综合微观分析方法是研究和分析复杂系统中系统和组分之间关系的科学方法，它以清晰组合的宏观个体以及清晰定位的许多微观个体来刻画一个完整的多体系统。智慧城市系统是一个由经济系统、社会系统、基础系统等多个子系统复合而成的多体系统。为了更好地刻画智慧城市的系统，本书借鉴综合微观分析方法的分析思路，首先分析构成智慧城市系统的组分系统，即战略系统、社会系统、经济系统、支撑系统、空间系统五大子系统，在智慧城市系统及其组分层次上作各种概念化分析，分析和描述智慧城市系统的宏观态（整体系统模型）、微观态（五大子系统及其组成内容）及组分状态分布（结构层次及结构关系），从而勾勒了智慧城市系统的全貌，为人们认识智慧城市系统的形成、运行和发展机制提供理论参考。

（5）案例研究方法。

从案例研究中涉及的案例数量来看，一般有单案例研究和多案例研究两种。依据研究性质和目的的不同，案例研究又可以分为探索性案例研究、解释性案例研究和描述性案例研究。本书重点采用单案例的描述性案例研究方法，在智慧城市的系统模型构建之后，对广州的智慧城市建设进行案例研究，分析本书所提出的智慧城市系统的相关理论观点在广州智慧城市系统中的合理性、适用性和有效性。

1.3.3 技术路线

综合以上对研究思路和研究方法的分析，本书的技术路线如图1.10所示。

1.4 创新之处

本书围绕"什么是智慧城市"这一核心问题，结合智慧城市的相关概念、系统科学理论、城市系统理论等相关理论，探讨了智慧城市与智慧城市系统的概念内涵，分析智慧城市系统的要素及其结构层次，在此基础上构建了智慧城市的系统模型，并结合本书对智慧城市系统的理论分析对广州智慧城市系统进行了案例分析。在继承前人的研究成果的基础上，本书在以下三个方面进行了理论创新：

（1）探索性地研究分析了智慧城市系统的概念、要素和结构，形成了一些关于智慧城市系统的基本观点和理论。

作为一个近几年刚进入人们视野并受到人们热烈追捧的新的城市发展理念，智慧城市的理论研究尚处于起步阶段，人们对于什么是智慧城市也没有形成明确、统一的认识。本书通过城市发展的历程演变、智慧城市概念的来源以及现有的智慧城市的典型观点的研究和分析界定了智慧城市的概念内涵，并用系统思考的方法结合系统的隐喻观分析了智慧城市系统的概念、内涵与特征。为了科学、客观地分析智慧城市系统的要素构成，本书借助了内容分析法中的共词分析方法

智慧城市系统研究：要素、结构与模型

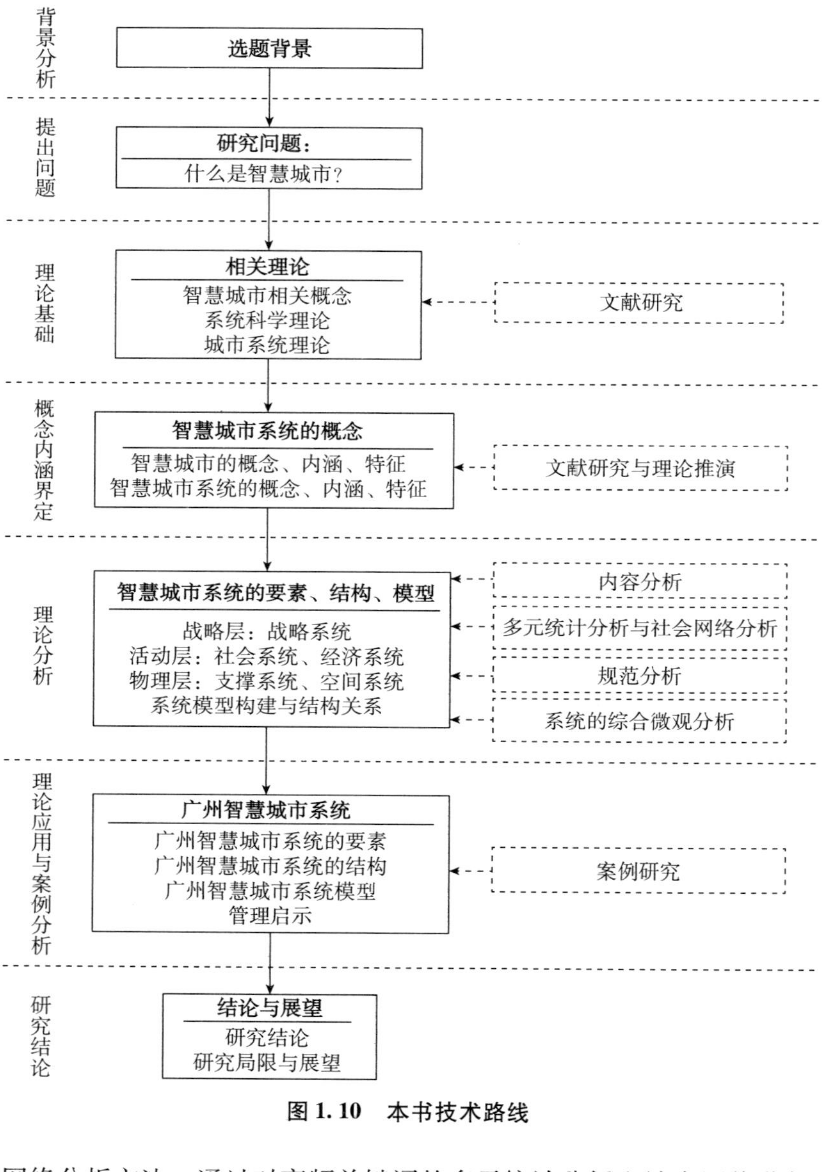

图 1.10 本书技术路线

和社会网络分析方法，通过对高频关键词的多元统计分析和社会网络分析，划分和分析了智慧城市中具有不同的内容、特征和功能的战略、社会、经济、支撑和空间五大构成维度，在此基础上，本书详细地分析了智慧城市系统的五大要素：战略系统、社会系统、经济系统、支撑系统、空间系统。进一步地，结合系统科学理论等相关理论，本书分析了智慧城市系统结构的层次特征，并详细分析了战略层、活动层、物理层的特点及主要内容，为人们更全面、清晰地认识智慧城市这一新的城市发展理念提供理论参考。

(2) 结合规范的理论分析构建了智慧城市的系统模型,并详细地分析了系统模型中的结构关系,揭示了智慧城市系统形成、运行和发展的内在机理。

在现有的研究中,为了全面深入地洞悉智慧城市的运作机理,不同的学者提出了形态各异的智慧城市模型,模型包含的要素及内容也具有较强的主观性和随意性。本书研究结合关于智慧城市系统的要素、结构的探讨和分析,通过利用系统科学理论中经典的通信与控制规律理论和有生命力的系统模型理论剖析了智慧城市系统的五个子系统之间,以及智慧城市系统的三个层次之间的组织联系和作用机制,在此基础上构建了智慧城市的系统模型。该系统模型由位于最高层战略层的战略系统,位于中间活动层的社会系统和经济系统,以及位于最底层物理层的支撑系统和空间系统排列组合而成,五大子系统之间相互联系、相互作用,共同构成一个功能完整的智慧城市系统。本书研究构建的智慧城市系统模型详细地阐述了智慧城市运行与发展中涉及的主要内容以及它们之间的联系,揭示了智慧城市形成、运行及发展的内在机理,较为完整、全面地呈现了智慧城市系统运行与发展的图景。

(3) 发展了城市系统的相关理论,创新性地从战略系统、社会系统、经济系统、支撑系统、空间系统五个方面来认识和研究城市的系统构成。

在城市学研究中,人们一般将城市看作一个复杂的人工复合系统,主要由经济系统、社会系统、生态系统等子系统复合而成。而随着信息通信技术的发展及其在城市各领域的广泛和深入应用,城市系统的构成要素及其运作形态都具有了新的发展和突破,智慧城市成为信息社会、网络社会中城市系统呈现的新的运行范式。本书以传统的城市系统理论为基础,首先采取内容分析方法中的共词分析方法,结合多元统计分析方法和社会网络分析方法对智慧城市研究高频关键词构成的共词矩阵进行了分析,以此为基础对智慧城市系统的要素构成进行分析。进一步地,结合系统科学理论中复杂系统的等级与突现、通信与控制,以及城市系统等相关理论,从理念层、活动层、物理层三个层面,分析了作为智慧城市系统基本要素的战略系统、社会系统、经济系统、支撑系统、空间系统这五个子系统的内涵、特征及主要内容,明确了战略系统对城市系统的规划、统筹、指导作用,突出了社会系统和经济系统在城市系统中的能动作用,强调了支撑系统和空间系统对城市系统的支持、保障作用,并对五个子系统之间的结构关系进行了分析,拓展了传统的关于城市系统的社会、经济、生态等构成维度的认识,为城市系统理论的进一步发展和探索提供了新的视角。

第 2 章 相关理论基础

围绕本书的研究问题,本章对本书涉及的主要理论进行分析,包括智慧城市的相关概念、系统科学理论、城市系统理论、城市规划理论等基本理论,从而对城市、复杂系统、城市系统以及城市规划等基本理论有一个较为清晰的认识,以明确本书与当前研究成果的理论传承和拓展关系,为下文分析智慧城市、智慧城市系统以及构建智慧城市系统模型奠定理论基础。

2.1 智慧城市的相关概念

智慧城市是随着信息技术的发展及其在城市运行系统中应用而出现的新概念,同时,近些年来也存在一些其他的城市概念,如数字城市、智能城市、知识城市、创新型城市、创意城市、生态城市等,智慧城市与这些新的城市概念既存在区别,又有着千丝万缕的联系,了解这些新的城市概念能够帮助我们更好地分析和了解智慧城市。在第 3 章智慧城市概念内涵分析部分,本书将对智慧城市与数字城市、智能城市、知识城市等相关概念之间的关系进行详细分析,从而为分析、界定智慧城市的概念与内涵奠定基础。本部分将对这些城市概念进行分析和介绍。

2.1.1 数字城市和智能城市

与智慧城市一样,数字城市这一概念最初也是来自于国外。1998 年 1 月 31 日,美国副总统戈尔 Al. Gore 作了一个题为"数字地球:理解 21 世纪我们这颗星球"的报告,"数字地球"便成为了一个风靡全球的概念;同样,数字城市也

第2章 相关理论基础

是数字地球应用的主要方面之一,戈尔 Al. Gore 也在 1998 年 9 月提出了"数字化舒适社区建设"即数字城市建设的倡议(赵燕霞和姚敏,2011)。数字城市也有如"数码城市""数字化城市""电子城市""数码港""信息港""数位城市"等多种提法,但学术界较多地统一称之为"数字城市"(李琦等,2003)。

数字城市是对信息时代城市状态的形象刻画,它在原有的花园城市、生态城市等工业城市文明的基础上,将信息技术嵌入城市的发展运行中,即以计算机技术、多媒体技术和大规模存储技术为基础,以宽带网络技术为纽带,综合运用 3S 技术(遥感 RS、全球定位系统 GPS、地理信息系统 GIS)、遥测、虚拟仿真技术对城市进行多分辨率、多尺度、多时空和多种类的三维描述(顾朝林等,2002)。在数字城市中,城市每一个角落的信息都被可以收集、整理、归纳起来,并可以按照地理坐标信息建立完整的空间数据模型,依托丰富的数据资源,凭借地理信息系统和虚拟现实技术,所有人都可以通过网络连接快速、完整、形象地了解城市的过去、现在、未来以及宏微观层面上的各种情况,实现"秀才不出门,能知天下事"。因此,也有人将数字城市描述为"信息化基础设施完备、信息数据资源丰富、信息化应用与信息产业高度发达、工业化与信息化持续协调发展、人居环境舒适"的良性城市状态(李琦等,2003)。

数字城市在城市规划、城市建设和城市管理中具有重要的应用前景(王要武等,2004)。在城市规划领域,可视化技术和计算机仿真技术能帮助设计人员置身于其所设计的虚拟环境中,帮助设计人员在现实环境中感知其设计方案,合理评价设计方案。目前,在城市规划、建筑设计、小区规划、破坏地区重建等领域,虚拟现实技术已经得到广泛应用。在城市建设领域,数字城市建设的完备的、数字化的城市基础设施信息能够方便地为城市工程人员获取和使用,提高城市建设工作的效率和安全性。数字城市建设的城市交通地理信息系统数据库操作系统和空间分析技术能够及时地为城市交通管理、车辆导航、客货运输调度、居民出行等提供实时数字交通信息。在城市管理领域,数字城市通过遥感技术能够方便地调查城市的基础地理信息和城市发展的资料,便于对城市进行科学管理。同时,数字城市的信息技术和信息系统应用于防灾减灾领域也有效率更高、成本更低的优势。

对于智能城市,学术界有很多不同的用法。智能城市也是随着物联网技术的发展和应用以及网络社会的到来而被人们广泛提及的概念,它以网格化的传感器作为城市的神经末梢,依托实时反馈的数字神经网络和自主决策系统,全面实现城市管理和基础设施的智能化,使城市成为一个自组织、自适应并具有进化能力的智能生命体。一般都认为数字城市是智能城市的初级阶段，在有的研究中，"智能城市"与"智慧城市"是完全相同的概念，其相关研究与本书对智慧城市的阐述一致，这里不再赘述。而在另外一些研究中，智能城市会是位于数字城市和智慧城市之间的一个过渡性阶段。数字城市是对原有实体城市的信息化，智能城市是在数字城市基础上将各类信息系统连接起来，实现各类信息系统的兼容、互操，而智慧城市是在智能城市提供的技术平台基础上实现全面的服务创新应用。从智能城市到智慧城市是从创新到应用、从后勤办公到前台服务的转变，用政策性的术语来讲，是实现从商业应用到民生应用，从市场到社区、从经济部门的行政管理到自由的民主治理的转变（Sam Allwinkle and Peter Cruickshank，2011）。因此，对于智慧城市建设来讲，重要的是依托数字城市和智能城市建立的技术平台实现城市中各个部门、各个领域的创新应用，实现政治、经济、社会、文化、环境的全面可持续发展。

2.1.2 知识城市

20世纪八九十年代以来，随着经济全球一体化的步伐加快以及信息网络技术的发展，传统的劳动力、资金等生产要素对经济增长的贡献程度下降，知识这一生产要素在经济发展中日益重要，全球进入了知识经济时代，具体表现为：科学技术研究和开发成为知识经济发展的重要基础；信息与通信技术在知识经济的发展中处于中心地位；服务业在知识经济中扮演着主要角色；劳动力的素质和技能成为知识经济实现的先决条件（王志章，2007）。作为人才、信息、资金等主要要素聚集地的城市则面临着知识经济带来的各种机遇和挑战。于是人们提出了基于知识的城市发展理念，即知识城市，认为城市应该有意识地鼓励知识培育、技术创新、科学研究，并为知识的创造、传播、分享和应用提供良好的条件。知识城市应该通过为市民提供良好的信息通信技术环境和发展教育以提高市民的信息通信技术水平和技能，从而使所有市民能够低成本地接触知识、分享知识、表达意见和主张。同时，知识城市应该尊重市民文化的多样性，为市民提供足够的场地、资源和文化服务设施，以便于市民开展文化活动和建立面对面的直接联系，以保障每一位市民都参与社区活动和接受教育，获得平等的知识社会权益。从这个意义上来讲，知识城市是"有创造力的城市"和"数字城市"的合成体。也有很多学者更加广义地认识知识城市，认为知识城市不是单纯地发展经济，而应该兼顾城市的经济、社会和环境三个领域，是一个具有丰富的人力资本、高质量的人文环境、活跃的社会文化生活、富有远见卓识的城市政府以及保存完好的丰富的自然环境的整合的城市，这一概念在实体和制度上融合了科技园功能、城市的市政和居住的功能，涵盖了科技城市、创新城市、生态园林城市等概念（吴敏华，2011）。

2.1.3 创新型城市

近 20 年尤其是进入 21 世纪以来，随着城市的经济功能逐渐由传统产业向高新产业转变、由制造和生产向研发和服务转变，传统的自然资源、地理位置、非技术或半技术劳动力等初级生产要素的重要性逐渐被技术、知识、信息、人才等高级生产要素所取代，信息、技术、人才、品牌、知识等创新要素的融合发展成为影响城市发展的主要驱动要素。并且，这些创新要素不断与城市相关产业结合而发展成为高新技术产业和知识服务业等城市新兴的主导产业，特别是与知识有关的咨询、广告、信息等知识密集型服务业越来越成为城市经济增长的核心，以"创新驱动"为主要特征的城市发展模式应运而生。

创新型城市是以创新为核心驱动力的一种城市发展模式，它一般是由区域科技中心城市发展演变形成的，是知识经济和城市经济融合的一种城市演变形态，它的主要特征是拥有完善的城市创新系统，在集聚和配置创新资源、不断自我平衡调整的基础上，推动建立创新驱动的集约型城市经济增长，最终实现城市可持续发展（杨冬梅，2006）。从总体来看，创新型城市的核心内涵是具有较强的自主创新能力，因此，它应该具有较完善的城市科技创新制度、高水平的城市科技创新投入、完善的基础设施条件、大量创新型的企业，并建立以科技创新为驱动力的城市发展模式（胡钰，2007）。创新型城市与知识城市具有很多相似之处，但知识城市强调城市知识的培育、传播、分享和应用，创新型城市把知识作为一种重要的创新资源，结合信息、人才等其他创新资源建立城市的创新系统，使城市实现以创新为核心驱动力的持续发展。

2.1.4 创意城市

世界经济社会的发展主要经历了农业经济时代、工业经济时代、服务经济时代和创意经济时代。在 1900 年以前，世界主要处于农业经济时代，进入 20 世纪之后，世界经济社会发展先后经历了工业经济时代、服务经济时代。1980 年以来，虽然服务经济占主导地位，但创意经济快速增长，创意及创意产业对经济增长的贡献越来越重要，国家和城市的竞争力主要取决于其吸引和留住具有创意才能的人才的能力。在创意经济时代，除了劳动者阶层和服务业阶层以外，从事

"创意性"工作的创意阶层成为一个新兴阶层,他们经常会有新的想法、发明新技术,在工作中通过发挥个人的创造性进行创新,如科学家、大学教授、小说家、艺术家、设计师、建筑师、编辑、文化人士,以及高科技、金融、法律及其他知识密集行业的专业人士等。这一阶层的存在也在就业结构、文化生活和物质外表等方面使城市呈现特定的发展特征:新经济中较为高端的智力型工作成为城市的主导性职业;城市拥有较为丰富的文化福利设施(博物馆、图书馆、艺术画廊、音乐厅、多功能娱乐区等);城市的外观通常体现为繁华的街景、昂贵高端的购物设施和良好的居住社区(Allen J. Scott和汤茂林,2007)。而这些符合创意人才生活方式的城市特征又称为城市吸引创意人才的重要优势。随着汽车的诞生和工业城市的蔓延化发展,城市市中心出现了衰落的迹象,20世纪70年代以来,如何对城市中心区重新定位、重塑形象,使城市中心区重获生机,成为一个实现经济和社会复兴的场所成为人们关心的重要问题,而通过创意产业的兴起和发展来赋予城市发展的生机和活力,解决城市发展的问题,则成为创意城市出现的推动力量。创意产业是在传统产业发达的基础上,对城市的文化资源进行产业化经营的经济形态,它具有经济目标性、市场运作方式和产业管理的特征,以追求利润、产品的价值补偿和增值为目标,如科学、工程、设计、艺术、医疗、管理、法律等智力型产业均属于创意产业的范畴。创意产业的发展不断吸引创意阶层,进而带来一个地区和城市的经济繁荣和增长。同时,创意城市必须具有一定的包容性、开放性和多样性,也有人称之为宽容,这对吸引创意人才、促进高科技产业的集中和成长、促进城市的经济繁荣具有重要意义(褚大建和黄晓芬,2006)。因此,创意城市是在经济全球化和创意经济时代背景下,围绕城市创意产业的兴起、产业的转型升级和城市更新运动而出现的新型的城市形态,它融合了科技(高科技产业)、文化、艺术和经济等各个方面,以消费文化和创意产业为基础向社会其他领域延伸,一般具有创意氛围宽松、知名大学众多、创意人才密集、创新能力强大等特点(李明超,2008)。由此可见,创意城市至少应该满足四个条件:一是具有多元性和开放性的社会文化,促进创意人才、创意产业和企业的交流和合作创新;二是城市应该具备良好的经济基础和社会文化条件,为创意人才的集聚和创意产业的发展提供社会经济基础;三是城市应该具有较为发达的高科技产业和信息通信基础设施,为创意产业的发展创造技术上的条件;四是城市应该具有符合创意阶层生活方式的居住社区、文化休闲娱乐设施和城市景观,以吸引和留住创意阶层。

2.1.5 生态城市、低碳城市、宜居城市

近代工业革命以来，城市的发展模式是不断向大自然攫取生产原料和能源来进行大规模工业化生产，然后向大自然排出工业化生产所产生的废水、废气、废弃物等，这种以"人类战胜自然""人定胜天"为基本理念和"忽略自然生态规律"的发展模式导致生态环境日益恶化，城市发展的生态环境问题引起了人们的高度重视。自19世纪末20世纪初以来，人们就开始探索城市发展与自然环境相互融合、相互协调的发展模式，相继提出了生态城市、低碳城市、宜居城市等城市发展理念。

（1）生态城市。

随着全球生态状况的不断恶化，20世纪70年代联合国教科文组织发起了"人与生物圈研究计划"，该计划强调了人类生产活动对生态系统的影响，并提出通过建设生态城市来科学处理人类活动与城市生态系统的关系。美国城市生态学家理查德·瑞吉斯特对生态城市的理论和实践发展做出了巨大贡献。他通过出版书籍《生态城市》和《生态城市：重建与自然平衡的城市》、创办期刊《城市生态学家》、组织生态城市的国际会议等方式宣传生态城市规划、设计、建设的理念，并在伯克利等城市贯彻实践他的生态城市构想（黄肇义和杨东援，2011；戈峰，2008）。综合瑞吉斯特提出的生态城市理念以及后来其他学者对生态城市的阐述，生态城市的内涵可以概括为以下五个方面：①在政策法规方面，制定鼓励就近工作的"邻近"政策以及修改公共交通投资补贴法规等相关的政策法规以保障生态城市的建设。②在社会生活方面，控制城市人口规模、进行合理的人口布局，加强生态环保的宣传活动和教育项目，提高公众生态意识，建设公平、安全、宜居的社会生活环境。③在经济发展方面，调整经济结构，支持具有较好生态效益的经济活动，抑制对自然环境造成危害的经济活动，实现经济的集约、高效发展。④在自然环境方面，加强城市的绿化建设，保护物质的多样性，加强自然资源的节约和回收利用，最大限度地保护和恢复自然环境。⑤在空间布局方面，按照就近出行的原则规划城市土地利用，建立以步行、自行车和公共交通灯出行方式为导向的交通体系，建设空间布局合理、基础设施完善、生态建筑广泛应用的城市建成环境。生态城市相关理论为世界各地城市改善生态环境、建设生态城市提供了理论参考和依据。

（2）低碳城市。

生态恶化的一个重要方面就是矿物能源的大量消耗产生了大量的温室气体，

带来了全球气候的变暖，危及全球生态平衡，并且能源的过度消耗带来的能源危机也日益严重。因此，减少人类活动碳排放的发展理念深入人心，通过构建低碳城市来改变生活理念和生活方式、减少温室气体排放、实现以最小的能源消耗获得最大的产出成为解决由于碳排放带来的气候和能源危机的主要手段。低碳城市主要是指城市以较低的能源消耗和二氧化碳排放实现经济的高速发展，因此，发展低碳经济已成为低碳城市建设的必由之路。低碳经济就是在经济发展过程中，以能源的技术创新和制度创新为基础，不断提高能源利用效率，改善能源结构，增加清洁能源使用比重，打造低污染、低消耗的经济发展方式（辛章平和张银太，2008）。低碳城市建设应该推广低碳生产、低碳消费，发展低碳技术，提高生产、生活中的能源利用效率，并调整经济发展结构，减少、取消或转移重消耗、重污染的产业，大力发展清洁的高新技术产业和现代服务业。由分析可知，低碳城市是从减少碳排放角度对生态城市具体化，生态城市侧重于从城市的经济、社会、政策、文化、环境等多个方面进行整体规划，以促进城市生态状况的全面改善，低碳城市更为注重从减少碳排放这一角度来改善城市的气候和能源危机。在政府实践中，由于低碳城市易于测量，政府对低碳城市的提法更多一些。

（3）宜居城市。

在城市发展的后工业时代，人们逐渐意识到城市应当是适宜居住的人类居住地，一个宜居的城市是具有良好的居住和空间环境、人文社会环境、生态和自然环境，以及清洁高效的生产环境的居住地。因此，从狭义上来讲，宜居城市是具有良好的生态环境和气候条件的人类居住地，从广义上来讲，宜居城市是城市经济、社会、文化、环境各个方面协调发展，人们对其提供的工作、生活、居住环境满意并愿意长期居住下去的城市居住地（中国电信智慧城市研究组，2011）。在实践中，人们通常突出宜居城市的生态环境建设，重视城市的生态绿化，因此，很多人将宜居城市看作类似与生态城市的概念。从本质上来讲，宜居城市和生态城市具有不同的出发点，前者是建设良好的人类居住环境，后者是全面改善城市的生态系统和生态环境，但两者的最终目的都是促进人的发展。

2.2　系统科学理论

系统科学理论提供了一种对复杂事物进行整体性认识的思路方法，它试图融合科学的不同领域建立一个对所有事物都适用的普遍规则，是分析智慧城市系统和构建智慧城市系统模型所依据的核心理论。其中，"系统"的一般定义是我们了解和分析智慧城市系统的基本出发点，也是本书第 3 章分析智慧城市系统概念内涵的重要理论依据。系统科学理论中复杂系统的等级与突现理论是本书第 5 章分析智慧城市系统结构的层次特征的基本理论依据，复杂系统的通信与控制理论是本书第 5 章分析智慧城市系统五大子系统和三大结构层次之间的关系，进而构建智慧城市系统模型所依据的重要理论。复杂系统的综合微观分析方法是本书第 5 章构建智慧城市系统模型所依据的基本思路和方法。本部分将对系统的定义、系统的等级与突现、系统的通信与控制以及系统的综合微观分析方法的主要思想和基本理论进行详细分析。

2.2.1 系统的一般定义

从"系统"的产生来看，系统是一种认识事物的思维方式，它力图通过建立一些普遍的规则来了解各类不同事物之间联系的共同特征和普遍规律。客观世界的各类事物是相互联系的，长期以来，由于人类认识能力的局限，人们将世界分解为一系列单独的整体，分别研究不同领域事物的性质及其运行规律，由此，科学分化为不同的学科，形成了自然科学、技术科学、社会科学、人文科学四大部类（成思危，1998）。在科学分化的同时，人们也开始探求不同学科之间的联系，试图建立横跨各类学科的普遍规则，系统思想或系统科学的诞生就是这一努力的结果。

系统的定义反映了人们通过怎样的思维方式来认识事物。国内外关于系统的定义有几十种，表 2.1 展示了几种较为典型的对系统的认识。

尽管人们对系统的认识有不同的表达形式，但却具有一些共同的核心要点，具体而言，可以从以下几个方面来概括：①系统是由要素构成的；②系统要素之间是相互联系、相相互作用的，要素之间的联系形成系统的内部结构；③系统存在于一定的环境之中，系统与环境的相互作用形成系统的外部结构；④系统是一个有机整体，要素之间非线性的相互作用使系统表现出一定的突现性质，即出现整体大于部分之和的现象，这是系统的本质特性；⑤系统是分层的，系统的要素也是多样的，分层即意味着系统的要素对构成它的要素来讲是系统，系统与其他系统一起构成更大的系统，而且系统的要素也是同时处于不同联系形式的不同系统之中；⑥对于人工系统而言，系统是具有目标的，它体现了人特定的系统活动的目的。

表2.1 系统的几种定义

出处/代表人	观点
贝塔朗菲	系统的定义可以确定为处于一定的相互关系中并与环境发生关系的各组成部分（要素）的总体（集）①
韦伯新世界辞典	系统是相互关系、相互联系而形成一个统一体或一个组织整体的事物的集合分布②
钱学森	把极其复杂的研究对象称为系统，即由相互作用和相互依赖的若干组成部分结合而成具有特点功能的有机整体，而且这个系统本身又是它们从属的更大系统的组成部分③
高昌隆	系统是这样的一种集合，它存在目标、元素、关系，简称"三元组"，进一步说，系统是其元素或元素组为着一个或一组共同的目标而做出贡献、发生联系，且/或与其环境发生关系④

注：①王兴成等. 科学学译文集 [M]. 北京：科学出版社，1981.②颜泽贤. 系统科学导论 [M]. 北京：人民出版社，2006.③乌杰. 系统哲学 [M]. 北京：人民出版社，2013.④高昌隆. 系统学原理（第二版）[M]. 北京：科学出版社，2010.

2.2.2 系统的等级与突现

系统思想建立在两组概念上：突现与等级体，通信与控制（P. 切克兰德等，1990）。其中，突现与等级体概念指出，复杂性的构造是分等级的，每一层级都比它下一级的层次复杂，每一层级以有比它低的那一层级不存在的突现性质为特征。为了建立一般系统理论，以"培养一种在各学科之间触类旁通的耳朵"，包尔丁提出的系统层级理论对系统科学的形成和发展产生了深远影响（齐磊磊，2012）。按照系统的复杂程度，包尔丁将其划分为不同的等级结构类型，包括了按照复杂程度由低到高的九个层次，九个层次中每一个层级都比它的低一层级有突现性质，且每一高层系统都包含着其低层次系统所拥有的全部特征（P. 切克兰德等，1990；W. 理查德·斯科特等，2011）。

为了更好地理解"这个世界是怎样的"，切克兰德对世界上的系统进行了分类。切克兰德认为，在宇宙的起源形成了自然系统，自然系统中的人按照人类的目的设计出来的服务于某个目的的人造物理系统，如电车、火箭等；同时，人类创造出来的东西还包括代表着人类精神的有序的有意识的产品，形成了人工抽象系统，如诗歌、哲学等，多以人工物理系统中的实体为载体而存在。同时，人类的设计行为形成了无数人类活动的集合，它们作为某个目的或任务的结果而被有意识地成整排列起来，形成了第四个系统类，即人类活动系统。切克兰德认为，追求系统思想就是确定每个类的系统的性质及它们结合和相互作用形成呈现突现性质的更大系统的方式（杨建梅，1994）。

2.2.3 系统的通信及控制

系统等级的维持需要一系列有为了调节或控制而进行的信息交换过程，即如果系统想要经受住由环境支配的冲击，由开放系统所构成的等级体就必定需要通信和控制过程。

根据爱什比的必要多样性法则——"控制者的多样性必须等于或大于被控制者的多样性"，为了应对环境的多样变化，操作需要以一种自治方式以发挥最大的行动能力，如果管理者对操作的多样性限制过多，则系统难以适应环境变化，如果控制不利，则又会使组织随波逐流，达不到任何目标（迈克尔·C. 杰克逊，2005）。为了进一步理解支配复杂组织行为的生存原理，比尔建立了一个包括五个子系统的生存系统模型。在有生命力的系统模型中，"系统1"执行直接与目的相关的任务，"系统2"通过制定一些规则和条例来对"系统1"的活动进行协调，"系统3"保证"系统5"的政策得到贯彻实施和整个组织的日常运作，"系统4"为组织提供整个环境的所有信息，"系统5"是政策系统，对整个组织的整体方向负责，并表达整个组织的特征和目的。系统1~系统5分别代表了不同的功能：运作功能、协调功能、控制功能、情报功能、政策功能，它们组成的生存系统模型展现了一个支撑复杂系统良性运作所必不可缺的各种控制论规律和原则。生存系统模型适用于包括生物和社会在内的任何有活力的模型。智慧城市系统要发展成为一个能与环境实现良性互动且自我发展完善的、具有强大生命力的系统，则需要对系统进行干预和设计，明确整个系统的反馈和控制机制，建立起"系统2"至"系统5"的组织管理机制对"系统1"的活动进行协调，并为"系统1"的自治提供必要的空间，从而更好地应对环境的多样性。

2.2.4 系统的综合微观分析方法

在科学的发展史上，还原论方法曾是一种占据主导地位的科学方法论，它通过将整体分解为部分的分析方法不断揭示世界的本质和规律，建立了各种科学理论。随着科学的发展，当人们试图将还原分析方法推广应用于一切科学领域时，如社会、经济、心理等，这一方法遇到了很多难以解决的问题，人们开始重视整体论的方法，进而提出科学方法论应该走向系统论，实现整体论和还原论的辩证统一（苗东升，2013）。

对于系统和组成系统的组分之间的关系，主要有微观还原论、整体论、孤立论三种观点。微观还原论方法假定大系统是由许多相同的小系统组成的，两者可以用同样的理论框架和方法进行处理，即"整体乃是部分之和"。这种自下而上的分析方法对于小的简单的系统是适用的，而且是很成功的，如物理、化学等自然科学。但当面临"组分之间的相互作用与关系使得整体大于部分之和，它们形成了结构，出现了多样性，产生了复杂性，使组合（系统）变得重要性"这种现象时，微观还原方法变得无能为力。整体论认为，组合系统是一个有机整体，不能将其割裂或分解为组分，因为当把系统整体分解为组成的部分时，可能会丢失一些重要的信息。因此，整体论是功能主义者，它试图了解系统的整体功能，但不关心系统是如何实现这些功能的。而孤立论则否认系统和组分理论发生关系的可能性，认为系统和组分是不可联结的。总体而言，这三种观点都是简化的、有缺陷的，微观还原论抛弃了宏观平面，整体论抛弃了微观平面，而孤立论抛弃了两个平面之间的联系。

综合微观分析方法是研究和分析复杂系统中系统和组分之间关系的科学方法。首先，复杂系统的"复杂性"是多种多样的，其中最主要、最常见的是大尺度组合系统中的多体系统呈现的复杂性。多体系统是由少数几类彼此之间仅由几种关系耦合在一起的大量组分组成的系统，它的复杂性来源于组分的多样性和错综复杂，组分之间作用的多样和强弱，以及组分的数量。城市系统以及智慧城市系统都是一种组分系统，由经济、社会、生态等组分耦合而成。那么如何来刻画组分系统？一般有三种方法：系统的微观态、宏观态和分布。其中，系统的分布给出具有一个组分特征类型的每一个量值的组分的数目或所占的百分率，微观态是组合系统的状态，它的量值具体确定了构成系统的部分的每个组分的状态量值，从而在完整的微观细节上描述系统。但微观态包含了大量的与我们认识不相关的微观信息，而且在其大量细节中，微观变化很难明显到足以标志一个系统相变，所以我们需要了解系统概念，这些概念由宏观态提供。宏观态是用几种宏观特征来描述一个系统，它指导微观解释筛选出有意义的系统信息，并将其用几个变量加以概括。由此可见，微观机制和向上因果关系通过运用组分概念来解释系统行为，宏观约束和向下因果关系则用系统概念解释系统内部个体组分的行为。为了更好地刻画一个完整的多体系统，欧阳莹之等建立了一个综合的概念框架，即综合微观分析方法。综合微观分析方法在两个尺度上涵盖并联系个体，即清晰组合的宏观个体以及清晰定位的许多微观个体，它主要包括以下几个概念：①世界影响系统却不受系统的影响，在刻画系统的特征时我们用一套固定的外生参量代表世界；②根据系统的微观态、宏观态和对组分状态的分布对系统进行各种刻画，每一个都有各自的概括；③系统组分的特征类型和关系类型从最小系统中外推得出，或在相似系统中进行微观分析得出；④系统与具有因果关联组分的网络的本体同一性，从而确保宏观描述和微观描述是同一个事物（欧阳莹之等，2002）。综合微观分析方法为我们构建智慧城市系统提供了基本思路，即首先分析组合为智慧城市系统的组分系统，在智慧城市系统及其组分层次上作各种概念化分析，刻画智慧城市系统的微观态、宏观态及组分状态分布，从而构建一个大组合系统——智慧城市系统模型。

2.3 城市系统理论

智慧城市系统是一种具有智慧特征的城市系统形态，因此，智慧城市系统是城市系统的一种特殊形态，城市系统理论是本书研究智慧城市系统理论的基本立足点。城市系统理论中城市系统的形成、城市系统的要素构成以及城市系统的基本特征等相关理论，分别为本书第 3 章分析智慧城市系统的形成与发展、第 4 章分析智慧城市系统的要素构成以及本书全书对智慧城市系统的基本探讨和分析奠定了重要的理论基础。本部分将从城市的含义入手，详细分析智慧城市系统的形成、组成要素及其基本特征。

2.3.1 城市的含义

由于城市的特性和复杂性，城市的研究涉及人口学、社会学、经济学、地理学、生态学、城市规划学等诸多学科领域，而且这些学科的城市研究往往自成体系，对城市有着独特的分析和理解。人口学家认为，人是社会活动的主体，也是城市的主体，因此，城市是人口高度密集的地区，人口规模和密度是其判断城市的主要标准。社会学家从社会关系角度来认识城市，他们认为城市与乡村的主要区别在于城市形成了一种特有的生活方式，因此，社会学较多地关注城市居民的思维方式、生活方式、行为方式、价值观念、文化素质等。经济学家认为城市是工业和服务业经济高度集聚的结果，并将从事非农业活动的人口的规模以及非农业的产值所占比例作为衡量城市的标准。地理学家重视城市的地理环境和地域特征，将城市看作地处交通方便的、规模大于乡村和集镇的以非农业活动和非农人口为主的聚落。生态学家关注人和自然的关系，认为城市是一种人口高度集中、物质和能量高度密集、自我稳定性差、自我调节能力弱的社会—经济—自然复合生态系统（吴志强和李德华，2010）。城市规划学家关注城市人居环境的建设，将城市看作依据一定的生产方式和生活方式把一定地域组织起来的居民点。由此可见，观察城市的视角不同，对城市的认识就迥然不同。尽管如此，我们可以分析城市的主要要素作为判定城市的标准。

2.3.2 城市及城市系统的形成

从城市的发展历程来看，工业革命促进了全球城市化进程的急剧加快和现代城市的形成。在城市概念中，"城"是以武器守卫土地的意思，是一种防御性的建筑物，"市"是一种交易的场所，因此，从字面意义上来看，城市是一种区别于农村的居住形态，它是有着商业交换职能的居民点，与农村的主要区别体现在居民从事的职业、人口规模和居住的密集程度。早在 5500 年前，世界上就已有城市存在，最早的一批城市主要存在于美索不达米亚、尼罗河谷、印度河流域以及我们中国的黄河流域。但直到 1850 年，世界城市人口居住的比重不过占总人口的 4%~7%，因此，Davis（1969）曾说，在 1850 年前，没有任何一个社会形态可以在本质上称之为城市（诺南·帕迪森等，2009）。当然，他这里所说的城市是从人口和经济集聚程度、生产的社会化程度、城市生活方式现代化程度等方面而言的。

现代意义上的城市是从工业革命以后逐渐发展起来的：一方面，制造业与工业的发展使传统的手工业重要程度下降，工业的发展产生了大量的劳动力需求，农村地区机械化程度的提高解放了大量农业劳动力，而且复杂交通运输网络的形成促进了地区间贸易的发展，并为城市选址带来了更多的灵活性（不再需要毗邻能源原料地而建），这一些因素都使大量的人口进入城市地区，并在城市中心居住下来。另一方面，工业革命带来的哲学、科学、政府、科技、教育、行政、政治以及军事等各个方面产生的巨大变革使跨领域合作显得尤为重要，城市为这些领域在地域上相互毗邻以便共同发挥其社会作用提供了良好平台，这也使城市人口的密集程度日益增加（诺南·帕迪森等，2009）。随着城市的发展，城市中的社会和生态秩序发生了巨大变化，包括中产阶级的产生、社会革命的兴起、国际贸易的发展、工业的集中、社会上阶层的分散以及由家族式的手工业向城市工厂的转型。经过中华人民共和国改革开放以来的高速发展，中国的城市发展逐渐与世界城市接轨，在中国的城市化和现代化发展取得巨大成就的同时，也面临着一些与西方国家城市相同的问题。

城市系统的形成是与城市内部复杂的运作机制相联系的。城市是从事非农业经济活动的人大规模集聚的区域，非农活动的大规模集聚促进了社会生产的专业化分工和劳动生产率的提高，加速了技术革新。同时，大规模集聚的人类活动需要高强度、大规模地集中耗用各种资源，因此，城市通过与外部不断地进行物质、能量、信息的交换来实现对大规模资源的耗用和排放，这对当地的生态环境造成了强度的干扰和破坏。人类活动的专业化发展需要各种活动具有高度的相互依赖性，这些活动之间形成了复杂的关联关系，而且具有强烈的外部性，这就增加了人类个体之间、集团之间以及人与自然之间的矛盾冲突概率，由此形成了数量巨大、层次众多的复杂城市系统（牛凤瑞，2008）。

2.3.3 城市系统的组成要素

对于城市系统而言，一般可以从"面"和"点"两个层面上来看。从"面"这一层面来看，我们关注城市内部的经济、文化、社会、生态等特征，通过优化这些内部要素以及它们之间的相互协调关系使城市个体质量不断优化；从"点"这一层面来看，我们关注一定区域范围内城市之间的网络关系，促进区域的协调发展，如城镇体系、城市圈、都市带等。对于本书的研究问题而言，本书研究"面"这一层面的城市系统。

城市系统是由相互联系的相当多种类及数量的要素组合而成的，这些要素包括人，人时刻都在进行的经济、社会、政治、文化等各种活动，还有自然环境、建筑物、基础设施等。但在城市系统的实际运作中，这些纷繁复杂的要素根据自身的性质、作用、功能等特征首先结成一定的子系统，在子系统中扮演一定的角色，发挥特定的功能，进而子系统之间相互联系、相互协调，共同组成城市系统这一非常复杂的复合巨系统。

尽管如此，在一般的研究中，学者们通常用经济、社会、生态三子系统来刻画城市系统。在经济系统方面，城市经济以非农业活动为主，且具有较强的"集聚经济"效应，并由此吸引了大量人口的集聚，大幅增加了这一区域的人口密度，反过来也促使更多的经济活动在具有集聚效应的地区集聚。在社会系统方面，城市的社会特性主要体现在城市特有的生活方式上，包括居民的行为特点、价值观、世界观等，同时，城市的社会特性也包括了与城市生活方式相关的使城市中心形成其城市特性的生活环境，如城市建筑中的自来水、照明系统以及娱乐设施，以及犯罪、拥挤、污染等负面因素。在生态系统方面，城市具有一定的空间覆盖范围（通常是行政意义上的）和地理环境特征，是人类利用和改造自然的集中体现，通常具有一定的物质形态特征，如建筑物和基础设施的密集、人工物理设施的广泛存在、自然生态环境的人为性等。

同时，来自不同学科的学者们也从不同视角对城市系统的构成提出了相关观点，图2.1和图2.2分别代表了在环境学家和社会学家眼中城市系统的要素构成。

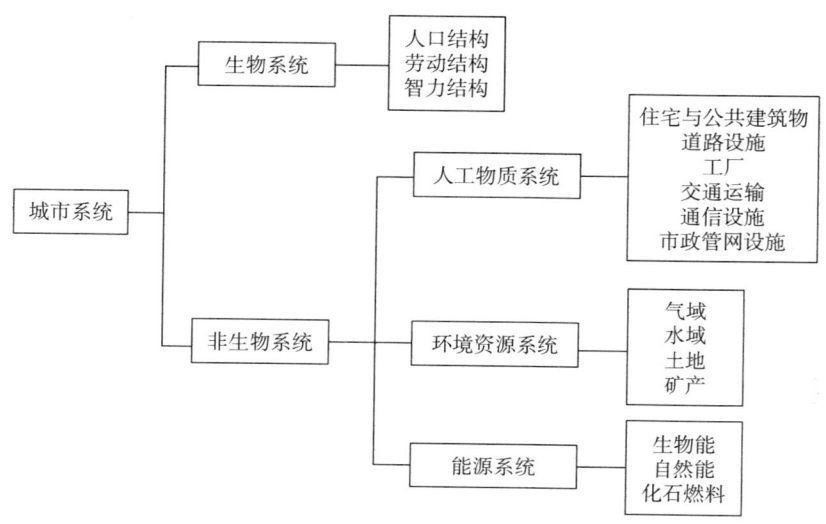

图 2.1　环境学家视角的城市系统构成

资料来源：参考顾润清（2013）。

2.3.4　城市系统的特征

城市系统的形成和发展受到不同时期经济、社会、政治、人口、自然等多方面因素的影响，社会系统、经济系统、自然系统、基础系统等子系统之间相互依赖、相互联系、相互对立、相互渗透，由此形成具有自适应、自学习和自我修复功能的城市系统。城市系统的主要特征是具有高度复杂性，主要体现在以下三个方面：

首先，城市系统的子系统数量大、层次多、关系复杂。上文主要从社会系统、经济系统、自然系统、基础系统对城市系统的子系统进行了简单概括，是根据城市的主要功能进行过高度抽象、简化的表现方式，在实际运行中，城市系统

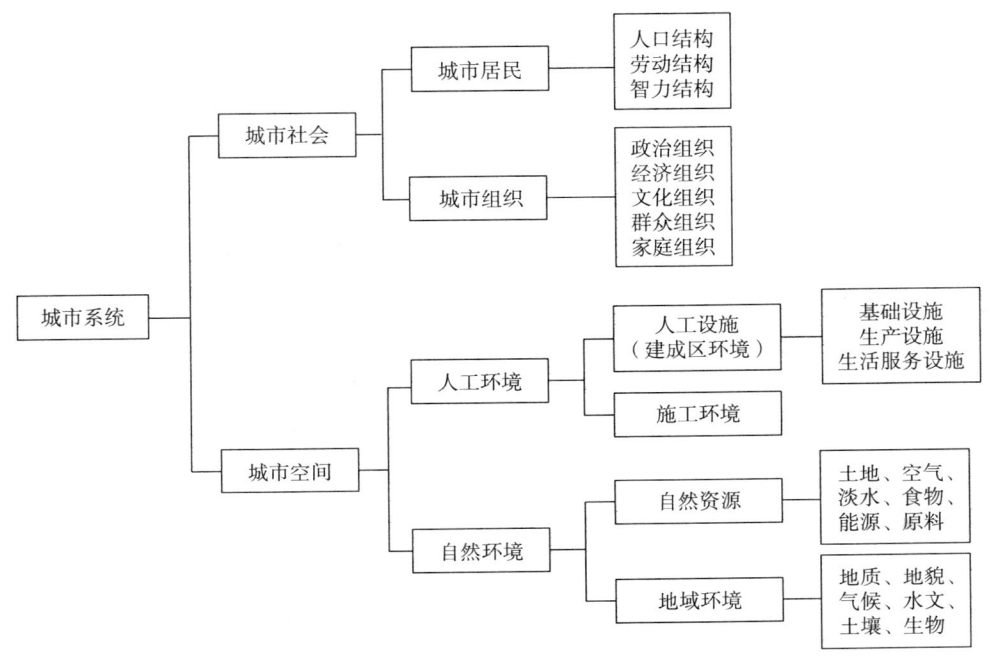

图 2.2　社会学家视角的城市系统构成

资料来源：参考顾润清（2013）。

包含着各种类型的子系统，子系统又包含着许多子系统，这些子系统之间既有树状的串行结构，也有横向的网状结构，子系统之间相互联系、相互作用，对城市系统的健康发展起着至关重要的作用。如对于自然系统与其他子系统的关系而言，自然系统为经济系统的发展以及基础系统的完善提供物质基础，同时，自然系统中资源的短缺和环境的恶化都会抑制社会系统的进步。再如从经济系统与其他子系统的关系而言，经济系统的发展为自然系统中自然环境的保护、社会系统中就业状况的改善和社会系统的进步、基础系统的建设和完善提供物质基础。各层次系统之间、各子系统之间相互联系相互包容形成一个系统整体，城市的每一个子系统、每一个层次、每一个关联都代表着城市的某一方面，城市是一个由多个子系统复合而成的复杂巨系统（袁晓勐，2006）。

其次，城市系统的形成和发展演化过程复杂，是一种自组织过程。对于城市系统的形成过程来讲，城市系统是一个与农村及其他城市等外部环境不断进行物质、能量、人员、资金和信息等交换的开放系统。在这个过程中，城市内部各个子系统之间相互协调，形成一个有机联系的统一整体，在城市系统内部要素与外部环境交换达到一定阈值后,城市系统形成。对于城市系统的发展演化过程而言,城市发展的区位优势差异促使人类的活动由低势位向高势位流动,而且由于人流、物流、商流、信息流等流态的协同作用形成的空间集聚又使城市不同区位的规模效益产生差异,又形成新的势和流,使城市的空间类型不断更替,如商业区取代工业区、金融区取代商业区等,这一过程使城市系统不断形成从无序走向有序的负熵,最终达到一个稳定、有序的平衡状态。在城市系统受到外力干扰时,城市系统及城市子系统通过"自适应""自创生""自生长"进行自我调整,以达到新的有序平衡。总之,城市系统是一个自组织系统,它与外部环境的物质和能量交换为城市系统的相变提供了条件,而且城市系统各子系统之间的非线性相互作用成为城市系统不断演化发展的动力,它们之间的协同作用使城市系统从无序状态转变为有序状态(徐珏燕等,2006)。

最后,城市系统与外部环境之间存在着密切的联系。城市是一个高度开放的系统,城市系统不断从外部输入各种物质、能量和信息,通过城市系统的内部运作形成新的物质、能量和信息,并向外部环境或外部系统输出和辐射。而且城市与外界物质、能量和信息的交换量和交换能力反映了城市在区域中的集聚和辐射能力,集聚和辐射能力越强,则表明这个城市生命力越强,在该区域具有较强的中心性。

第3章　智慧城市系统的概念分析

为了分析"什么是智慧城市"这一核心问题，本章首先对智慧城市及智慧城市系统的概念进行探讨分析。智慧城市的出现以及智慧城市概念的提出与新兴信息技术的发展是密不可分的，与其他相关的城市概念相比，智慧城市究竟是一类怎样的城市？本章将通过分析对智慧城市的概念进行界定。"系统"是人们对事物，特别是对复杂事物认识和思考的特定方式。智慧城市系统则是通过"系统"这一种思考方式描绘智慧城市内部是通过怎样的联系作用机制而使城市呈现出具有"智慧"特征的城市形态的。

3.1　智慧城市的概念内涵分析

3.1.1　智慧城市的概念缘起

作为理论界和实业界的一个新兴概念，分析"智慧城市"的来源是我们理解智慧城市的起点。本部分将从"智慧城市"的概念来源和城市的发展演变历程两个角度来分析智慧城市的缘起。

（1）智慧城市概念的来源。

从概念来源来看，"智慧城市"代表了一种以信息技术为基础的城市实现自身创新发展的解决方案，这一方案为城市自身运行系统的优化发展提供了基本思路。

我国的"智慧城市"这一提法基本上都是从英文"smart city"① 直接翻译而来。在维基百科里,"smart"是一个形容词,用来描述具有较高智能性的人或动物,并被作为形容词广泛应用于产品、工程、技术、商业、社会事业、娱乐等领域。② 1972 年,"smart"一词首次被解释为"智能型的,并具备独立工作的技术设备",且根据牛津英语语料库统计,此后"smart"成为与"card"(即智能卡)搭配最多的词语,人们日常生活的用品都被贴上了智能的标记。

随后,"smart"逐渐被人们用于城市语境中,反映一种成功的城市发展政策。将"smart"应用于城市语境中,最初源于美国兴起的"精明增长"(smart growth)运动(Bollier D.,1998)。20 世纪 90 年代末,美国的"郊区化"和"城市蔓延"等状况给城市发展带来很多问题,于是在城市开发和规划中开始倡导"紧凑发展",并将这种理念和方法称为"smart growth"(王国爱和李同升,2009)。精明增长中的"smart"代表一种基本规范和战略方向,即要求各级政府和公共部门利用各种新的政策、战略和计划来实现城市的可持续发展和经济的良性增长,并不断提高市民的生活质量(Center on Governance,2003)。因此,用于城市语境中,"smart"最初代表了一种成功的政策。

"Smart city"逐步被用来描述一种以信息技术为基础的推动城市创新运作的城市发展模式。在实践中,随着信息技术的发展,人们逐渐将信息通信技术的应用与未来城市的发展联系起来,尤其是在美国、欧洲以及亚洲的很多城市(如美国的圣地亚哥、加拿大的渥太华、英国的南安普顿、东南亚的新加坡),当它们利用新兴的信息技术改造或提升了城市的某个或某些领域的时候,它们开始自我标榜为"smart city"。"smart city"更多地成为了一种城市营销或城市自我标榜的手段,代表了一种智能的,以用户需求为导向的,能够自动反馈的城市管理和服务方式(Taewoo Nam and Theresa A. Pardo,2011)。同时,思科、IBM、西门子

---

① "smart city"是智慧城市比较主流的称呼。当然,也有一些学者出于个人的喜好或研究需要,而采用不同的称法。如 Steve Hodgkinson(2011)指出,相比较于"smart"和"intelligent",他更喜欢用中性一点的"digital"或"digitally enabled"来描述城市借助于信息通信技术来寻求经济、社会、环境的可持续发展和增强城市竞争力这一事实。Ali Mostashari 等(2011)指出,智慧城市类似的提法有"wired city""smart city""intelligent city""digital city"等,但他采用"cognitive city"来描述智慧城市,因为他认为"cognitive"蕴含了城市通过传感网络建立的"神经系统"进行学习、记忆,并利用原有"经验"来不断改善城市管理的这一过程。John G. Jung(1998)指出智慧城市类似的提法有"smart community""smart city""cyber city"等,但是他认为智慧城市成功的关键在于了解和挖掘居民需求,并倡导居民与私人投资者广泛参与智慧城市建设活动,这就需要以社区为单位引导利益相关者进行参与和合作,因此,他采用了"smart community",即"智慧社区"来描述智慧城市。

② http://en.wikipedia.org/wiki/smart.

等一系列科技公司逐步用"smart"来描述利用复杂、综合的信息系统对城市基础设施和公共服务（如建筑、交通、能源和水的配送、公共安全等）的日常运作进行整合，"smart"反映了在城市规划、发展和运行中进行的所有以技术为基础的城市创新行为（Colin Harrison and Ian bbott Donnelly，2011）（见图3.1）。

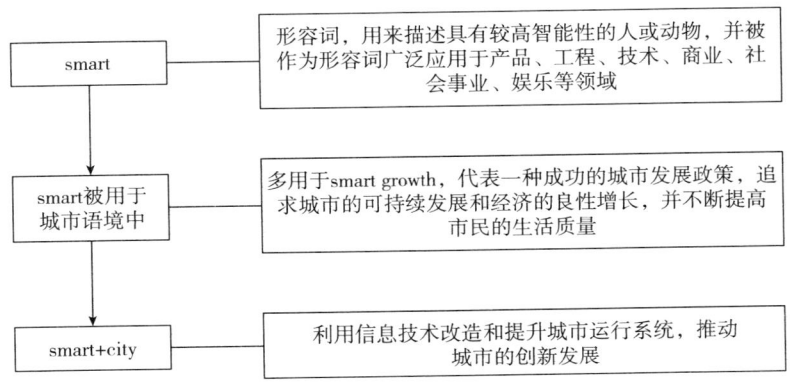

图3.1 "smart city"的来源

资料来源：笔者根据相关研究文献自绘。

"Smart city"得到热烈响应和广泛传播源于IBM公司提出的智慧地球方案。在2008年，IBM公司提出的"智慧地球"（Smart Planet）理念及计划得到了美国政府的支持和积极回应，作为"Smart Planet"解决方案的重要组成部分（李德仁等，2011），"smart city"这一概念也迅速风靡全球。IBM公司对"smart city"的解释是，"充分运用信息和通信技术手段感测、分析、整合城市运行核心系统的各项关键信息，从而对于包括民生、环保、公共安全、城市服务、工商业活动在内的各种需求做出智能的响应，为人类创造更美好的城市生活"①。在中国语境中，人们通常将其翻译为"智慧城市"。

由此可见，从"智慧城市"这一概念的产生及来源来看，利用新兴信息技术实现对城市核心运行系统的改造提升是智慧城市理念的基本出发点。

（2）城市发展历程演变。

从城市的发展演变过程来看，智慧城市的出现是人类科学技术进步推动城市形态不断演变的重要体现。如图3.2所示，不同的人类科技水平对应着不同的社

---

① http://www.ibm.com/smarterplanet/cn/zh/smarter_cities/overview/? re = spf.

会形态和城市形态。

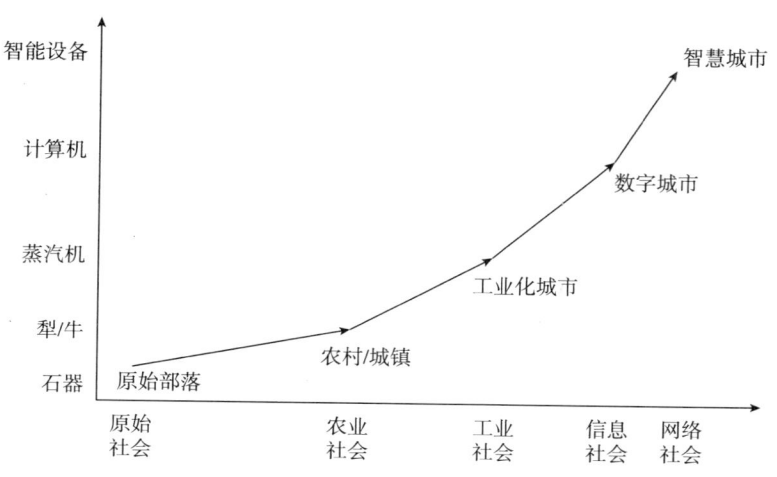

图 3.2　城市发展的历史进程

资料来源：参考吴余龙和艾浩军（2011）。

智慧城市的出现是人类生产力发展和科技进步的必然结果。人类的生产力水平代表了人类改造自然界的能力。随着人类劳动工具的每一次突破性改进，整个人类社会的生产力水平都大幅提升，也带来了人类社会形态日新月异的变迁。从城市的发展历程看，技术进步推动生产组织形式发生变化，从而也带动了社会形态以及城市发展模式的变化。

1）原始社会至工业社会阶段。早在5500年前，由于贸易和交易、宗教和政治等因素的促成，在美索不达米亚、尼罗河谷、印度河流域以及我国的黄河流域就形成了世界上最早一批城市，但城市的大规模发展以及现代意义上城市的形成，是在工业革命之后（诺南·帕迪森等，2009）。工业革命极大地促进了生产力的发展，农业的机械化发展解放了大量农业人口，为城市的工业化发展提供了充足的劳动力，制造业和工业的地位超过农业和手工业，在城市发展中占据重要地位，蒸汽机和铁路的诞生形成的复杂交通运输网络使贸易变得更加畅通，城市发展成为商业中心，城市成为经济社会发展的中心地带。与此同时，世界的城市化进程大大加快，从城市的出现到1850年的几千年中，世界的城市化率不过是4%~7%；到1950年，世界城市化化率上升为约30%，到2008年又超过了50%。

2）信息社会阶段。20世纪中叶以来，信息技术的蓬勃发展及其广泛应用对经济社会发展产生了深刻影响，信息技术的产业化发展、信息技术对传统三大产业的改造提升、信息技术在社会领域的广泛应用推动城市进入了数字化发展阶段。在数字城市中，遥感技术、地理信息系统、计算机技术、网络技术、多维虚拟现实技术等在城市的建设、管理和服务中得到了广泛应用，如城市规划管理信息系统、城市房地产管理信息系统、城市综合管网信息系统、城市交通管理系统、城市可视化电子政务系统等（赵赏和孙彩歌，2011）。但总体而言，数字城市更多的是采用信息技术实现城市功能的信息化、数字化发展，它依据城市实体的物质空间构筑一个虚拟的网络空间，实现城市中各类居民、机构、企业、社会团体的无缝连接，使城市能够更加高效、便捷地实现建设、管理、服务等功能。

3）网络社会阶段。近几年来，信息技术的发展又有了新的突破，随着物联网、新一代移动宽带网络、下一代互联网、云计算等新一轮信息技术的迅速发展的深入应用，实现了城市物质空间和虚拟网络空间的连接和实时互动，人与人、人与物之间的联系更加实时性、泛在化、透明化，推动人类社会进入一种网络社会形态，城市也进入了"智慧化"的发展阶段。曼纽尔·卡斯特尔指出了网络社会的主要特征，如表3.1所示。对应于网络社会，城市的运行和管理模式也发生了重大变革，城市发展进入了"智慧城市"阶段。传感网技术的发展使城市具有了"神经末梢"，它可以实时获取和传输来自城市物理世界的数据和信息，通过利用云计算等技术对大数据的挖掘和分析，帮助城市的管理者、服务者以及各类活动的参与者实现更加明智的决策，从而使城市系统成为具有一定的决策能力和实时反馈能力的控制系统。从技术意义上而言，与"数字城市"相比，"智慧城市"在"数字城市"构筑的虚拟网络空间的基础上，将物理世界和数字世界连接起来，实现了两种不同介质空间的实时反馈和互动，并依靠人的洞察和远见实现城市的科学发展。从经济、社会等方面来看，"智慧城市"也具有了更加深刻的内涵。

表3.1 卡斯特尔对网络社会主要特征的描述

不同角度	特征内容
社会形态方面	它是一个高度动态的、开放的社会系统，它能够依据节点的接入而实现无限扩展，在不影响其平衡的状态下很容易实现创新
社会模式方面	它重塑了人类的经济和社会生活，推动了经济行为的全球化、组织形式的网络化、工作方式的灵活化、职业结构的两级化发展

续表

不同角度	特征内容
社会空间方面	它改变了生活、时间和空间的物质基础，使得信息在全球范围内的及时流动成为可能，形成了流动空间，原有的社会空间区分为流动空间和地域空间
社会范式方面	崇尚信息主义，即知识和信息是社会的经济、政治、文化及其他各方面发展和变革的基础，社会的信息化是社会发展的主导趋势和基本动力

资料来源：在参考文献 Castells M.（1985）；Castells M.（1989）；Castells M.（1994）；Castells M.（1996）；Castells M.（1997）；Castells M.（1998）的基础上自行整理所得。

3.1.2 智慧城市与相关概念

作为一种新兴的城市发展理念，智慧城市无疑是先进的、高级的，它的先进和高级更多地体现在它能够充分吸收人类关于未来城市发展的理性思考和美好展望的智慧结晶，并利用最新的科学技术来推动实现这一美好展望。随着科技的进步以及知识经济、信息经济、创意经济等不同类型经济形态的涌现，对应于城市发展中出现和面临的突出问题，人们提出了一系列新的城市发展概念，如数字城市、创新型城市、创意城市、生态城市等，在本章研究中，它们与智慧城市之间的联系与区别如表 3.2 所示。

表 3.2 近些年出现的城市发展新概念与智慧城市的联系与区别

相关概念	与智慧城市的联系	与智慧城市的区别
数字城市	都是信息技术在城市中渗透和应用而出现的城市发展理念	数字城市主要是用信息技术建立一个与物理世界相对应的网络虚拟世界，帮助人们了解城市；智慧城市侧重利用新一代信息技术实现城市各领域的互联互通和创新应用，从而建立一种新的城市发展模式
智能城市	都是信息技术在城市中渗透和应用而出现的城市发展理念，智能城市是数字城市向智慧城市转化的过渡阶段	智能城市主要通过构建统一开放的信息平台建立各类智能应用系统，实现城市各领域的智能化运作；智慧城市侧重在智能城市提供的技术平台基础上实现各个部门、各个领域的服务创新应用，通过充分发展各类智慧新应用带动整个城市发展模式的创新与优化
知识城市	信息通信技术在组织社会学习，进而推动城市中知识的创造、传播、分享和应用中发挥着重要作用	知识城市以知识的创新及应用为中心，以此推动城市的创新创造；智慧城市是以信息通信技术为基础，在城市经济、社会、空间等多个领域培育新的发展模式，进而带动整个城市的创新升级，其中，知识创新是智慧城市中的重要组成部分

续表

相关概念	与智慧城市的联系	与智慧城市的区别
创新型城市	都是一种以创新为主要特征的城市发展模式	创新型城市以技术创新为中心,在各类要素和创新资源的配套支持下构建城市创新系统,增强城市的自主创新能力;智慧城市是以信息技术应用为基础的城市发展模式的创新,它在数字城市、智能城市的基础上推动城市各领域的应用创新、服务创新、模式创新,最终实现整个城市系统的优化
创意城市	高新技术产业和信息基础设施在城市中都发挥着重要的基础支撑作用	创意城市的中心是通过营造创意生活方式、吸引创意人才以推动创意文化产业的发展,增强城市的生机与活力;智慧城市中先进、发达的信息基础设施为创意城市的建设与发展奠定了良好基础,但智慧城市的中心在于利用先进、发达的信息基础设施推动城市发展模式的创新
宜居城市	都致力于为人们创造良好的工作、生活、居住环境	宜居城市以为人类创造良好的人居环境为中心,推动城市在经济、社会、文化、环境等各方面协调发展;智慧城市中也同样重视良好人居环境的建设,但它的出发点在于利用先进的信息技术打造更加符合现代人生存和发展需要的经济、社会、生态环境
低碳城市	都重视低碳环境的打造,促进城市经济、社会、环境的可持续发展	低碳城市重视通过发展各种低碳技术和工艺,倡导低碳消费和生活方式,促进产业结构调整和发展低碳产业等来建立城市的低碳化运作模式;智慧城市通过充分利用先进的信息通信技术,实现对高能耗、高物耗、高污染行业的实时监督管理,通过推动绿色消费、清洁生产和敏捷制造等,实现节能减排和低碳环保
生态城市	都重视良好生态环境的建设,促进城市经济、社会、环境的可持续发展	生态城市依据生态学原理建立城市的基本发展模式,推动社会生态、经济生态、自然生态的全面发展;智慧城市对生态环境的保护与信息通信技术密切相关,除了上文提及的节能减排和低碳环保外,智慧城市通过构建智能应用系统促进城市部门管理服务水平和工作效率的提高,实现"效能优化",通过发展较少环境负担的信息产业,实现"绿色增长"

资料来源:笔者整理。

由表3.2可知,智慧城市发展理念与近些年出现的新的城市发展概念既有区别,又有着千丝万缕的联系。智慧城市发展理念是以城市中经济、社会、文化、环境、技术等各个领域的发展为基础的,创新型城市、宜居城市、创意城市、生态城市、数字城市、生态城市、低碳城市等这些不同的城市发展新概念本身就是随着人类实践发展和科技进步而提出来的反映时代发展需求的新的城市发展理念，它们分别侧重从经济、社会、文化、环境、技术等领域对未来的城市发展进行了展望。因此，在本章的研究中，创新型城市、宜居城市、创意城市、生态城市、数字城市、生态城市、低碳城市分别从经济、社会、文化、环境、技术等方面反映或表达了智慧城市建设与发展的理念诉求。与其他城市发展新概念相比，智慧城市最大的特色在于它主要依托新一代信息通信技术推进城市在经济、社会、环境、文化等多个领域的信息共享、资源整合、互联互通、协同运作，激发各类创新应用：一方面，使城市经济、社会、文化、环境等不同领域能够以前所未有的更加高效、合理的方式运作，提升城市不同领域运行发展的水平；另一方面，不同领域之间的互联互通和协同该运作也有助于人们从整体上洞悉和把握城市的运行状况，有针对性地探索、分析、归纳城市运行发展的基本规律，从而更加协调、有序地推动城市不同领域的平衡发展、协同发展，有效地推进城市的全面可持续发展。

3.1.3 智慧城市的典型观点

对于智慧城市这一新的城市发展理念，学者们进行了广泛探讨，形成了对智慧城市的多元看法。对这些智慧城市的认识进行归纳分析有助于我们全方位地把握智慧城市的内涵。总体而言，主要有如下三种典型观点[①]。

第一种观点一般沿用 IBM 公司对智慧城市的定义，重视信息通信技术（ICT）对城市运行系统的改造，比较典型的认识是"数字城市+物联网=智慧城市"。对于这种认识，反映在智慧城市建设实践中，很多地方特别重视新兴信息技术的采用和先进的信息基础设施的建设，通过构建一些先进的网络基础设施、配备一些高科技含量的信息技术，就宣称自身为智慧城市了，如美国的圣地亚哥、英国的南安普顿、加拿大的渥太华等（Holland G., 2008）。但这种狭义的认识容易使智慧城市建设进入一种误区，即认为智慧城市是信息技术高度发达、信息网络基础设施非常先进的城市，智慧城市建设就是大力投资和建设信息基础设施，只要建成了宽带、泛在的信息基础设施，这座城市就是智慧城市了。正如近几年我国很多地方的智慧城市的顶层设计都是由智慧城市集成商、总包商承担设计的，基本都是一些云计算、政务平台、智能交通、智慧教育、智慧医疗等政府信息化工程，很多项目已经实施了，但依然没能更好地实现城市的"智

---

① 具体观点的相关作者及文献见本书"1.2.1 智慧城市的概念综述"。

慧"。

面对这种不利的倾向,人们呼吁建立对智慧城市的全面和整体认识,如第二种观点。他们认为,新兴信息技术和信息基础设施是智慧城市的重要组成部分,是智慧城市的基础支撑因素,但智慧城市建设应该更多地关注城市本身的发展问题,包括城市经济的增长、城市竞争力的提升、社会的融合发展、民生福祉的改善、城市管理和服务的改进、资源能源的节约、生态环境的保护等一系列跟城市长远发展密切相关的主题,指出智慧城市应该是基于 ICT 技术的应用促进城市经济、社会、生态的可持续发展。Ismagilova Elvira 等(2019)对 104 篇智慧城市相关的文献进行分析之后指出,智慧城市的技术层面在文献中被大量地提及,但在最近几年的文献中更多地从综合性的信息系统视角关注智慧城市中的市民、生活质量和可持续发展等方面。

第三种观点从动态发展角度来分析和认识智慧城市,它突出了"智慧城市"通过利用信息技术实现创新发展而使自身变得更加"智慧"的过程。智慧城市之所以不同且优越于以往的城市形态,是因为它能够比以前更好地实现自身功能的优化,更好地面对和解决自身发展面临的问题,实现城市发展品质的全面提升。之所以能够实现这种提升,先进的、新兴的信息技术是重要的手段,与此同时,信息技术的运用也带动了城市经济社会运作方式和发展模式的变革,推动整个城市发展成为一个更加智慧的城市。

3.1.4 智慧城市的概念界定

从字面意义上来看,智慧城市中的"智慧"是先进的、智能化的信息技术形成的人工智能与人的洞察、远见和明智应对相结合而成的混合名词,即:

$$城市中的智慧 = 人工智能 + 人的智慧$$

将"智慧"运用于城市语境中,它意味着人工智能和人的智慧与城市发展的完美结合,它推动城市实现核心资源的高效利用和优化配置,进入其运行发展的最佳状态。

本书认为,智慧城市是以新兴的信息技术为基础,以谋求经济、社会、环境的全面可持续发展为基本方向,以信息技术的人工智能和人的智慧为重要手段,通过充分整合城市的各类资源推进城市的创新发展,进而推动城市核心资源的优化配置以及城市运行发展全面优化的城市。

具体而言,随着科技的发展和社会的进步,人类的文明与进步取得了璀璨的成就,而城市则是人类文明发展的最集中体现。在城市的发展演进过程中,城市通过吸收和融合最新、最先进的科技成果而不断实现突破性的发展，智慧城市的出现也是城市融合先进的信息技术而不断向高级化阶段发展的具体体现，是工业化、信息化和城市化的深度融合。先进的信息技术是构筑智慧城市的基础、先导和重要手段，而先进信息技术作用的发挥则以人的运用为前提，整个城市走向"智慧"需要充分发挥信息技术的智能性和人的主观能动性，积极调动和整合城市的各类资源（如专家、城市管理者、企业、市民、信息、资金等），按照它们之间联系、作用的基本规律，推进城市的系统性创新，使城市实现自身发展的不断优化，并走向经济、社会、环境的可持续发展。这里的"全面优化"体现在经济、社会、环境等多个方面，包括更好的经济效益和经济发展品质，更佳的生活质量，更少的资源和能源消耗，最低限度的环境污染等，使城市能够不断向其自身运行和发展的"帕累托最优"状态接近。

3.1.5 智慧城市的内涵分析

基于上文分析，本书认为智慧城市的内涵主要有以下四点：

（1）先进的信息技术及其深入应用是城市实现"智慧"发展的重要基石。无论是从智慧城市概念的来源，还是智慧城市出现的城市发展阶段，以及智慧城市能够成为世界各国热烈追捧的原因来看[①]，智慧城市的建设和发展与新兴的、先进的信息技术是密不可分的，尤其是物联网、云计算、大数据、移动互联网等，具体如表 3.3 所示。在智慧城市的建设和发展中，微电子、计算机、网络通信和软件等各种新技术的创新发展实现了从计算、传输到处理，从感知、互联到智能，以及泛在连接和普适计算的无所不在，信息技术进入智能融合的新阶段，为城市的智能化发展提供了新的手段。

表 3.3　智慧城市依托的主要信息技术

类型	作用与功能
物联网和感知技术	推动城市实现精准化的管理和服务
大数据技术	为政府的决策与服务、城市的布局规划和管理运营，以及人们衣食住行等在内的各个领域提供强大的决策支持

---

① 在 2008 年全球性金融危机的影响下，"智慧城市"建设不仅可以提供未来城市发展的新模式，而且可以带动新兴产业——物联网产业的发展，因此，世界各主要经济体纷纷将发展智慧城市作为应对金融危机、扩大就业、抢占未来科技制高点的重要战略（巫细波和杨再高，2010）。

续表

类型	作用与功能
云计算技术	通过综合集成的计算、存储、网络等能力有效地提高城市的社会信息化水平并推动社会生产方式变革
宽带网络技术	为城市中信息的高速、顺畅流通奠定了基础
移动互联网技术	大大拓展了信息交流的渠道和传播的范围,推动各类公共服务的个性化发展

资料来源:笔者整理。

(2)人的智慧是智慧城市的灵魂和精髓。"智慧"一词最初是用来形容人的洞察、远见和明智,当把其应用于以人为核心主体的城市语境中,在加入了信息技术的智能性之后,人的智慧则具有了更为重要的地位以及更加丰富而深刻的内涵。具体体现在:

第一,人的智慧与信息技术的智能在智慧城市中相得益彰,而人的智慧居于核心地位。信息技术形成的人工智能的特点和人的智慧的内涵分别如图3.3和图3.4所示。人的智慧代表人的分析和判断能力,在智慧城市中,人因为借助于信息技术的智能而变得更加聪明和富有远见,能够更加有效率、有的放矢地、融洽地处理城市中的各种事务和自身的生活,而信息技术的智能则因为人的使用而具有存在的意义和价值。否则,在一个城市中,即使建成了再发达、先进的信息技术及其基础设施,如果没有或很少有人使用,这样的信息技术则失去了存在的价值,城市的智慧也就难以体现出来。因此,人的智慧是城市变得智慧的根本和源泉。

第二,人的智慧的重要地位还体现在智慧城市是"以人为本"的。它通过先进的信息技术和科学的城市治理为市民创造良好的工作、生活和居住环境,促

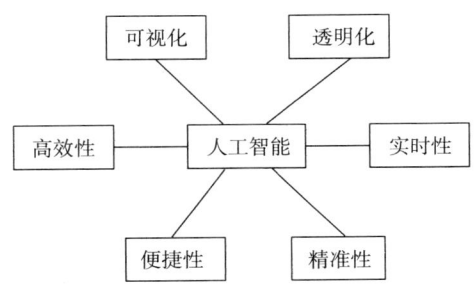

图3.3 信息技术对应的人工智能的特征

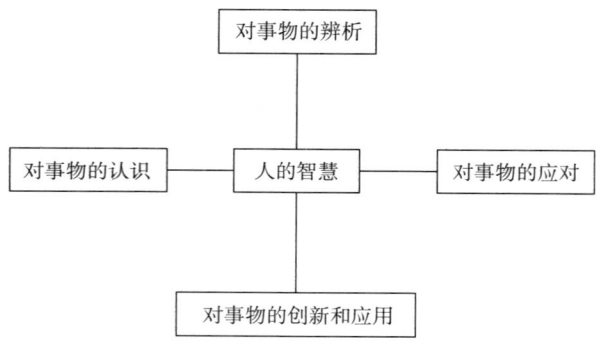

图 3.4　人的智慧的内涵

进人的自我实现和人的全面发展，并以优质的生态、人文、科技及融资环境，吸引和培养优质的人才，使人聪明才智不断增长并得到充分发挥，使人的悟性、认知和实践的深度、广度得以不断拓展，以更加智慧的人推进城市的智慧发展。

（3）智慧城市发展的总体方向是实现经济、社会、环境的全面可持续发展。经济、社会、环境的全面可持续发展的主要路径和内容如表 3.4 所示。对于信息技术而言，最重要的不是它的先进性和创造智慧城市的能力，而是它能通过信息网络的构建和应用成为城市经济、政治、社会、文化整体发展中的重要组成部分（Krassimira Antonova Paskaleva，2009；Sam Allwinkle and Peter Cruickshank，2011；Joost Brinkman，2011）。智慧城市建设和发展的侧重点应该回归到城市自身的发展上来，关注城市的发展问题。而且由于不同国家、不同城市的发展基础和发展阶段的不同，智慧城市发展的重点领域、主要特色以及实现路径等在各个方面都具有不同的呈现，但城市的最终发展方向是一致的，即实现经济、社会、环境的全面可持续发展，将城市打造成为人类最理想的居所。

表 3.4　智慧城市发展的总体方向

基本方向	主要路径和内容
经济可持续发展	通过发展以新一代信息技术产业为代表的智慧产业以及信息技术对传统产业的智慧化改造，来增强经济发展动力、提升经济发展质量、增强城市经济竞争力
社会可持续发展	通过智能化应用的普及与推广，来提高社会管理、公共服务的质量和效率，不断提升居民的生活质量与水平，为居民创造优质的生活环境

续表

基本方向	主要路径和内容
环境可持续发展	通过信息技术在生产、管理、服务、生活等城市各领域的应用促进资源的合理利用，建立高效、发达、快捷的城市基础设施，加强对环境的监测与监督，推进节能减排，减少环境污染和资源浪费

资料来源：基于许庆瑞等（2012）参考文献整理所得。

（4）智慧城市是对原有城市发展模式的突破与超越，它带来整个城市组织、管理及运行方式的变革，智慧城市的建设与发展是一个城市进行的系统性的创新过程。在智慧城市的谋划中，不得不思考的一个问题是，怎样使一个城市从"不智慧"变得"智慧"。由前文分析可知，如图3.5所示，智慧城市建设发展的起点是城市的现有状态，手段是先进的信息技术和人的智慧，方向是经济、社会、环境的全面可持续发展，那么它的路径即是系统性的城市创新。因为城市是一个复杂的大系统，城市的运行与发展是城市多个方面的协作与配合而实现的，因此，这种创新不仅是在城市的一个领域或几个方面的升级改造能简单实现的，它需要从智慧城市的系统架构入手，融合人的"智慧"和信息技术的"智能"，推进城市主要主体和关键环节的创新，缔造一个智慧的城市。

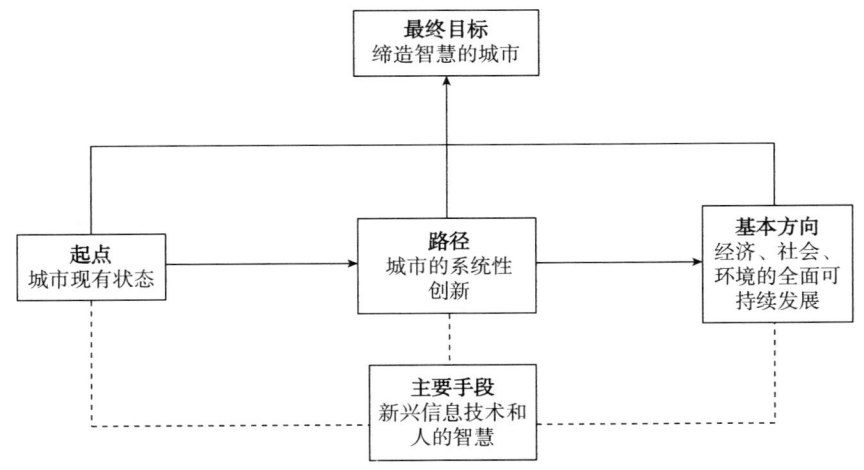

图 3.5 城市实现"智慧"发展的过程

3.1.6 智慧城市的基本特征

智慧城市的基本特征描绘了是哪些特点使得智慧城市不同于以往其他的城市

发展理念，从而使其呈现出"智慧"特征。由上文分析可知，信息通信技术是智慧城市的基石，它对城市的改造提升主要通过四大方面来体现，即透彻感知、深度整合、互联互通、创新应用，如表 3.5 所示。

表 3.5 透彻感知、深度整合、互联互通、创新应用的主要内容

不同方面	主要内容
透彻感知	在城市物理空间中安置无所不在的可以随时随地感知、测量、捕获和传递信息的智能传感器，实现对城市物理空间全面、综合的感知，通过智能化地获取现实城市物理空间中的各种信息并进行分析，为城市的运行管理和长期规划提供信息支持
深度整合	通过推进"三网融合"（电信网、广播电视网、互联网），以及互联网和物联网、卫星传感网、基于云计算平台的多源异构数据（多参考系、多语义、多尺度、多时相等）的集成、融合与同化，形成具有高度整合性的信息基础设施
互联互通	以物联网、互联网、下一代互联网等各种形式的高速、高带宽的信息通信网络为基础，将个人电子设备、组织和政府信息系统中分散的信息和数据进行连接、交互和多方共享，实现个人、组织和政府之间的连通和协作，构建不同社会主体内部以及它们之间沟通与合作的社会网络
创新应用	依托发达的信息基础设施，构建新的服务模式或者新的能够提供服务的体系结构，根据对数据信息的挖掘与分析，以较低的成本和较高的效率为人们提供满足不同层次、不同要求的智能化服务。同时，社会网络的建立使个人、组织和企业具有更加多样化的联系与合作方式，它们在发达的信息基础设施之上广泛开展科技和业务的创新应用，为城市经济、社会发展和文明进步提供源源不断的动力

资料来源：笔者整理。

在如表 3.5 所示的透彻感知、深度整合、互联互通、创新应用这四大方面中，透彻感知、深度整合、互联互通主要是从信息技术层面构建对应的智能应用系统和统一的公共信息平台，实现城市的高度智能化，体现了信息技术的人工智能在城市中的广泛、深入应用。创新应用是在城市中实现了透彻感知、深度整合、互联互通的基础上，从管理、服务、生产、生活等人类活动层面充分发挥人的主观能动性，充分利用先进的人工智能手段，为居民、企业和社会提供及时、互动、高效、精准的服务，提升城市的运行管理和综合服务水平、改善居民的生活质量、提升政府的行政效能、增强城市的综合竞争力。由此可见，创新应用是城市呈现"智慧"特征的根本所在，是智慧城市最为本质的特征。因此，在智慧城市中，如图 3.6 所示，透彻感知、深度整合、互联互通、创新应用之间的是

环环相扣、逐步递进的关系。具体来讲，创新应用的实现需要以透彻感知、深度整合、互联互通构建的公共信息平台为基础，互联互通需要以透彻感知和深度整合建立的信息基础设施为基础，深度整合需要以透彻感知建立的物联网为基础，同时，透彻感知、深度整合、互联互通的最终目的是实现创新应用。

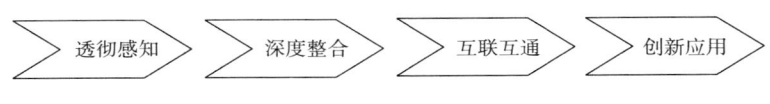

图 3.6　智慧城市的基本特征

3.2　智慧城市系统的概念内涵分析

3.2.1　智慧城市的系统隐喻

系统隐喻使用"类比"的思想帮助我们以熟悉的形式获得对难以理解的现象或问题的洞察力。"系统"是一种认识事物的思维方式，一般从目标、要素、结构、环境等方面来刻画一个系统，从而帮助我们分析和认识事物。但系统的一般定义也容易使人们进入一种认识误区，即系统来自于"现实世界"。事实上，在现代系统方法中，"系统"概念不是用来指称现实世界的事物，而是用来组织关于我们对世界的认识和思考的特定方式。例如，"组织"是遍布于社会生活各个领域的基本结构形式，它也被广泛地认为是系统地将我们生活的各个方面实现理性化的工具——被计划、被系统化、被科学化、使其更加有效和有序以及接受"专家"的管理。基于这种认识，理查德·斯科特（2011）从理性系统、自然系统以及开放系统三个视角来认识和分析"组织"这一类系统①。从系统思想和系

---

① 在理查德的分析中，组织是一个系统，它是由环境、战略与目标、工作与技术、正式组织、非正式组织以及人员这几类要素组成的，虽然没有哪个要素占据绝对主导地位，但从不同视角来看，不同要素的地位和重要性存在差别。理性系统视角的组织是意在寻求特定目标且具有高度正式化社会结构的集体，更加重视组织的战略与目标、工作与技术、正式组织等要素；自然系统视角的组织是这样一种集体，其参与者追求多重利益，既有共同利益也有不同利益，但他们共同认识到组织是一种重要的资源以及保持其永续长存的价值，可见自然系统视角的组织更注重组织的非正式组织和人员等要素；开放系统视角的组织认为组织是相互依赖的活动与人员、资源和信息流的汇聚，这种汇聚将不断变迁的参与者同盟联系在一起，而这些同盟则根植于更广泛的物质资源与制度环境，可见开放系统的组织更加注重组织的环境和人员等要素理查·斯科特等（2011）。

统方法论来看，虽然同样从系统视角来认识同一事物，但如果我们通过不同视角，用"显微镜"不同的"过滤镜头"添加不同内容的"佐料"，则我们对事物的抽象呈现不同的系统类型和系统特征。因此，系统是组织的主观构造物，我们是通过各种隐喻来构造系统的，不同的系统隐喻提供不同的观察问题的情景。常用的系统隐喻有机器隐喻、有机体隐喻、神经控制隐喻、文化隐喻和政治隐喻五种①，不同的隐喻适用于不同的问题情境，也为我们使用类比的思想来认识事物、解决问题提供了基本依据。

我们可以用系统的神经控制隐喻观来认识和分析智慧城市。神经控制观认为大脑是依赖于通信和学习的一个经过试验和测试的控制系统，它建立于标准控制模型的基础上，该模型具有转换过程（受控的）、信息系统（将受控过程的信息传递给控制单元）、控制单元（比较实际状态和受控过程所期望的状态）和执行单元（根据控制单元的指令，在受控过程中产生变化）。与有机体隐喻的"开放系统"观的被动适应不同，神经控制隐喻强调主动的学习和控制，它通过建立系统的信息处理和生存力，使控制器的多样性等于或大于受控状态的多样性，从而能够接受、处理和实现动态的目的和目标。由本书对智慧城市的定义可知，智慧城市之所以不同于传统的一般的城市形态，是因为智慧城市具有明确的发展目标和发展方向，并且它能够通过先进的信息技术在城市系统中的渗透以及具有认知、判断、应对和适应能力的人的参与，在城市中形成和建立一种新的城市运行和发展机制，使城市能够突破和超越原有的发展模式，进而不断向经济、社会、环境可持续发展的方向迈进。在这个过程中，形成和建立特定的城市运行和发展机制是城市逐渐实现"智慧"的关键所在，而这种"城市运行和发展机制"我们可以将其隐喻为系统的神经控制观中的"标准控制模型"。这个城市"标准控制模型"的目的是实现城市经济、社会、环境的可持续发展，而它的通信系统因为新兴的信息通信技术的应用呈现了更加高速、泛在、融合的发展形态，它的学习是通过具有认知、分析、判断和明智应对能力的人充分借助于新兴信息通信技术所编织的新型信息网络实现的，它通过特定的规则和秩序推动城市核心资源的优化配置，进而不断增强智慧城市的生存力，使智慧城市成为一个有生命力的系统。

---

① 机器隐喻强调要素的有效性及对要素的控制，较少考虑环境，有机体隐喻重视有机体系统的开放、适应和生存，神经控制隐喻强调积极的学习而不是对环境的消极适应，它注重自我评价、基于学习与创新的动态目标追求以及对信息的注意，文化隐喻重视组织中的存在的正式文化和非正式文化对组织的影响，政治隐喻一般用于涉及利益、冲突和权力的政治情境中（杨建梅，2000）。

3.2.2 智慧城市系统的概念内涵

由上文分析可知，如果用系统思考的方式来认识和分析智慧城市这一复杂新事物，智慧城市本身就是一个系统，并且相对于一般城市系统而言，智慧城市是一种具有"智慧"特征的城市系统。这里的"智慧"体现了新兴信息技术的智能和人的智慧在城市情境中的良好耦合，它带动城市系统的不断优化，使城市发展的品质更优、效率更高、效益更好，走向经济、社会、环境的可持续性发展。因此，我们认为智慧城市系统是通过信息技术的智能和人的智慧在城市情境中的良好耦合，推动城市实现全面优化发展的城市系统形态。

在智慧城市系统中，信息技术的智能和人的智慧是如何在城市中耦合而实现城市系统的优化发展的？本书认为这一机制主要从两个层面、由三类具有不同特征的城市系统的结合中来实现，如图3.7所示。其中，两个层面是城市子系统层面和城市系统层面，三类城市系统是智能化的城市子系统、智慧的城市子系统和智慧城市系统。

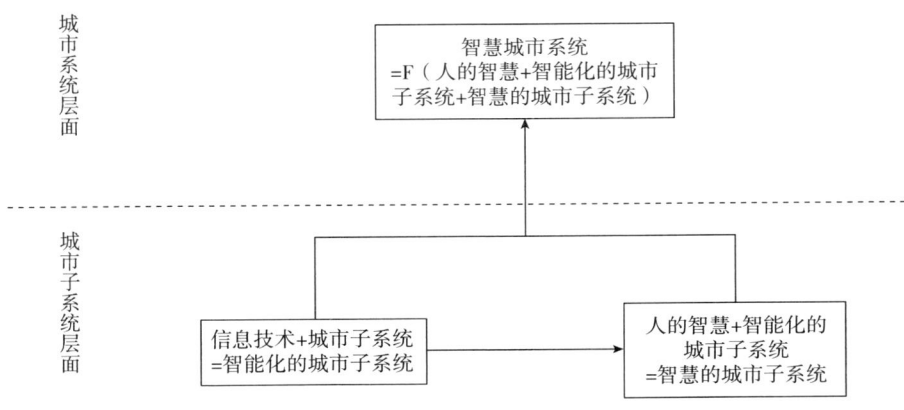

图 3.7　智慧城市系统的形成机制

注：F（·）代表人的智慧、智能化的城市子系统和智慧的城市子系统之间科学合理的联系和作用方式，它是由城市子系统层面涌现出智慧城市系统的核心和关键所在。

具体而言，首先，建设智能化的城市子系统，即新兴信息技术的发展渗透到城市系统的各个核心子系统之中，并在一定程度上影响和塑造城市各核心子系统的形态和运作方式，使城市各子系统变得更加智能化。在智慧城市中，主要通过城市的信息化建设，实现城市核心子系统的数字化、网络化、智能化运作，形成智能化的城市子系统。如智能化的交通系统、智能化的医疗系统、智能化的能源系统、智能化的生产系统，它们通过利用随时随地的感知设备和智能化系统，智能地识别、立体地感知相应领域的环境、状态、位置等信息，实现对感知数据的整合、分析和处理，并在必要的时候能够做出智能化的响应，因此这类系统就成为智能化的城市子系统。

其次，形成智慧的城市子系统，即具有分析判断能力的人与智能化的城市子系统相结合，通过人的智慧和力量推进各主要城市子系统运行发展模式的创新，从而实现其自身运行发展的不断优化。城市是一个典型的人工自然系统。切克兰德曾经对世界上的系统进行分类，除了自然系统之外，它将与人相关的系统划分成了人造系统和人类活动系统两类，其中人造系统根据性质的不同又可分为人造物理系统和人造抽象系统，如图3.8所示。在城市系统中，对于人造物理系统而言，新兴信息技术赋予这类系统的是智能化，是属于物和事层面的智能化运作，而人是智慧的主体，当人的分析、判断、实践和应对能力与智能化系统的运作结合起来的时候，这类城市子系统才能实现创新发展和自身优化，成为智慧的城市子系统。进一步地，可以认为是具有智慧的人与智能化的城市子系统相结合涌现出了智慧的城市子系统，智慧的城市子系统属于人类活动系统的范畴。以智慧交通为例，当智能交通系统提供的数据信息被交通管理部门的工作人员加以分析和判断，并将交通信息发布到出行者的手中，出行者根据所获信息再做出自身的出行判断，并选择最适合自身的出行路段，这时整个交通系统才会变得畅通、高效。在这个过程中，交通管理部门的工作人员更加高效、及时、准确地完成了城市的交通管理工作，出行者得以选择最佳的出行路线，使整个城市在最大程度上实现了交通的通畅和高效运作，这样一个交通系统就成为了一个智慧的交通系统。

最后，构筑一个智慧的城市，即人的智慧与整个城市系统的运作相结合，通过不断优化和完善各个智能、智慧的城市子系统之间的联系和作用方式，推进城市各主要子系统之间的协调、平衡发展，以及整个城市的创新和优化，进而实现城市经济、社会、环境的可持续发展。在系统理论中，协同学创始人哈肯指出，系统存在着与其组成成分和特性无关的结构生成与演变的规律或机制，即许多子系统的联合作用产生了宏观尺度上的结构和功能，出现了整体大于部分之和的现象。在城市系统层面上来看，物联网、移动互联网、大数据、云计算等技术的出现及运用实现了人与人、人与物、物与物之间的泛在连接，将城市的物理空间和虚拟空间紧密地联系起来，整个城市系统的运行变得更加可视化、透明化，为城

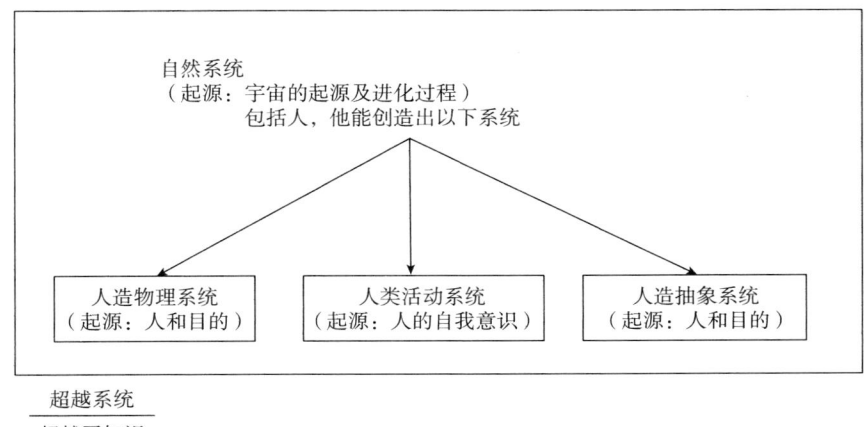

图 3.8 切克兰德系统分类

注：在宇宙的起源形成了自然系统，自然系统中的人按照人类的目的设计出来的服务于某个目的的人造物理系统，如电车、火箭等。同时，人类创造出来的东西还包括代表着人类精神的有序的有意识的产品，形成了人工抽象系统，如诗歌、哲学等，多以人工物理系统中的实体为载体而存在。同时，人类的设计行为形成了无数人类活动的集合，它们作为某个目的或任务的结果而被有意识地成整排列起来，形成了第四个系统类，即人类活动系统。

资料来源：参考杨建梅（1994）。

市的科学治理和有效决策创造了前所未有的便利条件。因此，在新一代信息通信技术支撑下的城市系统能够从全局、整体的视角洞悉和推进城市中各类关系和要素的协调发展。在人的智慧与城市系统的结合中，人的智慧不仅体现在人可以利用更加先进、高端的信息技术手段来洞悉、掌握城市的运行状况，从而在整个城市的运行和管理方面做出更加明智的决策，人的智慧的作用和价值更加体现在城市的战略决策层能够通过充分发挥自身的洞察、远见、理性分析、明智应对能力，制定出符合城市智慧发展的政策方案，以科学合理的规划方案和行之有效的行动措施推进城市子系统的智能化改造，引导城市子系统的优化发展和智慧升级，促进各城市子系统之间的协调运行，使城市中的人尽其才、物尽其用，各类人、事、物都能各得其所，进而推动整个城市的全面、协调、持续发展。因此，在城市系统层面，人的智慧主要通过人以自身的力量推动整个城市系统的全面优化发展体现出来。

与城市系统一样，智慧城市系统也是由各类要素或子系统复合而成的复杂巨系统。与一般城市系统不同的是，智慧城市系统更加完美地融入了"智慧"元素，这里的智慧主要是信息技术的智能和人的智慧结合，它们与城市系统的巧妙融合共同铸就了智慧的城市系统。

3.2.3 智慧城市系统的自组织与他组织特性

与一般城市系统相比，智慧城市系统之所以能够融入"智慧"元素，是因为在智慧城市系统的形成和发展中，它的自组织和他组织特性与一般自然演化的城市系统具有不同之处。

在系统的自组织理论中，事物的存在状态以及它形成和演化的过程可以分为自组织和他组织两种形式。组织是事物的有序存在方式，即事物内部按照一定结构和功能关系构成的存在方式，因此，城市系统是一种典型的组织存在。按照事物本身的组织方式，可以划分为自组织和他组织。哈肯指出，"从组织的进化形式来看，可以把它分成两类：他组织和自组织。如图 3.9 所示，如果一个系统靠外部指令而形成组织，就是他组织；如果不存在外部指令，系统按照相互默契的某种规则，各尽职责而又协调地自动形成有序结构，就是自组织"（哈肯，1987）。

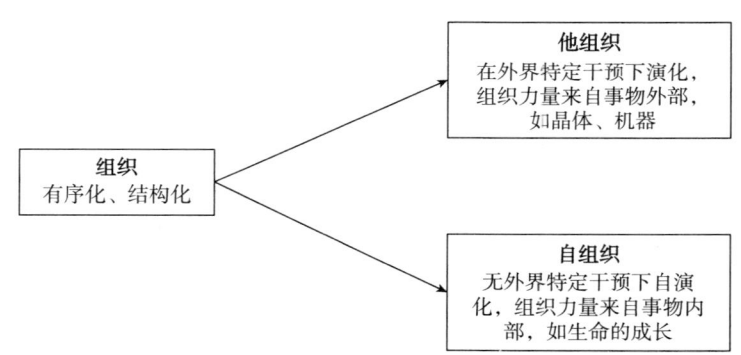

图 3.9　组织、他组织与自组织

资料来源：基于参考文献哈肯（1987），笔者自绘。

对于一般城市系统而言，城市系统的发展和演化兼有自组织和他组织两种力量，在不同的阶段或领域两种力量各自具有不同的地位和作用。从城市系统的产生、发展及演化过程来看，人们利用自组织理论探讨了城市系统的自组织特征，包括耗散结构城市、协同城市、混沌城市、分形城市、沙滩城市等城市自组织类型，为城市的规划和建设提供了重要的理论指导（程开明，2009；袁晓勐，2006）。对于城市系统究竟是自组织为主，还是他组织为主，学术界一直存在分歧，一般就城市的某些局部组成（比如城市的空间规划）和某些特定发展时期（比如重灾难时期）而言，城市发展存在着他组织主导的现象，但就城市整体及其整个发展演化的整个历史过程而论，是以自组织为基本形态的（何跃，2012）。

对于智慧城市系统而言，智慧城市系统也是自组织和他组织两种力量的融合作用而形成的，但它是一种他组织力量较为强大，他组织特性较为明显的城市系统形态。从城市的发展历程和智慧城市出现的角度而言，这一过程是自组织的，它是随着信息技术的发展及其在城市系统各领域的深入应用而自然产生的，它的出现是一个城市系统自组织发展的必然结果。但从智慧城市概念的提出，再到智慧城市的建设与发展，都是在政府和企业层面进行倡导、酝酿、构思、规划、设计、建设、运营等，明显体现了一种强大的他组织力量对城市系统自组织发展的干预力量。因此，智慧城市是随着城市发展演化而出现的新的城市发展理念，但智慧城市之所以能够呈现出"智慧"形态，不是自然而然的，它是一种人为力量按照城市系统运行发展的基本规律对城市系统进行干预的结果。而且这种人为力量已经内化为智慧城市系统的一部分，它是控制和调节城市系统向"智慧"方向发展的内生力量，这也正是智慧城市系统与一般自然演化的城市系统的不同之处所在。

第 4 章　智慧城市系统的要素分析

智慧城市系统揭示了一般城市系统如何能够发展成为一个具有"智慧"特征的城市系统,其中,各类具有智能化和智慧特征的城市子系统与人的智慧的有机联系与协作是关键。那么在智慧城市系统中,这些能够实现有机联系与协作的智能化、智慧的城市子系统以及人的智慧具体可以通过什么样的基本要素反映出来?围绕这一重要问题,本章将首先分析智慧城市系统是由哪些要素构成的,然后在此基础上对智慧城市系统的组成要素进行详细分析。

4.1　基于共词分析的智慧城市系统要素构成分析

为了分析哪些要素使一个城市不同且优于以往的城市理念和城市形态,从而使其能够成为一个智慧的城市,国内外学者们探讨了智慧城市的基本要素。在现有研究中,国内外学者们从信息技术、人、环境、组织、管理、制度、政策、经济等多个方面分析了智慧城市的要素。在智慧城市中,以上诸多要素分别具有不同的性质和特征,发挥着不同的功能与作用,它们相互联系、相互作用,共同构筑一个智慧城市。对于智慧城市而言,如何梳理以上多个要素在智慧城市中的地位和作用,怎样更加全面、系统地把握智慧城市的核心组成要素?为了深入地探究这个问题,下文将以现有中外文献中人们对智慧城市研究分析的高频关键词分类为基础,来划分智慧城市的基本构成维度,进而概括智慧城市系统的基本构成要素。

4.1.1 研究设计

4.1.1.1 研究方法

本部分研究涉及的研究方法主要有共词分析方法、聚类分析和多维尺度分析、社会网络分析几种方法。

(1) 共词分析方法。

本部分将采用内容分析法中的共词分析方法，采用非介入性、客观的方法，从大量的文献材料中寻找客观规律，以共词分析的统计结果作为划分智慧城市构成维度的重要依据。共词分析方法是内容分析法的一种，主要通过分析某一学科领域的研究主题或关键词在同一篇文献中共同出现的次数，揭示关键词之间的亲疏关系，从而展现该学科的知识结构和研究内容，这一方法较为适合对新兴学科和新兴主题的研究（张春红和卓越，2011）。在本研究中，智慧城市是一个新兴的研究领域，不同学科的学者们从不同角度对智慧城市进行了探讨，形成了不同的研究主题。同时，智慧城市也是一个非常庞大的体系，包含了很多方面的内容，那么这些纷繁复杂的内容可以从哪几个维度来划分？

共词分析法建立在词频分析法的基础上，以关键词或主题词共现为分析载体，其基本步骤有以下三个（张勤和马费成，2007）：①从相关文献数据库中抽取能够代表该学科领域研究主题的关键词，并根据关键词出现的频次设定一定的阈值，以高频关键词作为代表该学科领域的关键词进行分析；②两两统计高频关键词在同一文献中同时出现的次数，构建共词矩阵；③利用统计软件及现代信息技术等可视化手段，将高频关键词进行统计分析，并以图形的形式展示高频关键词的分类和网络关系。

(2) 聚类分析和多维尺度分析。

本部分将对高频关键词的共词矩阵进行聚类分析和多维尺度分析，依据分析的结果对关键词进行分类，并以此作为划分智慧城市构成维度的重要依据。其中，聚类分析（Cluster Analysis）是以"物以类聚"为基本思想，依据事物本身的特征对研究个体进行分类，根据事物之间的相似程度或差异程度，以一定的谱系图将研究对象之间的亲疏关系表示出来。本章通过利用聚类统计方法把共同出现频率高的关键词归结为一类，从而将共词矩阵复杂的网状关系简化为相对较少的类群之间关系，并以一定的图谱形式将这种分类过程及分类关系展示出来。多维尺度分析（Multi-Dimension Analysis）是通过测定研究对象之间的距离来发现数据的基本结构，它利用二维或三维空间反映研究对象之间的相似程度，展现研究对象之间的联系，将具有高度相似性的对象聚集在一起，形成一个类团。在多维尺度分析中，被分析的关键词以点的形式出现，点的位置显示了关键词之间的相似性。在文献计量分析中，多维尺度分析通常用来分析一个学科或研究领域的知识图谱。

（3）社会网络分析。

本部分将采用社会网络分析方法分析高频关键词分类后的不同子网的网络特征，以判断高频关键词分类的合理性。社会网络分析是社会学研究的一种方法，其中社会网络是指社会行动者及他们之间关系的集合，它是由多个点（社会行动者）和点之间的连线（代表行动者之间的关系）组成的，社会网络分析的核心在于从"关系"的角度出发研究社会结构和社会现象（刘军，2009），它借助现代计算机技术将社会网络的关系结构以图形的方式展示出来。本章将借助社会网络分析方法分析高频关键词之间的网络关系，其中，关键词是网络中的节点，关键词之间的连线代表关键词之间的共现关系。本章应用社会网络分析软件 UCINET 6 来分析高频关键词的共词矩阵，并利用可视化绘图软件 Netdraw 绘制关键词的网络关系图谱，从而更好地展示智慧城市不同构成维度形成的网络图谱，分析智慧城市不同构成维度内部所具有的网络特征。

4.1.1.2 样本选取

本章将以国内外智慧城市研究的相关文献为关键词数据的来源。虽然智慧城市是一个较新的研究领域，相关研究在 2008 年以来才迅速增多，但通过中外文献数据库检索到的相关文献也非常繁多，以中国期刊网为例，输入"智慧城市"关键词后检索到的期刊文献为 20274 篇（截至 2019 年 8 月）。从文献研究内容的侧重点及发表时间来看，自 2008 年"智慧城市"这一新概念提出，学术界对"智慧城市"概念及内涵的理论探讨主要集中于 2015 年以前。对于研究样本的选取，在中文文献方面，本章将选取 2008～2014 年核心期刊刊登的智慧城市研究的论文为研究样本；在英文文献方面，因为国外智慧城市方面的研究论文大多是以会议论文和工作论文形式在网上发表的，为了保证文献的质量和权威性，本章以 2008～2014 年在相关领域的期刊上发表的学术论文作为研究样本。

本章共选取了 227 篇中外文献作为研究的样本书献，其中中文文献 187 篇，英文文献 40 篇。在中文文献检索中，以"智慧城市"为关键词，以上文所述约束条件在中国期刊全文数据库检索到文献 340 篇。在文献收集过程中，剔除掉了一些主题与本章不太相符的文献,如《银江股份引领智慧城市发展》《智能无障碍楼梯升降系统》等,以及一些报道性的文章,如征文通知、会议报道等,经过对340篇核心期刊论文的筛选,最终得到187篇与本书研究主题结合较为紧密的论文。在英文文献检索方面,以"smart city"为关键词,以上文所述约束条件在"ISI Web of Knowledge""EI – village2"和"ScienceDirect"数据库中进行检索,并对检索到的期刊论文进行筛选,最终得到40篇英文文献。以上得到的227篇中英文文献是下文构建共词矩阵的样本书献。

4.1.2 共词矩阵构建

4.1.2.1 高频关键词的确定

结合词频统计软件"ROST中文分析软件"的分析结果以及人工识别和人工筛选,本章最终得到了57个高频关键词。通过中文文献关键词统计共得到318个关键词,英文文献关键词统计共得到145个关键词,将中英文文献的关键词合并共得到关键词411个。为了便于智慧城市构成维度的分析,并考虑到样本的数量以及关键词的代表性,本章选取了出现频次不小于5次的关键词作为高频关键词,共得到高频关键词59个,占关键词总数的14.4%。59个高频关键词出现总频次为1167次,占出现总频次的71.2%,较剩余的352个低频关键词更具有代表性。通过对59个高频关键词进行检查和分析,发现其中"电子政务"与"智慧政务"较为相似,于是合并两个关键词。同时,由于"智慧城市"关键词不适于进行智慧城市构成维度的分析,因此将"智慧城市"关键词剔除。最终得到了57个高频关键词,如表4.1所示。

4.1.2.2 关键词共词矩阵的建立

将上述确定的57个关键词输入Excel表格中,两两统计它们在上述227篇中外文献中共现的次数,形成了一个57×57的共词矩阵。其中,共词矩阵对角线上的数值为同一个关键词出现的总次数,其他数值为不同的关键词在同一篇文献中共现的次数,如表4.2所示。

4.1.2.3 矩阵的转化:相似矩阵和相异矩阵的构建

由于关键词共词矩阵中显示的关键词共现频次为绝对值,难以真正反映关键词之间的相互依赖程度,而且不同的多元统计方法对矩阵结构有不同的要求,为

表 4.1 智慧城市研究高频关键词汇总表（2008~2014 年）

序号	关键词	频次	序号	关键词	频次	序号	关键词	频次
1	信息通信技术	63	20	云计算	16	39	智慧安全	8
2	基础设施	54	21	智能交通	15	40	智慧城管	7
3	智能化应用	45	22	服务型政府	14	41	信息网络	7
4	城市创新	44	23	城市治理	14	42	空间布局	7
5	信息化	42	24	城市化	14	43	管理模式	7
6	标准体系	34	25	信息安全保障	13	44	智慧政务	6
7	物联网	32	26	战略规划	12	45	低碳城市	6
8	顶层设计	27	27	产业转型升级	12	46	传感网	6
9	城市规划	25	28	以人为本	11	47	智能流动	5
10	可持续发展	24	29	智慧产业	11	48	智能化	5
11	信息平台	23	30	城市发展战略	11	49	智慧人群	5
12	城市管理	23	31	城市系统	11	50	信息产业	5
13	信息社会	23	32	智慧环境	10	51	文化创意产业	5
14	数字城市	23	33	无线网络	10	52	数字化	5
15	公众参与	22	34	大数据	10	53	人口管理	5
16	保障措施	22	35	智慧社区	9	54	跨部门	5
17	信息共享	22	36	技术体系	9	55	信息资源	5
18	智慧公共服务	20	37	发展目标	9	56	城市应急管理	5
19	智慧民生	18	38	智慧经济	8	57	城市信息系统	5

了进行后续的聚类分析和多元统计分析，需要对关键词共词矩阵按照一定的方法进行转换。本章运用 Ochiia 系数方法将关键词共词矩阵转换成相似矩阵。

$$\text{Ochiia 系数} = \frac{A、B \text{ 两词共现的次数}}{\sqrt{A \text{ 出现的频次}} \times \sqrt{B \text{ 出现的频次}}} \tag{4.1}$$

利用公式（4.1）计算关键词之间的 Ochiia 系数，矩阵对角线上的系数表示某个词与自身的相关程度，其值均为 1。计算后，共词矩阵转变为所有数值均为 0~1 的关键词相似矩阵，如表 4.3 所示。在表中，数值的大小体现了两个关键词之间的距离的远近，数值越大，表明两个关键词之间的距离越近，相似度越好，

第4章 智慧城市系统的要素分析

表4.2 智慧城市研究高频关键词共词矩阵（部分）

	信息通信技术	基础设施	智能化应用	城市创新	信息化	标准体系	物联网	顶层设计	城市规划	可持续发展	信息平台	城市管理	信息社会	数字城市	公众参与	保障措施	信息共享
信息通信技术	63	15	10	14	12	9	5	5	9	16	8	10	3	8	13	2	3
基础设施	15	54	15	13	9	13	5	7	10	10	3	7	11	5	10	10	6
智能化应用	10	15	45	11	8	11	7	5	9	7	6	7	6	6	8	5	6
城市创新	14	13	11	44	9	3	5	8	2	9	3	5	7	2	6	6	5
信息化	12	9	8	9	42	7	6	7	4	1	4	4	6	9	3	4	4
标准体系	9	13	11	3	7	34	3	6	6	3	1	2	5	3	4	2	5
物联网	5	5	7	5	6	3	32	0	1	1	3	4	4	6	1	5	3
顶层设计	5	7	5	8	7	6	0	27	1	2	3	4	4	2	4	6	6
城市规划	9	10	9	2	4	6	1	1	25	4	3	4	4	5	6	2	1
可持续发展	16	10	7	9	1	3	1	2	4	24	2	4	3	3	4	3	1
信息平台	8	3	6	3	4	1	3	3	3	2	23	3	3	2	4	4	3
城市管理	10	7	7	5	4	2	4	4	4	4	3	23	3	3	5	4	1
信息社会	3	11	6	7	6	5	4	4	4	3	3	3	23	3	3	1	3
数字城市	8	5	6	2	9	3	6	2	5	0	2	3	3	23	1	3	0
公众参与	13	10	8	6	3	4	1	4	5	1	4	5	3	1	22	3	5
保障措施	2	10	5	6	4	1	5	6	2	4	3	4	4	1	3	22	22
信息共享	3	6	6	5	4	5	3	6	1	1	3	1	1	3	5	22	22
智慧公共服务	5	5	6	6	2	2	2	2	2	1	2	3	7	2	1	1	3
智慧民生	2	10	4	4	4	4	3	2	0	1	2	1	2	7	3	2	0
云计算	6	1	3	2	4	3	12	0	3	0	1	2	5	4	0	0	1
智能交通	2	3	3	3	3	3	4	0	3	1	0	1	2	0	1	1	3
服务型政府	2	2	0	3	3	3	2	5	3	0	1	1	2	1	4	0	1
城市治理	5	7	6	5	3	3	1	2	0	3	1	3	3	1	0	0	0
城市化	2	3	3	4	4	5	3	2	3	1	1	2	1	1	0	0	1

反之，数值越小，则表明两个关键词之间的距离越远，相似度越差。

表 4.3　智慧城市研究的关键词相似矩阵（部分）

	信息通信技术	基础设施	智能化应用	城市创新	信息化	标准体系	物联网	顶层设计
信息通信技术	1.000000	0.257172	0.187812	0.265908	0.233285	0.194461	0.111359	0.121232
基础设施	0.257172	1.000000	0.304290	0.266698	0.188982	0.303394	0.120281	0.183324
智能化应用	0.187812	0.304290	1.000000	0.247207	0.184017	0.281220	0.184466	0.143444
城市创新	0.265908	0.266698	0.247207	1.000000	0.209359	0.077563	0.133250	0.232104
信息化	0.233285	0.188982	0.184017	0.209359	1.000000	0.185240	0.163663	0.207870
标准体系	0.194461	0.303394	0.281220	0.077563	0.185240	1.000000	0.090951	0.198030
物联网	0.111359	0.120281	0.184466	0.133250	0.163663	0.090951	1.000000	0.000000
顶层设计	0.121232	0.183324	0.143444	0.232104	0.207870	0.198030	0.000000	1.000000

由于原始共词矩阵中 0 值偏多，因此造成相似矩阵中 0 值过多，在统计分析过程中容易造成误差过大，因此，为了方便后续的进一步分析，将 1 与相似矩阵上的每个数值相减，最终得到了关键词之间相异程度的相异矩阵，如表 4.4 所示。与相似矩阵不同，在表 4.4 中，相异矩阵中的数值表明的是关键词之间的不相似程度，数值越大，说明关键词之间的距离越远，相似度也差，相反，数值越小，说明关键词之间的距离越近，相似度也越好。利用相关统计分析可以得出关键词之间的类群关系。

表 4.4　智慧城市研究的关键词相异矩阵（部分）

	信息通信技术	基础设施	智能化应用	城市创新	信息化	标准体系	物联网	顶层设计
信息通信技术	0.000000	0.742828	0.812188	0.734092	0.766715	0.805539	0.888641	0.878768
基础设施	0.742828	0.000000	0.695710	0.733302	0.811018	0.696606	0.879719	0.816676
智能化应用	0.812188	0.695710	0.000000	0.752793	0.815983	0.718780	0.815534	0.856556
城市创新	0.734092	0.733302	0.752793	0.000000	0.790641	0.922437	0.866750	0.767896

续表

	信息通信技术	基础设施	智能化应用	城市创新	信息化	标准体系	物联网	顶层设计
信息化	0.766715	0.811018	0.815983	0.790641	0.000000	0.814760	0.836337	0.792130
标准体系	0.805539	0.696606	0.718780	0.922437	0.814760	0.000000	0.909049	0.801970
物联网	0.888641	0.879719	0.815534	0.866750	0.836337	0.909049	0.000000	1.000000
顶层设计	0.878768	0.816676	0.856556	0.767896	0.792130	0.801970	1.000000	0.000000

4.1.3 共词矩阵的多元统计分析

4.1.3.1 聚类分析

本章运用 SPSS 17.0 统计软件，采用消除共词频率影响后的相异矩阵进行聚类分析，聚类方法采用"组间连接"，度量标准采用区间的"Euclidean 距离"，得到了聚类分析的树状图，如图 4.1 所示。根据对聚类结果的分析，本章将 57 个关键词划分为 9 个类别，分别是：智慧城市设计与发展、智慧城市战略、城市信息化、智慧城市的社会发展、城市运行模式、空间规划、产业发展、城市管理的智能化、智慧城市的应用领域。

由关键词的相似矩阵可知，每个关键词都和其他关键词有个不同的网络联系，但由于聚类分析本身的特征，每个关键词只能纳入一个与它自身联系最紧密的类别中，而不能看到关键词与其他关键词的联系情况，为了更加全面地分析关键词的属性特征，对关键词做出更加明确的归类判断，下文对关键词矩阵进行多维尺度分析。

4.1.3.2 多维尺度分析

本章运用 SPSS 17.0 统计软件对关键词的相异矩阵进行多维尺度分析，采用 Ecolidean 距离模型，分析后得到了如图 4.2 所示的可视化二维知识图谱。在多维尺度分析中，通常用 stress 值（即压力系数）来判断输入数据与输出结果之间的吻合程度，stress 值系数越小，则分析结果越好。一般来讲，压力系数小于等于 0.1 的时候，则表示分析结果非常好，如果压力系数大于或等于 0.15 的时候，则表示分析结果不能接受，当压力系数大于 0.2 时，则表明研究对象之间的层次划分非常不明显（吕一博和程露，2011）。本章关键词相异矩阵分析得到的 stress

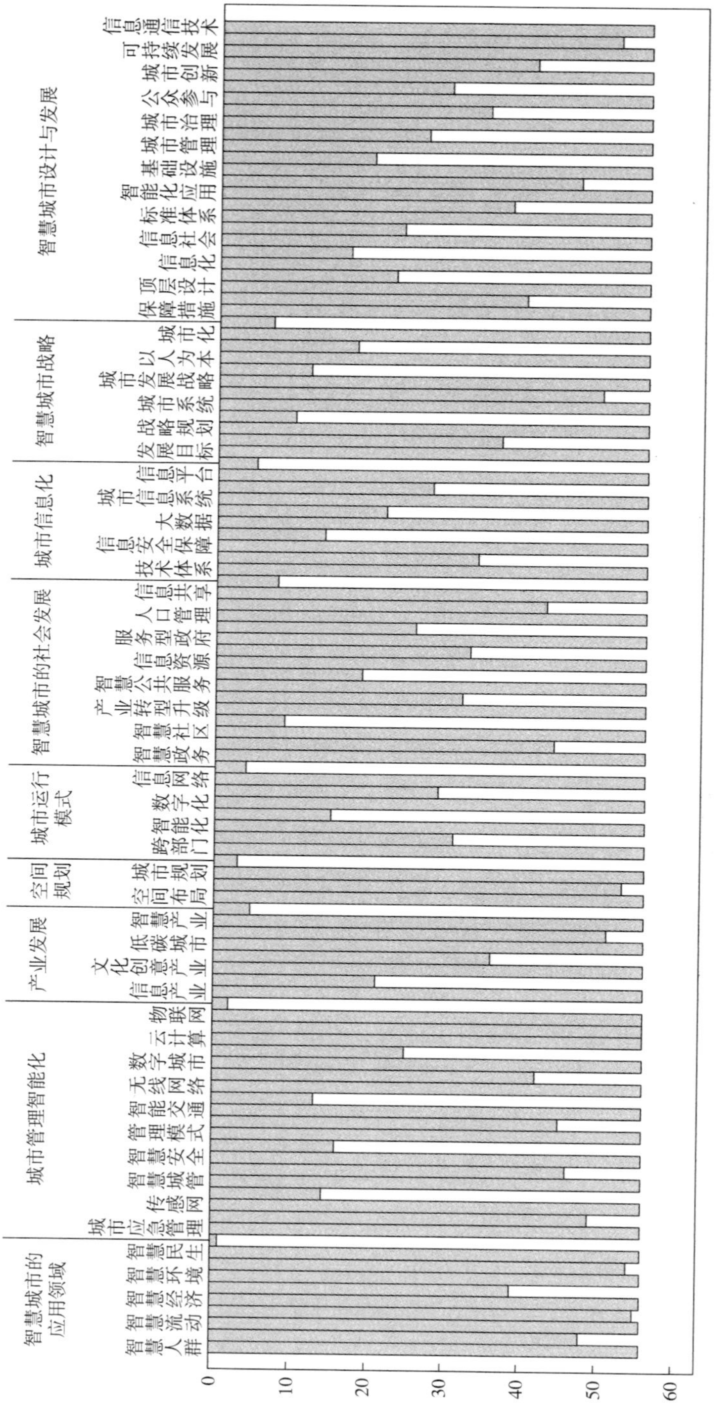

图 4.1 智慧城市高频关键词聚类分析的树状图

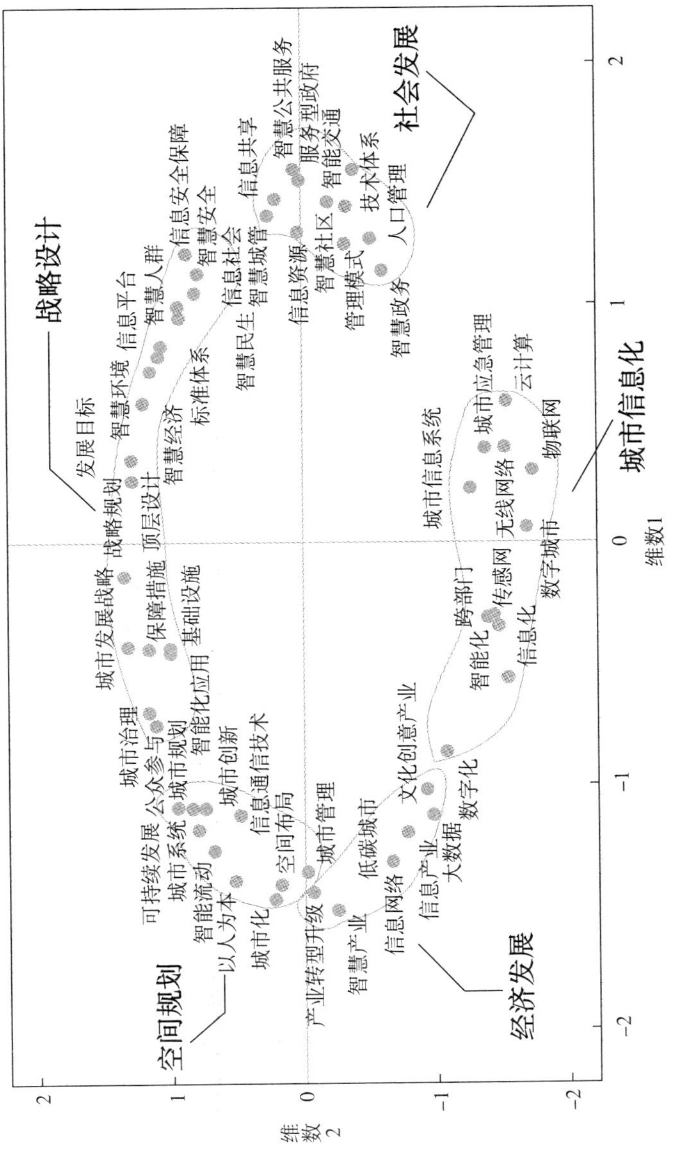

第4章 智慧城市系统的要素分析

图 4.2 智慧城市高频关键词多维尺度分析图谱

值为0.13，表明分析结果可以接受，但是也体现了研究对象之间的差异关系在压缩到低维空间时受到了一定程度的扭曲，这种扭曲程度还在可以接受的范围内。

由图4.3所示的多维尺度分析的结果可知，多维尺度分析与聚类分析的结果基本吻合，同时又呈现一些新的特征。所有的关键词在二维空间中集合为五个相对集中的关键词组团，本章将五个组团的主题分别概括为：战略设计、社会发展、城市信息化、经济发展和空间规划。相对于聚类分析的结果来看，多维尺度分析所呈现的五大组团是对聚类分析九个类别的再次组合聚类，也呈现出一定的学科特征。

4.1.4 高频关键词的归类分析

通过上文的聚类分析和多维尺度分析，57个高频关键词的分类结果如表4.5和表4.6所示。由聚类分析和多维尺度分析可以发现，智慧城市研究相关的关键词的总体结构既呈现一定的集中趋势，呈现为几个特定的研究主题，同时也具有一定的分散特征，出现了一些相对独立的研究关注点。由于聚类分析和多维尺度分析各有其缺陷，即聚类分析要求关键词归属唯一的特点使聚类的结果具有一定的局限性，多维尺度分析采用降维的思想用二维空间中点的位置的形式体现关键词所在的组团，对关键词的归类具有一定的扭曲。综合而言，多维尺度分析更清晰地划分了关键词的构成特征，从战略、社会、经济、信息以及空间五个不同的重要维度刻画了智慧城市的要素构成，为我们了解智慧城市的基本构成及其联系机制提供了科学的思路。为了进行智慧城市构成维度及其关系的分析，本书以多维尺度分析对关键词的分类为主，并结合关键词的具体含义和聚类分析的结果对其进行适度调整，从战略维度、社会维度、经济维度、支撑维度、空间维度五个方面对57个关键词进行归类。

从战略维度来看，它的关键词以多维尺度分析中"战略设计"中的18个关键词为主要来源，在聚类分析中，则体现为"智慧城市战略""智慧城市设计与发展""智慧城市的应用领域"三大类别的24个关键词。经过分析可以发现"城市化""可持续发展""以人为本""城市创新""城市系统"属于反映城市发展的方向性、原则性、趋势性和整体性的内容，更多地反映城市战略方面的内容。但由于多维尺度分析存在一定的扭曲性，被归入了"空间规划"中，因此本章将这五个关键词纳入战略维度中。

表 4.5　基于聚类分析的关键词分类

序号	类别	关键词
1	智慧城市战略（6个）	城市发展战略、战略规划、城市系统、城市化、以人为本、发展目标
2	智慧城市设计与发展（13个）	信息通信技术、基础设施、智能化应用、可持续发展、城市创新、公众参与、城市治理、城市管理、标准体系、产业转型升级、信息化、顶层设计、保障措施
3	智慧城市的应用领域（5个）	智慧民生、智慧环境、智慧经济、智能流动、智慧人群
4	智慧城市的社会发展（8个）	信息共享、人口管理、服务型政府、信息资源、智慧公共服务、信息社会、智慧社区、智慧政务
5	产业发展（4个）	智慧产业、信息产业、文化创意产业、低碳城市
6	城市信息化（5个）	信息平台、城市信息系统、大数据、信息安全保障、技术体系
7	城市运行模式（4个）	信息网络、数字化、智能化、跨部门
8	城市管理智能化（10个）	物联网、云计算、数字城市、无线网络、智能交通、管理模式、智慧安全、智慧城管、传感网、智慧应急管理
9	空间规划（2个）	城市规划、空间布局

表 4.6　基于多维尺度分析的关键词分类

序号	类别	关键词
1	战略设计（18个）	城市发展战略、战略规划、顶层设计、发展目标、城市治理、公众参与、基础设施、智能化应用、标准体系、保障措施、信息安全保障、信息平台、信息社会、智慧安全、智慧民生、智慧环境、智慧经济、智慧人群
2	社会发展（11个）	服务型政府、智慧公共服务、智慧社区、智慧政务、信息资源、信息共享、管理模式、人口管理、技术体系、智能交通、智慧城管
3	经济发展（7个）	智慧产业、产业转型升级、文化创意产业、信息产业、信息网络、低碳城市、大数据
4	城市信息化（11个）	数字化、智能化、信息化、跨部门、传感网、数字城市、物联网、无线网络、云计算、城市应急管理、城市信息系统
5	空间规划（10个）	空间布局、城市规划、智能流动、信息通信技术、城市管理、城市系统、以人为本、可持续发展、城市创新、城市化

从社会维度来看，它的关键词以多维尺度分析中"社会发展"中的11个关键词为主要来源，在聚类分析中，则主要体现为"智慧城市的社会发展"类别里的8个关键词。由聚类分析的结果可知，"智慧交通"和"智慧城管"更多地反映了"城市管理智能化"的内容，"技术体系"则更多地反映了"城市信息化"的内容，故将这三个关键词在社会维度中剔除掉。同时，"信息社会"在聚类分析中属于"智慧城市的社会发展"中的重要关键词，但在多维尺度分析中被归入"战略设计"中去了。本章认为"信息社会"是属于智慧城市社会发展的重要背景和内容，故以聚类分析的结果为准，将其纳入社会维度中。

从经济维度来看，它的关键词以多维尺度分析中"经济发展"中的七个关键词为主要来源，在聚类分析中，则主要体现为"产业发展"类别里的四个关键词。其中，多维尺度分析结果中的"产业转型升级""文化创意产业""信息产业""智慧产业""低碳城市"都较好地反映了智慧城市的经济发展的主要特点和趋势，但"信息网络"和"大数据"则属于智慧城市中基础性的、信息化方面的内容，在聚类分析中，它们分别位于"城市信息化"和"城市运行模式"中。故将"信息网络"和"大数据"两个关键词在经济维度中剔除。

从支撑维度来看，它的关键词以多维尺度分析中"城市信息化"的11个关键词为主要来源，在聚类分析中，则体现为"城市信息化""城市运行模式""城市管理智能化"三大类别中的19个关键词。由上文分析可知，多维尺度分析中"社会发展"中的"技术体系""智慧城管""智能交通"3个关键词，以及"经济发展"中的"信息网络""大数据"两个关键词，都已被社会维度和经济维度剔除，以及"战略设计"中的"信息平台""智慧安全"在聚类分析中，它们都隶属于"城市信息化""城市运行模式""城市管理智能化"三大类别中的重要关键词，且根据以上7个关键词的具体含义，将其归入支撑维度中。

从空间维度来看，它的关键词以多维尺度分析中"空间规划"的10个关键词为主要来源，在聚类分析中，则主要体现为"空间规划"的两个关键词。由上文分析可知，"城市化""可持续发展""以人为本""城市创新""城市系统"5个关键词已被纳入战略维度中，故空间维度主要包括5个关键词。

综合以上分析，本章将57个高频关键词划分为五大维度，其中战略维度20个，社会维度9个，经济维度5个，支撑维度18个，空间维度5个，具体如表4.7所示。

第 4 章 智慧城市系统的要素分析

表 4.7 智慧城市研究高频关键词分类

类别	关键词
战略维度（20 个）	城市发展战略、战略规划、发展目标、顶层设计、保障措施、标准体系、信息安全保障、城市化、可持续发展、以人为本、城市系统、城市创新、城市治理、公众参与、基础设施、智能化应用、智慧经济、智慧环境、智慧民生、智慧人群
社会维度（9 个）	信息社会、服务型政府、智慧政务、智慧社区、信息资源、信息共享、智慧公共服务、管理模式、人口管理
经济维度（5 个）	智慧产业、文化创意产业、信息产业、产业转型升级、低碳城市
支撑维度（18 个）	技术体系、物联网、传感网、云计算、大数据、无线网络、城市信息系统、城市应急管理、信息平台、智慧城管、智能交通、智慧安全、数字城市、数字化、信息化、智能化、跨部门、信息网络
空间维度（5 个）	城市规划、空间布局、信息通信技术、城市管理、智能流动

由表 4.7 可以看出，高频关键词在不同维度分布较为不均衡，战略维度和支撑维度关键词较多，社会维度、经济维度和空间维度相对较少。究其原因，本章认为，一是对于智慧城市这样的新概念，广泛进入公众视野不过几年的时间，人们更多地关注这个由信息技术发展带来的新概念需要的信息化支撑是什么，这一概念对应的城市未来的发展方向和应用领域有哪些，以及应该如何建设一个怎样的城市，在本章的维度划分中，这些都属于支撑维度和战略维度的内容，故这两个领域的关键词最多；二是在某些领域，人们对智慧城市的讨论内容比较集中，也会导致关键词较为集中。如在社会领域，人们比较关注的是智慧政务、智慧公共服务、智慧社区的建设，在经济领域，人们都一致较为关注智慧产业、产业转型升级、信息产业等，导致这些领域高频关键词少且集中。

4.1.5 高频关键词的社会网络特征分析

为了进一步探究将高频关键词划分为五大维度的合理性，本部分将利用社会网络分析方法对高频关键词的网络特征进行分析。

（1）整体网的网络特征。本部分运用社会网络分析软件 Ucinet 6 来分析高频关键词的共词矩阵，并利用可视化绘图软件 Netdraw 绘制所有关键词的网络关系图谱，如图 4.3 所示。在图中，原始矩阵中关键词的共现关系在社会网络图谱中得到完整展现，图中节点越大，代表它出现的频率越高，在整个网络中具有越重要的地位,节点之间的连线代表关键词之间的共现关系。在关键词网络中,网络密度、图的中心势是分析整体网络特征的主要指标。网络密度反映网络节点之间联系的紧密程度,反映密度的指标的取值在 0~1,数值越接近于 1,代表节点之间的联系越紧密(张春红和卓越,2011)。分析显示该关键词共现网络的网络密度为 0.5238,标准差为 0.1672,密度水平相对较高,表明关键词之间具有密切的联系,由此可知,智慧城市五大构成维度之间相互联系较为紧密,相互间具有较强的相互作用关系。图的中心势是对网络集聚度的评价,它反映网络的集中趋势,代表了网络的集散程度(吕一博和程露,2011)。分析显示该关键词共现网络的中心势为 43.73%,可见网络的集中趋势一般,根据关键词之间的联系以及关键词的含义将其概括为几个代表特定领域的类别是较为合理的。

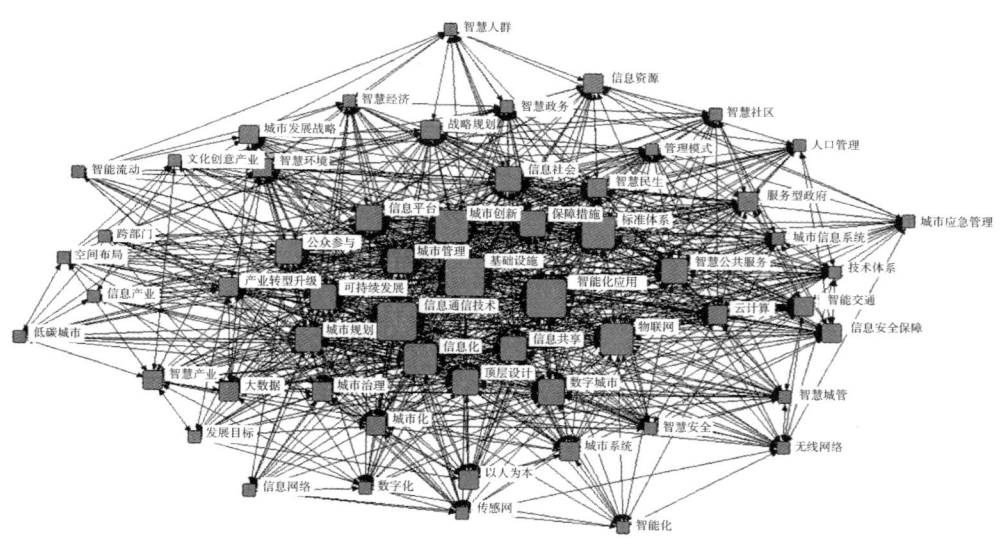

图 4.3　智慧城市高频关键词社会网络关系图谱

(2) 五大维度中高频关键词的相关子网的网络特征。根据多元统计分析后对高频关键词类别的划分,战略维度、社会维度、经济维度、支撑维度以及空间维度相关关键词形成的社会网络分别如图 4.4、图 4.5、图 4.6、图 4.7、图 4.8 所示,它们所体现的网络特征指标如表 4.8 所示。由表 4.8 可知,战略子网、社会子网、经济子网、支撑子网和空间子网中的"网络关联度"及其他的网络中心势数值较高,由此可知五个维度中的关键词之间都具有较高的联系紧密程度,以及较强的集中性、接近性和中介性,可见不同维度中的高频关键词之间都具有较强的联系,将 57 个高频关键词划分为这五个维度具有一定的合理性。

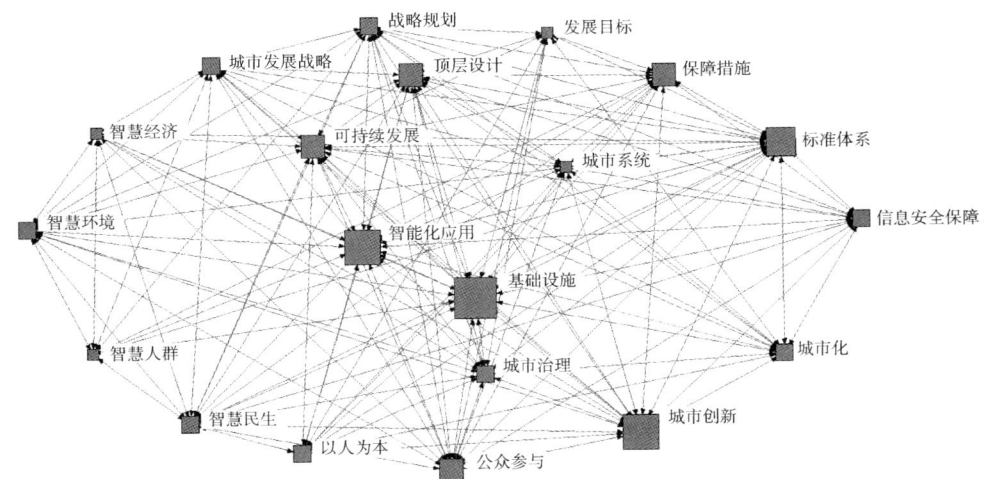

图 4.4 战略维度中关键词的社会网络图谱

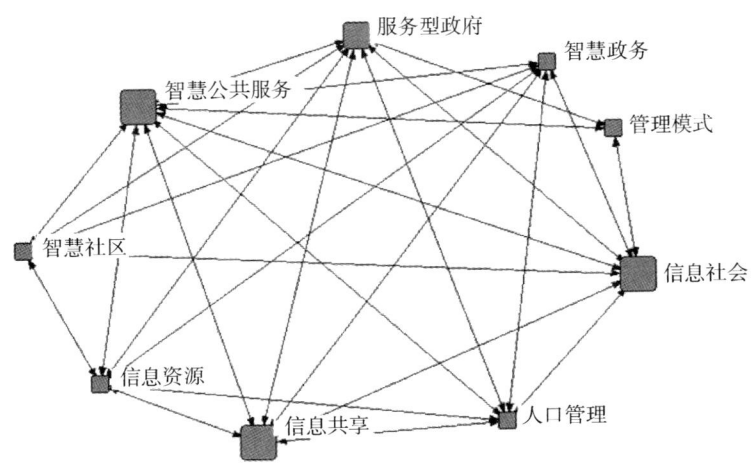

图 4.5 社会维度中关键词的社会网络图谱

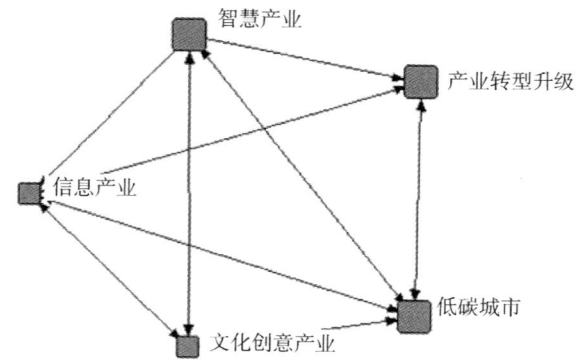

图 4.6　经济维度中关键词的社会网络图谱

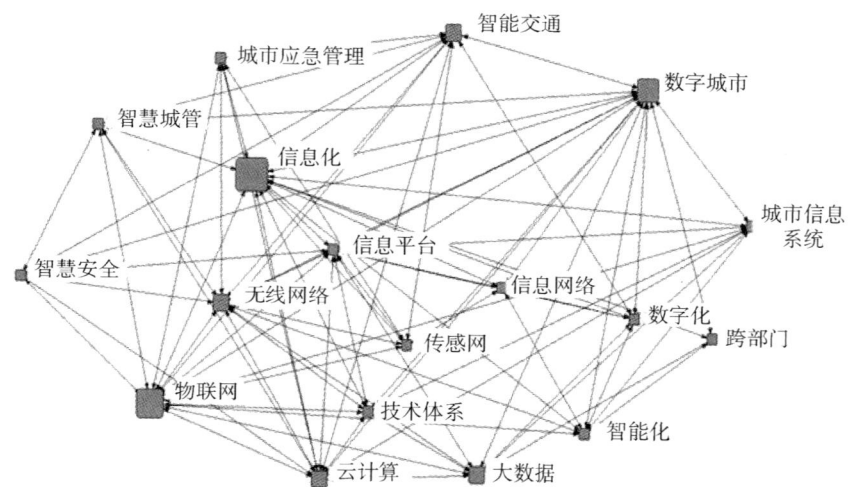

图 4.7　支撑维度中关键词的社会网络图谱

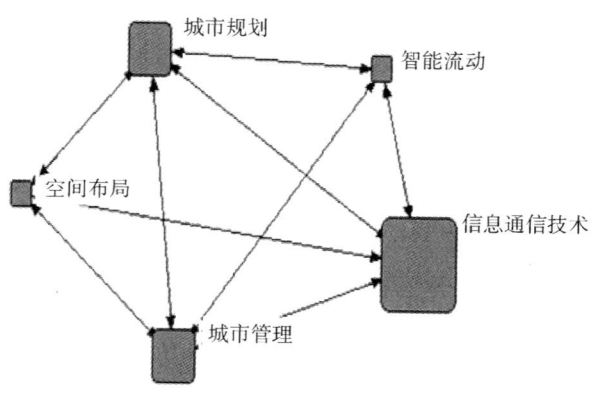

图 4.8　空间维度中关键词的社会网络图谱

表 4.8 不同维度相关子网的网络特征指标

	战略子网	社会子网	经济子网	支撑子网	空间子网
网络规模	20	9	5	18	5
网络关联度	0.7632	0.7500	0.8000	0.5359	0.9000
网络度数中心势	76.316	75.000	90.000	54.248	90.000
网络接近中心势	82.066	81.338	92.000	69.790	92.000
网络中间中心势	1.316	3.571	3.333	2.859	3.333

注:"网络规模"反映了不同网络中包含的全部关键词的个数;"网络关联度"与"网络密度"等同,它反映网络成员相互联络的紧密程度,即在多大程度上可以建立它们两两之间的联系;"网络度数中心势"反映了整个网络在多大程度上表现出向某个点集中的趋势;"网络接近中心势"反映了网络中的点与点之间的"距离",即"接近"程度;"网络中间中心势"反映了网络中点与点之间不受他人控制而直接建立联系的程度。

4.1.6 智慧城市的五大构成维度分析

综合以上分析,结合 57 个关键词在战略、社会、经济、支撑、空间五个维度的分布,本部分对智慧城市的五大构成维度进行概括与提炼。

(1) 战略维度。

由战略维度的 20 个关键词可知,它们主要涉及了战略研究、战略规划、顶层设计、发展目标、战略任务、体制机制创新、标准体系、信息安全保障等方面的内容,集中体现了智慧城市的战略、目标、趋势、方向、宗旨、应用等内容,是与智慧城市建设和发展相关的长期性、全局性、整体性谋划及实施方面的内容。因此,战略维度主要刻画了对智慧城市的运行与发展起组织、引领和规范作用的内容,它对智慧城市的建设和发展进行长期性、全局性、整体性谋划和规划,并统筹智慧城市中其他组成部分的均衡发展。

(2) 社会维度。

由社会维度的 9 个关键词可知,它们主要涉及了智慧城市在社会管理和公共服务领域出现的新的发展形态与模式,体现了智慧城市中社会领域的管理和服务方式发生的变化。社会维度是智慧城市中具有较强的能动性和自组织性的组成部分,它主要反映了智慧城市中的社会主体开展的新型的、智能化的管理与服务活动,它通过人的能动性和自组织性推进不同社会主体之间建立新的组织和联系方式,也在信息社会背景下不断推进社会管理和服务方式的变革。

（3）经济维度。

由经济维度的 5 个关键词可知，它们主要涉及了智慧产业、信息产业、传统产业智慧化改造、文化创意产业、绿色低碳经济等方面的内容，反映了智慧城市中经济领域呈现的新的发展形态。经济维度是智慧城市中具有较强的活力和创造性的组成部分，它主要反映了智慧城市中呈现的新的经济业态，通过不断培育和发展新的经济形态为智慧城市的建设与发展提供强大的经济动力和经济基础。

（4）支撑维度。

由支撑维度的 18 个关键词可知，它们主要涉及了信息技术及其智能化应用、城市信息化建设、城市智能化运行与管理等方面的内容，主要反映了智慧城市运行与发展需要依托的信息技术与基础设施等。支撑维度是对智慧城市的运行与发展起支撑作用的组成部分，它以新兴信息技术以及相关基础设施为基础，为城市的智能化运行提供技术支持和物质保障。

（5）空间维度。

由空间维度的 5 个关键词可知，它们主要涉及了智慧城市在空间发展方面呈现的基本形态，反映了智慧城市的空间规划和管理出现的新特点和发展趋势。城市空间是智慧城市存在和依托的载体，它是城市中各类相互关系的物化及其在一定地理区域上的投影，它使城市中各类要素的相互关系在物质形态层面上得到统一。智慧城市的空间维度则主要体现了智慧城市空间发展的趋势、特点和方向，为智慧城市的空间规划和空间管理提供必要支持。

4.1.7 智慧城市系统的要素构成分析

智慧城市系统是由人的智慧与若干智能化、智慧的城市子系统相互联系、相互结合而组成的。上文通过对智慧城市构成维度的分析表明，智慧城市的核心组成要素可以从战略、社会、经济、支撑、空间五个方面来归纳与概括。人的智慧与若干智能化、智慧的城市子系统在智慧城市系统的联系与协作主要在城市的战略、社会、经济、支撑、空间五大方面反映出来，它们在智慧城市系统中分别体现为战略系统、社会系统、经济系统、支撑系统、空间系统五大子系统。五大子系统相互联系、交织与协作，最后涌现出智慧城市系统这种具有"智慧"特征的城市系统。下文将从战略系统、社会系统、经济系统、支撑系统、空间系统五个方面来详细分析智慧城市系统的要素。

4.2 智慧城市的战略系统分析

4.2.1 城市战略在城市"智慧"中的必要性

在一般城市系统中,城市战略不是一个城市的必然要素,但在智慧城市系统中,城市战略则是一般城市系统能够突现或涌现"智慧"的必有要素。智慧城市系统比一般城市系统具有明显的人为的他组织特征,而这种人为的他组织力量则体现为城市战略对城市系统涌现"智慧"的干预作用。在智慧城市系统中,这种城市战略以"人的智慧"积极地推进其他城市子系统的智能化、智慧化发展,并科学合理地统筹智慧城市系统中各类智能化、智慧的城市子系统的协调发展,它以智慧的城市战略的形式体现出来。智慧的城市战略是"人的智慧"在智慧城市系统中发挥作用的最高体现。智慧的城市战略以新兴信息技术的发展及应用为基础,以为人类创造更美好的生存环境为宗旨,以城市的长远、持续发展为基本方向,通过充分运用"人的智慧"有计划、有步骤、有重点地引导和控制城市系统按照既定的发展目标和发展方向前进,从而使城市系统接近或达到其运行发展的最理想状态,这也是城市战略的"智慧"之处。

智慧的城市战略是智慧城市系统的重要组成部分。由上文分析可知,尽管智慧的城市战略在智慧城市系统中以一种他组织的力量呈现出来[①],但它是智慧城市系统产生、发展、变化的动因,是智慧城市系统必不可少的组成部分,是组成智慧城市系统的基本单元。如果以系统的神经控制隐喻观来看智慧城市这一复杂事物,智慧的城市战略则是使城市系统形成一个控制系统的核心所在,它发挥着"标准控制模型"的作用,引导和控制城市系统向既定的"智慧"方向发展。因此,本书将智慧的城市战略作为智慧城市系统中一个非常重要的序参量[②]。

---

① 需要说明的是,在自组织理论中,自组织和他组织区分的标准为系统的演化过程中是否存在外部指令,有外部指令的则为他组织,无外部指令的则为自组织。在很多情况下,他组织力量是系统的重要组成部分。例如在理查德·斯科特等(2011)的组织理论中,对于"组织"这一类系统来讲,尽管不同类型组织的有序程度存在较大不同,但在理性视角的组织中,组织的战略与目标是组织的基本构成要素。

② 序参量是在解释自组织形成机理的协同学中一个重要的概念,协同学揭示了在众多描述系统的状态变量中,起决定作用的变量只有少数几个,而其余变量只能处在跟随变化的从属地位,这种在结构变化中起决定作用的变量称为序参量(吴广谋,2013)。

4.2.2 智慧城市战略的系统特征

从城市战略的发展历程来看，战略研究一直是企业经营与管理中采用的基本方法，但随着近些年城市体的日益企业化发展，人们开始应用企业的战略管理理念和方法来研究、编制和实施城市的战略规划①。在智慧城市中，城市战略具有着举足轻重的地位，智慧城市战略是智慧城市系统能够呈现"智慧"形态的关键所在，在智慧城市系统中，它以一个复杂的有机系统的形态存在和发生作用。智慧城市战略的复杂有机系统特征主要体现在以下两个方面：

（1）智慧城市战略是以智慧城市建设与发展的全局规律为研究对象的，它呈现为一个有机的系统。在实践中，智慧城市建设是一项复杂的系统工程，它涉及城市经济、社会、环境、技术、空间等各领域的多个方面，既有信息基础设施及城市信息应用系统建设的内容，也有智慧产业发展、智慧型公共服务应用、智慧型政府建设和智慧城市管理等方面的内容，也包括了与智慧城市建设与运行相关的体制、机制、法规、政策等相关配套措施。智慧城市战略的研究任务是拟定智慧城市建设与发展的重点和方向，明确智慧城市运行发展的各个主要领域和关键环节，并依据它们之间的联系和作用方式建立它们之间的有机联系，从而构建一个"性能优良"的城市系统。因此，智慧城市战略的研究需要系统思维，同时，系统思维又帮助智慧城市战略发挥力量。战略现象是对目的与手段、全局与局部、现在与未来三个维度的展开和整合，战略现象本身是一种系统现象，战略系统是当代战略的主要形态，智慧城市战略研究对象的系统性特征也决定了它从理念上呈现出一个有机的系统。

（2）智慧城市战略是一个非常复杂的系统。主要体现在：第一，智慧城市涉及的因素众多。智慧城市的建设和运行也涉及了城市经济、社会、环境、技术、空间等各主要领域的多个方面，而且不同领域具有不同的地位、性质、作用和功能，这使智慧城市战略系统及战略研究变得复杂。第二，智慧城市系统的结构复杂。因素众多也必然导致因素之间联系和作用方式的复杂，带来智慧城市系统结构的复杂。同时，智慧城市系统结构的复杂还体现在不同因素之间联系形成

---

① 主要体现在：首先，从城市的组织特征来看，工业革命以来，城市逐渐从早期松散联系的单向控制的共同体向一种紧密联系、有机协作、多向互动的功能体发展，城市组织越来越像企业组织（界屋太一等，2000），因此，随着城市的企业化发展和城市管理的经营化，使城市战略规划可以借鉴和参考企业战略管理与规划的经验。自2000年以来，我国的城市战略逐渐从城市空间规划走向了战略规划，突破了传统的孤立的城市个体视角和单纯的空间规划，更加关注对城市未来可持续发展产生重要影响的前瞻性（时间上）的、区域性（空间上）的、战略性（内容上）的、框架性（形式上）的问题（陈定容等，2011）。

的结构组织形式多样,而且由内外部因素及环境的变化也会带来结构的变化,由此使其结构更为复杂。第三,智慧城市系统处于运动状态。由于智慧城市系统是一个开放的系统,不断地与外界进行物质、能量和信息的交换,这种交换使智慧城市系统处于量变或质变的运动状态中。第四,智慧城市系统的控制难度较大。智慧城市战略研究的目的是对智慧城市系统的形成、运行与发展进行控制,但由前面三个因素决定了,智慧城市系统的控制难度较大,这在一定程度上也决定了智慧城市战略的复杂性。

4.2.3 智慧城市战略系统的要素与结构

智慧城市系统的战略系统是智慧城市能够实现"智慧"发展的前导和灵魂,它以"智慧的战略"发挥系统的"他组织"作用,统筹和引领城市不断向智慧城市演进。从战略角度来看,作为一个系统,它具有特定的要素与结构。如果将战略作为一种实施规划的行动过程来看,它主要由目标、手段和结果三个要素构成,从结构方面来看,它的结构中应该包括主体要素、客体要素和主客体相连的控制手段与方法(毛建儒等,2014)。我们同样可以从要素和结构三个角度来分析智慧城市战略的组成内容,相应的愿景、目标、手段、主体、客体等内容揭示了智慧城市战略所应具备的基本组成单元。

为了更加清晰地描绘智慧城市战略系统的主要内容和结构,本章采用路线图的方法来分析智慧城市的战略系统。路线图是一种将战略的愿景、目标、任务和行动方案有机结合的自上而下的规划工具,它能够协调各利益相关者形成统一的使命愿景,并利用结构化和系统化的方法统筹考虑目标、任务和资源保障之间的联系,既描述了现在,又预测了未来,是一种灵活的战略管理工具。如图 4.9 所示,利用路线图工具可以从愿景驱动、能力驱动、时间维度三个层面来刻画智慧城市战略系统的基本内容和结构。结合这一分析结果,如图 4.10 所示,本章进一步从战略愿景、战略目标、战略任务、战略重点和执行措施五个方面来描述智慧城市战略系统的主要内容。

4.2.4 智慧城市战略系统的主要内容

智慧城市战略系统通过战略愿景、战略目标、战略任务、战略重点和战略执行五个方面的相互配合与协作来对智慧城市系统进行干预,它们之间环环相扣、逐步递进,引导和推动智慧城市系统向既定的理想方向发展。其中,战略愿景描绘智慧城市发展的美好蓝图,明确智慧城市发展的基本方向,战略目标是对战略

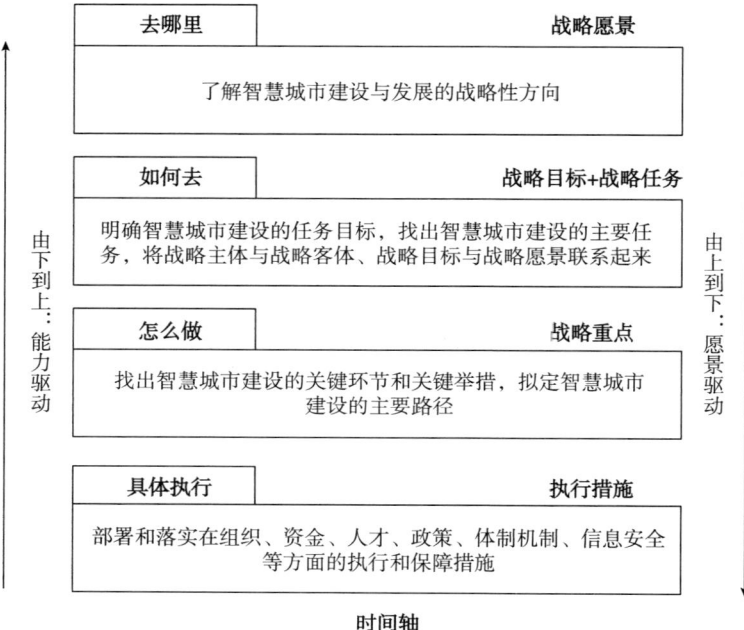

图 4.9 基于路线图工具的智慧城市战略系统的内容与结构

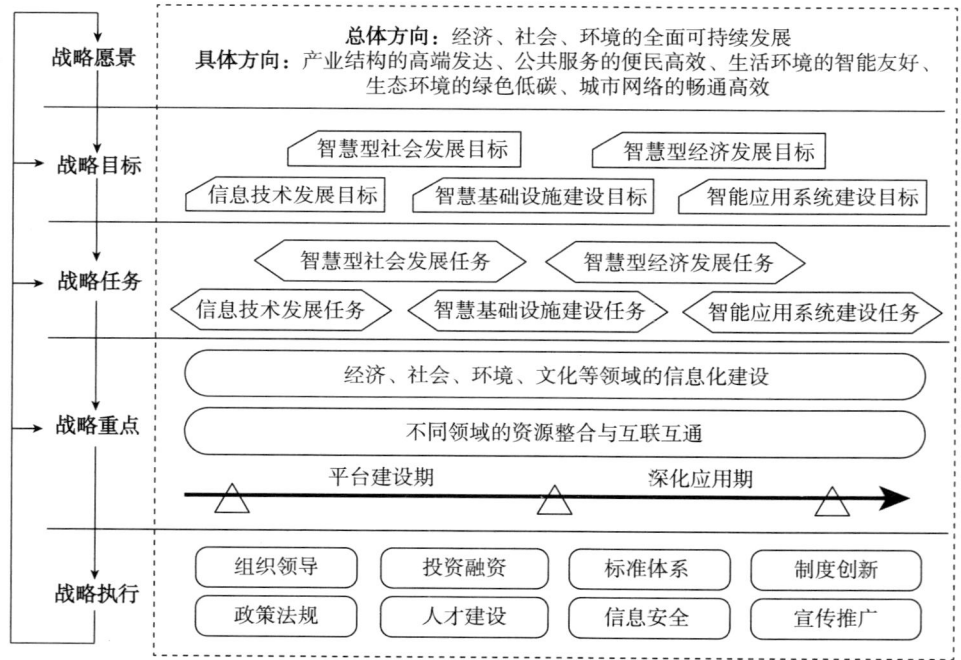

图 4.10 智慧城市战略系统的要素与结构示意图

愿景的展开和细化，以明确智慧城市建设的阶段性发展水平，战略任务是对战略目标所做的进一步分解，战略重点是明确战略任务中具有决定性意义的建设任务，执行措施是为了保证战略愿景、战略目标的实现和战略任务的执行而部署的一系列支持性的措施。

4.2.4.1 战略愿景

智慧城市的战略愿景是依据与智慧城市发展相关的多种因素抽象和凝练而形成的概念系统，它反映了在一个相当长的历史时期内城市的主要发展方向，它与城市的性质、功能和定位密切相关。[①] 一般而言，"智慧城市"本身不成为一个城市的战略愿景，一个城市的战略愿景是依据城市的性质、功能和定位来拟定的。作为未来城市必然的发展趋势及其具有的基本特征，智慧城市是帮助一个城市实现其战略愿景的一种基本路径，它为城市实现其未来发展愿景提供重要支撑。如表4.9所示，结合新兴信息技术的应用对城市运行发展带来的主要影响，智慧城市帮助城市实现的战略愿景可以从经济、社会、环境[②]的全面可持续发展来描述。可以看出，智慧城市战略愿景描绘的美好蓝图与总体方向展现了新一代信息通信技术的应用为城市的全面优化发展带来的机遇。

4.2.4.2 战略目标

系统的有序演化是一种有目的的行为，它的目的性体现为系统目标的引导性，系统的目标发挥着"吸引中心"的作用，指引着实际行为不断向目标趋近。在战略系统中，战略目标代表了智慧城市系统发展演化的目的或目标，是以信息形式表现出来的智慧城市系统未来的状态。战略目标是根据战略愿景而制定的，这样才能保证它沿着正确的方向发展。

智慧城市的战略目标是对战略愿景的展开和细化，它明确了智慧城市建设的阶段性发展水平。与战略愿景的展望相应，战略目标的内容一般包括信息技术及

---

① 城市的性质是城市在一定的地区、国家以及更大范围内的政治、经济与社会发展中所处的地位和所担负的主要职能城市的功能是城市在一定范围内的政治、经济、文化、社会活动中所具有的能力和所起的作用。城市的定位是对城市的性质及其未来发展地位的基本判断和选择，它从客观层面上把握城市发展的定位、定性、定向。城市的性质、功能和定位一脉相承，三者共同明确了城市的未来发展方向，成为智慧城市建设与发展的重要依据。

② 在本章环境愿景中，环境主要包括自然环境和人工环境两个部分，其中自然环境由与人们的生活息息相关的水、大气、生物、阳光、土壤等因素相互作用而形成，人工环境是人类活动与自然环境相互作用的产物，它包括城市中与人类活动相关的设施、设备、交通道路、管道、建筑物等物质要素，以及它们构成的作为人类生存空间的社会条件。

信息基础设施的建设水平、经济社会环境领域相关智慧应用发展水平。作为智慧城市建设的阶段性发展水平，战略目标一般以 3~5 年为宜。①

表 4.9 智慧城市的战略愿景

总方向	具体方向	具体体现
经济可持续发展	产业结构高端	下一代信息技术、新一代网络技术和智能技术的应用促进传统产业的改造升级和智慧型产业的集聚发展，推动产业的高端化发展。同时，智慧城市建设会吸引创新型人才和企业的集聚，人才与产业集聚又会提升相关服务业的发展水平，并进一步促进相关产业的集聚、升级、转型以及催生新的产业
	科技领先发达	物联网、云计算等技术的发展与应用将催生大规模新兴产业，促进人才、资金、技术等生产要素向新兴产业集聚，进而推动新一轮科技创新。同时，智慧城市的建设和发展将为科技创新创造前所未有的优越条件与环境，使科技创新进入协同创新、合作创新、用户创新、大众创新、开放式创新的新阶段
	经济运行高效	智能化生产、运营、管理、流通和消费系统在经济生产的产品设计、加工、检测、管理、销售、购买、服务这一全过程的使用，使产品的生产制造过程更加智能化、集成化、虚拟化、柔性化，使其流通渠道更加高效通畅，智慧型生产服务业的发展为经济生产提供更加智能高效的服务，从而使经济运行的效率更高
社会可持续发展	城市管理透明精准	以智慧政府、智慧政务为代表的智能化城市管理系统的建立将实现政府部门内部以及不同政府部门之间的信息共享和业务协同处理，政府能够通过对实时数据的分析对城市管理中出现的问题进行及时响应。公众互动网络平台的建立能够调动社会公众共同参与公共管理，形成共建共治的社会治理格局
	公共服务便民高效	智慧政府的建设使政府信息化建设从传统的"电子政府"过渡到"整合的政府""无处不在的服务型政府"，使政府的各项服务更加人性化，形成政府和被管理者的友好互动关系。通过发展各类智慧民生服务项目，提供高层次的、细化的公共服务，实现公共服务的"如影相随、量身定制"
	生活环境智能友好	智慧城市智慧公共服务、智慧社区、智能家居等智能应用系统的建设，为城市打造完全智能化的生活环境，提供无所不在的、即时接入的公共网络，随时随地满足人们工作、生活、娱乐、社交等方面的各类服务需求，为他们创造良好的生活环境和生活体验

---

① 主要原因在于，一则智慧城市是依靠信息通信技术支撑而运行的，而信息与通信技术本身还在迅速发展，应用领域也在不断拓展，技术的快速变化与发展导致每隔 5~8 年，信息与通信系统的设备就要更新换代，应用软件则一般在 3~5 年就必须升级，二则智慧城市的各类信息应用系统依附于政府与行业的业务，近年来，中国的政府体制、公共事务管理模式与经济发展模式也正在加紧改革步伐，一旦某一领域的运行管理模式发生变化或出现了新的需求，则信息应用系统也需要进行改造和重建（程大章，2012）。

第 4 章 智慧城市系统的要素分析

续表

总方向	具体方向	具体体现
环境可持续发展	生态环境绿色低碳	智慧城市中的信息要素是经济发展的决定性内生变量，它能够被无限复制和重复使用而不会产生额外成本，不会造成环境污染，推动经济的绿色增长。智能化管理和服务系统的建立，提高公共服务机构的服务水平和工作效率，促进资源的高效利用与成本和能源的节约，实现"效能优化"。通过推动绿色消费、清洁生产和敏捷制造，并加强对高能耗、高物耗、高污染行业的监督管理，降低经济社会发展对环境的负面影响，实现节能减排和低碳环保
	城市网络畅通高效	通过推进光纤到户、三网融合、无线城市、物联网和智能管网建设，建成高速、宽带、广泛覆盖的信息通信网络。通过建设统一的公共信息平台，为各类信息的共享和整合，以及各类在此基础上的各类业务创新应用奠定基础。通过建设与发展电子收费系统、智能交通监控和管理系统、智能公交系统、综合信息平台与服务系统以及智慧港口，构建智能化的交通运输体系，实现城内和城际高效的人流、物流运输

资料来源：笔者整理。

结合智慧城市的战略愿景及上文对北京等城市对智慧城市建设战略目标的部署，如表 4.10 所示，本章从信息技术发展、智慧基础设施建设、智能化应用系统建设、智慧型经济发展、智慧型社会发展五大方面来概括智慧城市系统战略目标包含的主要内容，主要利用具体可衡量、测量、计量的数字指标描绘在以上五大方面将要达到的发展水平。

表 4.10 智慧城市建设的战略目标

目标类别	主要内容及相关指标
信息技术发展水平	首先应明确智慧城市建设必要的支撑技术有哪些，其次明确本市相关领域信息技术水平在全国以及世界中居于什么位置，最后拟定信息技术的发展目标。信息技术的发展目标应明确哪些信息技术要在世界、国家或地区居于什么水平，近几年要在哪些技术领域实现怎样的突破
智慧基础设施建设水平	主要包括宽带网、无线网和三网融合建设的发展水平，主要指标包括互联网普及率、光纤到户户数、家庭平均接入带宽、移动通信带宽、企业平均接入带宽、互联网国际和国内出口带宽、无线局域网接入点、无线宽带网络覆盖率、有线电视双向数字化率、三网融合完成进度等。公共服务平台以及城市基础设施的智能化改造建设水平

续表

目标类别	主要内容及相关指标
智能化应用系统建设发展水平	智能化应用系统涉及城市管理、市政设施等领域相关应用系统，主要包括智能交通、智慧电网、智慧气网、智慧水务、智慧安全、智慧环保、智慧港口等应用系统的建设发展水平。同时也包括了经济社会领域中如生产管理系统、电子商务、智慧医疗、智慧社保等智慧应用的信息化建设部分
智慧型经济发展水平	①智慧型产业发展水平。一是新一代信息技术产业的发展水平，相关指标有信息产业总规模、电子信息产业年销售收入、信息服务业年营业收入、信息服务业增加值占全市生产总值比重等；二是智慧制造业的发展水平，相关指标有工业增加值增速、单位工业增加值能耗、单位工业增加值用水量、单位工业增加值二氧化碳排放量等；三是智慧服务业的发展水平，主要包括智慧金融、智慧物流等服务应用系统的发展水平 ②电子商务发展水平。相关的指标有电子商务平台建设的数量和规模、上市电子商务企业数目、企业设有电子商务网站的数量、企业电子商务应用率比重、企业电子商务交易量占总收入的比重等
智慧型社会发展水平	①智慧政务发展水平。相关指标有政府公开信息网上发布率、政府部门网上办公率、行政许可和行政处罚事项可通过网络办理率、网上申报纳税额占纳税总额的比率等 ②智慧公共服务发展水平。主要包括智慧医疗、智慧文化教育、智慧社保、智慧社区、智慧家居等应用系统的建设发展水平 ③市民信息化水平。相关指标有移动电话和固定电话普及率、每百户家庭电脑拥有量、家庭上网率、互联网普及率、市民卡或社保卡持有量和覆盖率、市民网购渗透率、市民数字证书使用量等

资料来源：笔者整理。

4.2.4.3 战略任务

战略任务是对战略目标所做的进一步分解，战略目标要通过战略任务的完成才能实现。对应于智慧城市的战略目标，智慧城市建设的战略任务主要包括信息技术发展任务、智慧基础设施建设任务、智能化应用系统建设任务、智慧型经济发展任务、智慧型社会发展任务。

（1）信息技术发展任务。

智慧城市的出现是信息技术发展及应用的必然结果，信息技术是支撑智慧城市运行与发展的重要基石。智慧城市建设与发展涉及的必要支撑技术有通信技术、计算机网络技术、云计算技术、物联网技术、软件工程、GIS 技术、建筑信息模型（BIM）、信息安全技术等（程大章，2012）。智慧城市信息技术的发展任务可以分别从其优势领域、薄弱环节、基础尚可领域以及不同领域合作方面有针对性地制定相应的发展策略。在优势领域,提升发展现有的优势关键技术,部署优势资源攻关关键核心技术,在薄弱环节,加强自主研发和横向合作,突破薄弱环节,在基础尚可的领域,要密切结合产业发展的新需求,通过需求积极引导产业的转型发展。与此同时,在技术加强不同信息技术领域的合作,推进技术的跨越发展,从而为智慧城市实现互联互通和业务协同奠定技术基础。

(2) 智慧基础设施建设任务。

智慧基础设施主要通过建设相应的管道网络、基站、设备和设施为智慧城市的运行和发展提供载体和支撑。如果将智慧城市系统比喻为人体,智慧基础设施则类似于人的双腿和双脚。智慧基础设施是信息技术所附着的物质载体,按照信息技术及智慧城市运行与发展的需求,智慧基础设施共有基础设施智能化、信息网络基础设施以及公共信息平台三种基本类型,如表4.11所示。在表4.11中,基础设施的智能化是构建智慧城市技术架构感知层的重要任务,它主要利用RFID、传感器、摄像头、二维码、遥测遥感等传感设备和技术,对传统的城市基础设施进行智能化改造,实现对城市中人与物的全面感知。信息基础设施建设是构建智慧城市技术架构传输层的重要任务,它主要通过构建高速、泛在、融合的高端化、系统化的信息网络,实现信息的传输和整合,进而推进信息资源的整合利用。公共信息平台以云计算、数据挖掘、数据存储等支撑技术为基础,实现城市不同领域的资源整合和信息共享,并把城市中不同的应用系统整合成一个扁平的应用网络体系,在各行业应用在数据和业务层次上实现不同程度的融合,全面实现整个智慧城市各种应用系统之间的互联互通和智能处理。

表4.11 智慧基础设施的三种基本类型

层次	基本类型	主要建设内容
感知层	基础设施智能化	城市中经济性基础设施和社会性基础设施的智能化改造
网络层	信息网络基础设施	宽带网络、无线网络、通信枢纽、三网融合等
应用层	公共服务平台	云计算中心、信息安全服务平台、公共数据库、公共信息应用系统等

资料来源:笔者整理。

(3) 智能化应用系统建设任务。

智能化应用系统在信息技术以及承载信息技术的智慧基础设施基础上,在城市生产、流通、管理和服务等各个领域构建专业化的应用系统,加强基础设施、公共管理服务、产业结构及资源环境等各方面的资源整合，提升城市运行发展的智慧程度。根据智能化应用系统所涉及的领域，如表4.12所示，本章将智慧城市中主要的应用系统划分为生产/流通/消费领域、城市管理领域，以及公共服务领域三大类，涉及了智慧生产、智慧金融、智慧物流、智慧交通、智慧城管、智慧电网、智慧水务等17个专业的智能化应用系统。

表4.12 智能化应用系统的建设任务

领域类型	应用系统	主要建设内容
生产/流通/消费领域	智慧生产	①发展智慧制造，推广新一代信息技术在工业领域的运用，推进双高行业节能减排的智能化，推进各行业的智能化发展。②发展智慧企业，加强企业信息化集成应用，在研发设计、生产制造、经营管理、市场营销等关键环境推广新一代信息技术，提升企业管理决策的智能化水平。③发展智能产品，在汽车、船舶、机械装备、家电、家具等产品中集成由电子元器件、集成电路、嵌入式软件等构成的信息系统，采用产品数据管理（PDM）系统和产品生命周期管理（PLM）系统
	智慧金融	发展金融智能卡，发展移动支付，发展供应链金融，为客户提供量身定制的个性化金融服务，搭建人民币跨境业务信息管理系统和共享平台
	智慧物流	建设物流公共信息平台，实现物流运作的全流程电子化交易和在线客户服务。建设现代化的物流配送体系，实现物流配送手段和管理的现代化
	电子商务	推广电子商务应用，完善电子商务服务体系，加快电子商务模式创新，完善电子商务支撑体系，建设国际电子商务应用，建设城市商务局协同办公平台
城市管理领域	智慧交通	车辆智能化卡、道路交通综合信息应用服务平台、交通综合应用系统、高速公路不停车收费系统、公共交通信息服务系统等
	智慧城管	城市管理信息平台、网络化管理系统、市场管理信息系统、地下空间管理信息系统等
	智慧电网	智能用电基础设施建设、电网断面实时监测与预警系统、新能源网状监测系统、工业企业实时用电数据收集整理系统、区域一体化电能信息综合监视平台
	智慧水务	智能水务信息基础设施建设、水资源管理和防汛指挥系统、水雨情实时监测预警系统、水质实时监测预警系统、饮用水取水口入侵防护系统

续表

领域类型	应用系统	主要建设内容
城市管理领域	智慧环保	环境监测监控系统、环境信息数据库、环境信息综合分析中心、环境智慧监控平台、市政绿化智慧管理平台、能耗监测平台
	智慧港口	港口智能管理系统、智能物流信息平台、空港自动感知和智能处理系统、电子票务
	智慧防灾减灾	自然属性或准自然属性的安全防卫，包括多灾种早期预警系统、安防视频资源共享系统
社会管理与公共服务领域	智慧政务	公共数据中心、移动电子政务、政务服务平台、网络安全平台、智慧的领导决策支持
	智慧社会安全	社会人文性的安全防卫，包括小区一卡通系统、食品安全追溯系统、安全生产综合管理信息系统、智能化消防数字平台
	智慧医疗	智慧医疗专网、智慧医疗数据中心、智慧医疗信息平台
	智慧社区	智能化城市公共服务体系建设，社区内自治服务体系建设，社区家庭自我服务体系建设
	智慧文化教育	数字教育工程、班班通工程、文化与教育信息资源共享服务平台、智慧校园
	智慧社保	深化和推进社保的智能化、网络化，促进社会保障网络向社区和乡村延伸，建立健全以城市为核心、覆盖城乡的社保信息服务体系

资料来源：根据参考文献中国电信智慧城市研究组（2011）、吴余龙和艾浩军（2011）、许多顶（2012）、余红艺（2012）、金江军（2013）以及北京、上海、广州、深圳、杭州、南京等地的智慧城市规划纲要整理所得。

（4）智慧型经济发展任务。

智慧型经济反映了智慧城市中经济发展所呈现的新形态。新一代信息技术发展对城市经济发展的影响主要体现在两个方面：一是大规模的新的产业形态——新一代信息技术产业的发展壮大；二是原有传统产业呈现的智慧新形态，如智慧制造业、智慧服务业、电子商务等。如表4.13所示，智慧型经济的发展任务为推进新一代信息技术产业的发展壮大，并推动传统产业的智慧化改造，具体包括部署和推进智慧产业、智慧制造业、智慧服务业以及电子商务等新兴产业和业态的发展。

表 4.13　智慧型经济发展的主要任务

产业类型	产业门类	主要发展任务
新兴产业的培育和发展壮大	智慧产业（新一代信息技术产业）	新一代信息技术产业有物联网、云计算、TD-LTE、新一代移动通信、软件与信息技术、高端软件、集成电路、车联网、信息服务等，通过打造上下游企业协同配套的电子信息产业链和创新链，推进"产学研用金"相结合的发展模式，带动电子信息产业不断向高端发展，并推进新一代信息技术产业的集群式和跨越式发展
传统产业的智慧化发展	智慧制造业	推进传统制造业向先进制造业转化，实现制造过程的设计数字化、产品智能化、生产自动化及管理网格化
	智慧服务业	利用先进信息技术对现代服务业进行智能化改造，以更高的效率、更低的成本、更优的服务质量为人们的生产和生活提供服务
	电子商务	实现传统商业活动各环节的电子化、网络化，利用物联网、信息安全等技术实现金融、保险、物流等商业应用的移动支付、实时感知、信息动态发布，电子商务不仅涉及人们的生活、工作、学习和消费等领域，也包括融合政府、工商、金融等多方面的城市商务活动

资料来源：笔者整理。

(5) 智慧型社会发展任务。

智慧型社会反映了智慧城市中社会发展呈现的新形态。新一代信息通信技术在社会生活各领域的广泛渗透对城市的社会发展产生了重要影响：一方面，它使政府的政务活动以及人们的工作、生活、娱乐、社交等更加便利和人性化，改变和重塑了人们的活动方式；另一方面，它对原有的社会结构产生了重要冲击，社会群体中从事信息产业的社会成员的社会地位上升，由于技能、年龄、受教育水平、经济能力等原因而不能很好地融入信息社会的"数字弱势"群体的存在，"数字鸿沟"成为智慧城市社会发展中亟须解决的重要问题。

为了更好地推进社会形态的智慧化转变，也为了更好地应对"数字鸿沟"这一重要问题，推进市民的信息化建设成为智慧城市社会发展的重要任务。智慧城市的社会形态是建立在发达的信息网络基础上的能够促进人的全面发展的新型社会形态，它具有较高的开放性和包容性，体现为公平、公正的社会环境。市民的信息化建设主要通过实施能够让市民广泛接入和高效使用信息网络的建设工程，保证人人都能方便地接入信息社会，享有公平的发展机会。市民信息化建设主要涉及市民卡和市民融合平台建设，其中，市民卡的主要建设内容是与市民卡

第 4 章 智慧城市系统的要素分析

应用相关的智能应用系统建设，市民融合平台建设的主要内容是连接和融合市民卡、电子健康档案、社区服务、城市管理等领域的公共信息平台的建设。

4.2.4.4 战略重点

战略重点是战略任务中具有决定性意义的组成部分，它是关系到全局性的战略目标能否实现的关键环节。智慧城市是继数字城市、智能城市之后的城市信息化发展的高级阶段，它的本质特征体现为基于高速、泛在、融合的信息网络之上的城市各领域的互联互通和创新应用。智慧城市战略能否实现的关键环节在于两方面：一是城市政治、经济、社会、环境、空间等各领域的信息化建设，二是各领域之间的互联互通与整合共享。

在城市各领域的信息化建设方面，主要以物联网、云计算、大数据等新一代信息通信技术的发展及应用为基础，积极推进城市经济、社会、环境等重要领域的信息基础设施建设和相关传统基础设施的信息化改造，发展经济社会领域的智能化应用，为城市智能化运行奠定基础。其中，信息基础设施建设主要是铺设高速、泛在、融合的信息网络，在此基础上推进城市基础设施的智能化，而经济领域和社会领域的信息化建设主要是在智能化的城市基础设施的基础上，通过信息技术应用推进各类智慧形态的经济社会活动的开展。

在城市各领域互联互通与整合共享方面，通过建立统一的技术标准和规范，构建统一的公共信息平台，推进城市中的信息整合、资源共享和业务协同。智慧城市与数字城市、信息城市、智能城市的根本区别之处在于，它能够最大限度地实现城市中不同物质实体之间、不同行为主体之间、不同部门和业务领域之间、不同行业和经济领域之间的互联互通与协同合作，在此基础上激发各类创新应用，涌现城市发展的智慧形态。从目前我国的智慧城市建设实践来看，"信息孤岛"是智慧城市建设过程中资源整合的最大障碍。究其原因，由于智慧城市建设覆盖诸多领域，标准化、规范化是实现信息资源整合的关键。但由于目前缺乏统一的行业标准、建设标准和评估标准来约束和指导，智慧城市不同系统之间的接口又非常复杂，不易实现系统之间的互联互通和信息的同享协同。因此，建立统一的标准和规范非常重要。与此同时，统一的公共信息平台的建立也非常关键，它实现城市中不同核心系统之间的信息整合、资源共享和业务协同。

表 4.14 对北京、上海等对城市各领域的互联互通和整合共享方案进行了梳理。由表 4.14 可以看出，智慧城市的互联互通和整合共享首先是在同一业务领域实现资源整合与信息共享，通过建立专业的数据库和专业信息平台，推进信息

表 4.14 北京、上海等城市关于互联互通的建设方案

城市	主要内容
北京	①推进政府服务整合,即以市民需求为中心,建设多渠道、多层级联动集成的服务体系,提高政府内部管理、监察、审计和绩效考核的信息化水平,建设多级政府决策服务体系;②推进智慧公用平台建设,即统筹建设政务服务公用平台,统筹建设中小企业信息化、电子商务等社会信息化公共服务平台
上海	推进政务信息资源的共享应用,即建立法人信息同享和应用系统、空间地理信息共享应用服务平台、信息资源目录体系、中小企业信用服务平台,促进重点领域基于信息共享的业务协同,提高信息资源开发利用水平
广州	①建设城市大数据信息资源库,即汇集经济社会发展动态信息以及城市设施和生态环境感知信息,建立全市统一的基础地理空间信息资源体系;②建设城市智能化管控中心,即汇接城市各部门的智能化信息平台,实现城市设施广泛接入和城市关键运行系统状态自动感知、信息互联互通和事件智能处理;③建立智慧城市的技术标准体系,推动光纤到户、通信基站选址、通信管道铺挖、信息安全以及关键应用领域建立技术标准规范
深圳	①建立公共服务支撑平台,即打造开放共享的公共服务支撑平台,促进部门及行业间信息互联、互通、融合和共享,制定智慧城市运营平台的数据采集、运输、运算、服务的开放式标准体系,制定统一平台标准体系,形成平台服务能力;②重视标准研制,积极参与国际国内标准化研制活动,影响并掌握智慧城市相关的各类技术和运营标准
杭州	①建设智慧应用集成平台,实现智慧管理应用的集成和感知网络的统一管控;②建设以超算中心为基础的基础设施共享服务平台,方便实现硬件资源统一部署与维护;③建设市民融合平台,将市民卡、市民网页、统一呼号、智能屏、市民服务窗口统一在市民融合服务平台中,为市民提供统一的服务渠道接口;④建设以城市级数据中心为载体的智慧政务
南京	①推进电子政务的资源整合共享,统筹规划和建设全市电子政务的外网服务平台、内网办公平台,制定和完善政务信息资源目录体系、交换体系的技术标准,构建全面、准确的基础地理空间数据库;②根据信息资源目录体系国家标准,围绕信息资源采集、组织、分类、保存、发布与使用等信息生命周期各环节,加快建立符合南京电子政务发展要求的信息资源规范和标准
宁波	①加快网络数据中心基地建设,包括政府数据中心、互联网交换中心、数据灾备中心、移动通信数据中心、金融数据处理中心、国际物流数据处理中心、市民健康数据中心等;②加快培育建设多网融合通信服务平台,利用新技术手段将多技术网络基础设施的通信服务能力和数据处理能力进行整合,为各种智慧应用提供统一的信息通信技术服务、通信服务和数据传输服务;③大力推进智慧城市信息资源开发利用,推进和完善基础数据库、综合数据库和专业数据库建设,建立健全信息资源开发和共享交换机制

资料来源:基于北京、上海、广州、深圳、杭州、南京、宁波等地的智慧城市规划纲要笔者自行整理。

资源的整合和业务的协同。在此基础上，构建城市级的综合数据库和公共信息平台，实现整个城市不同领域信息资源整合与共享，为整个城市的创新和智慧发展奠定基础。

4.2.4.5 战略执行

战略执行主要反映了为了实现战略愿景和战略目标和完成战略任务而应该部署的一系列实施措施，它主要体现为，战略执行者以愿景和目标为努力方向，通过多种手段或措施作用于智慧城市系统，使其产生合目的性的变化。

智慧城市战略执行体系主要包括执行主体和配套措施两大层面，如图4.11所示。第一，在执行主体方面，组织领导部门是智慧城市战略的执行主体，它依据实际情况建立的组织领导体系是智慧城市战略能够落地实施的重要保证。智慧城市建设是一项复杂的系统工程，具有跨部门、跨行业等特点，实施难度较大。对于这样一个涉及整个城市的综合大型建设项目，建立与建设项目相适应的组织领导体系是保证项目能够顺利实施的首要条件。一般应建立由市委书记或市长牵头成立智慧城市建设专项工作小组，领导工作小组下设办公室，负责日常协调推进工作。依托智慧城市建设专项工作小组，建立专家决策咨询机制，研究解决智慧城市建设中的重大问题，并建立首席信息官制度，提高信息资源整合和协同能力。同时，应建立相应的推进机制，并定期进行统计评估，以保证智慧城市建设

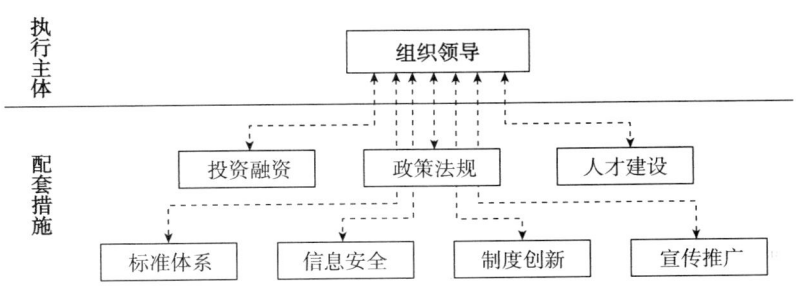

图4.11 智慧城市战略执行体系的组成内容

工作的有效进展。第二，在配套措施方面，应在资金、政策、标准、人才、信息安全、体制机制创新方面积极部署，为战略系统对智慧城市系统的引导和干预提供支持。如针对不同类型的建设项目采取不同的投融资策略，建立和完善应研究制定智慧城市新技术、新应用、新业态发展的相关政策，不断完善对信息化人才

的工作和服务体系,引进和培育智慧城市建设需要的人才,从技术产业、管理监督、建设等多个层面入手,推进信息安全工作等。

4.3 智慧城市的社会系统分析

4.3.1 社会系统的含义

社会系统在本质上体现为一种人类活动系统。在学术范畴内研究和论述社会系统是从美国社会学家帕森斯(Talcott Pansons)开始的,他在《社会系统》(*The Social System*,1951)一书中详细阐述了"社会系统"的一般理论,他的社会系统理论也成为西方现代化理论的主流理论。帕森斯论述的社会系统实际上是一个社会活动系统,是由行动者、目的、手段、情境、规范和价值观等多种因素制约形成的综合体。改革开放后,帕森斯的社会系统理论传入我国,也引发了我国学者对社会系统理论的研究。总体而言,我国学者对社会系统的探讨比较分散和零碎,没有形成帕森斯那样的一般理论(刘邦凡和吴勇,2002)。

表4.15列举了国内外学者对社会系统的主要观点。由表4.15可知,尽管不同的学者对社会系统的认识和表述不同,但共同点在于,他们都认为社会系统是与人以及人的活动密切相关的,它是一种明显区别于自然系统、机械系统的人类活动系统。从社会系统的构成来看,一般认为社会系统是由社会人以及他们之间的经济关系、政治关系和文化关系构成的系统。在系统工程理论中,钱学森从社会形态和开放复杂巨系统高度,指出任何一个社会的社会形态都有三个侧面,即经济的社会形态、政治的社会形态和意识的社会形态,因此,他将社会系统划分为社会经济系统、社会政治系统和社会意识系统三个组成部分。

在本章的研究中,我们将从事物质财富生产活动的经济活动与处理人自身以及人与人之间关系的社会活动进行有针对性的区分,分别将其称为经济活动系统和社会活动系统,从而更清晰、明确地分析新一代信息通信技术的发展及应用对人们经济社会活动的影响。其中,经济活动系统则是人类在物质财富创造领域中的人、物质资源、技术手段、生产组织以及它们之间的联系和作用方式所构成的集合,其核心是人与自然的关系,反映人类改造自然的能力。社会活动系统是人类在处理人与自身以及人与人之间的关系中形成的联系、网络、组织、制度、规范及价值观念的集合,其核心是人与自我、人与人、人与社会之间的关系。其中,经济活动系统对应于系统工程中社会系统分类的社会经济系统,社会活动系统对应于系统工程中社会系统分类的社会政治系统和社会意识系统。

表 4.15 国内外学者对社会系统的主要观点

学者	观点
帕森斯	社会系统存在于许许多多彼此在互动情境中发生互动的个人行动之中,该情境具有一种物质和环境体现,行动者动机倾向于追求最大化的满足,借助于有着文化结构和共享的象征符号系统的规定和调停,行动者与情境,及与其他行动者发生联系①
张劲松	社会系统是按照一定的目标运动的多因素综合作用的动态的整体,是社会物质生产的承担者对自然的关系以及它们相互之间的关系,他们借以进行生产的各种关系的总和,它与自然系统和机械系统相对应②
顾民	社会系统和自然系统既有区别又有紧密联系,区别主要表现在社会系统是以有主体目的指向和中介手段的主客体相互作用的活动,有结构的存在和演化。整体有序性、自稳定性、自组织性是社会系统和自然系统存在运行和演化的共有的机理和特征③
李学栋、李习斌	社会系统是一种典型的人造系统,社会系统的设计是为了实现一定的功能,追求构建一种功能系统④

资料来源:①刘邦凡,吴勇. 社会系统及其生态性研究[J]. 重庆大学学报(社会科学版),2002,9(2):162-165. ②张劲松. 社会系统的稳定改革和发展[J]. 理论导刊,1994(4):21-22. ③顾民. 论社会系统的稳定与涨落[J]. 西安电子科技大学学报(社科版),1999(1):29-32. ④李学栋,李习彬. 社会系统功能设计与改革[J]. 价值工程,1999(2):16-17.

4.3.2 智慧城市社会系统的内涵与要素

智慧城市系统的发展和努力方向是促进经济、社会、环境的可持续发展,其根本目的在于将城市打造成人类最为理想的生存场所,因此,贯彻"以人为本"的理念,促进人的全面发展是智慧城市发展的根本宗旨。智慧城市的社会系统则是体现智慧城市这一宗旨的基本落脚点,它以"人与自身、人与人、人与社会的关系"为中心,以"人以及人的智慧的再生产"为核心,通过新兴信息技术在社会活动各领域的渗透和广泛应用,使新兴的网络社会形态更加符合现代人发展的需要,为人的全面发展创造良好的社会条件。

为了更加明晰地分析智慧城市中新一代信息通信技术影响下人们开展的各类

社会活动所呈现的新特点与新趋势，本章将人们开展的社会活动划分为两大类——公共行政活动和社会文化活动，对应地，它们分别以公共行政系统和社会文化系统呈现出来。其中，公共行政系统属于社会政治系统的范畴，它主要反映了智慧城市中公共行政事务的运作出现的新模式和新的发展趋势，体现了网络社会时代公共行政演化发展的主要特点和基本方向。社会文化系统属于社会意识系统的范畴，它主要反映了智慧城市中社会文化本身及其创造、传播、应用和再生产过程呈现的新特点和新趋势，体现了网络社会时代文化的形态以及文化运作规律的演变。

同时，社会关系系统也是智慧城市社会系统的重要组成部分，它主要反映了智慧城市中人与人之间的关系出现的新特点和发展趋势。在人们进行的各类社会活动中，由于血缘、地缘及业缘等原因，人与人之间结成各种社会关系①，这些社会关系相互交织形成复杂的社会关系网，广泛地交织、贯穿于人们的经济社会活动中，塑造、影响、制约着各类经济社会活动的开展。本章将这种建立生产关系的基础上，人与人之间结成的各类关系的集合称为社会关系系统。

在新一代信息通信技术的渗透与影响作用下，智慧城市社会系统中的社会关系系统、公共行政系统、社会文化系统逐渐突破原有的存在和运行方式，呈现出新的特点和发展趋势，为人的全面发展创造了良好的社会条件。表4.16总结了新一代信息通信技术影响下社会关系系统、公共行政系统、社会文化系统呈现的新特点和新的运作模式对人的全面发展带来的积极影响作用。

表4.16　社会系统中三类子系统的新发展对人全面发展的积极影响作用

三类子系统	影响作用
社会关系系统	人与人之间联系的方式更加多元化，基于网络的弱纽带联系的强度和频度大大增强，人从网络社群中得到了更多的"信息、支持、伙伴关系和归属感"
公共行政系统	提升行政事务的办理效率，促进社会的公平、公正、和谐、稳定，为人的生活和个人发展创造良好的社会环境和社会条件
社会文化系统	营造更适合现代人发展需求的文化形态和文化氛围，通过先进文化的教化、塑造和熏陶作用促进人的社会化、文明化、个性化发展，塑造健全的人、完美的人

资料来源：笔者整理。

---

① 方世南（1990）认为，按照个别、特殊到一般的逻辑序列，社会关系可以分为四种类型：个体与个体的关系、个体与群体的关系、群体与群体的关系、国内与国际的关系，四种类型的社会关系是相互影响、彼此制约的。

4.3.3 智慧城市社会系统的主要内容

4.3.3.1 社会关系系统

智慧城市的社会关系系统主要揭示新一代信息技术影响下的人与人之间关系出现的新变化与新特征。本部分从两个层面来分析这种新变化，一是人与人之间的相对地位的变化，体现为社会阶层的分化；二是人与人之间组织联络方式的变化，体现为数字媒体平台和网络社交群体的发展。

（1）智慧城市中的社会阶层分化与数字包容。

从人与人相对地位变化方面来看，社会阶层出现了新的变化趋势，信息相关的从业人员的社会经济地位升高，成为社会的新兴阶层，与此同时，"数字鸿沟"和"数字弱势"出现，成为智慧城市实现社会公平和社会包容亟须解决的重大问题。

首先，新兴信息产业的发展与迅速壮大带动了与新兴信息产业相关的从业人员的经济社会地位的上升。从1978年改革开放以来，随着我国社会结构和就业结构的深刻变化，我国的社会阶层实现了从原有的"两个阶级，一个阶层"（工人阶级，农民阶级和知识分子阶层）到多元化的社会结构的变迁，私营业主、经理阶层等一些新的阶层产生。智慧城市中社会阶层的变化主要体现在产业结构的调整和变化对社会阶层结构的影响上。新一代信息技术产业的迅速发展以及产业结构的不断调整升级，那些具备现代信息产业发展所需知识和技能的人们从原有的社会阶层中脱颖而出，也使原先的社会阶层结构出现了分化与重组。从财富和收入来看，信息相关产业从业者的人均收入位居各大产业榜首。与此同时，新兴信息产业的创业者和企业家也因产业的蓬勃发展而不断成为全国排名前列的富豪。以2019年为例，全国新财富富人榜前15名中从事与互联网、电商等相关行业的富豪有8名。随着新兴信息产业的从业者和创业者经济地位的上升，他们的社会地位和政治地位也不断提高，他们在社会阶层中的地位大大提高。

其次，与新兴信息产业的从业者和创新者在社会阶层结构的地位上升相对应，社会中也出现了较为明显的"数字鸿沟""数字弱势"现象。"数字鸿沟"是指信息化进程中不同国家、企业及人群在拥有及使用信息技术上的差异，而那部分出于各种原因不能接入计算机和最快最方便的网络服务，因而难以把握数字时代的各种机遇的人们称为"数字弱势"（陈江岚，2011）。在社会信息化过程中，总有一些人受到经济、知识、技能、文化、健康状况等多种因素的影响，不能及时、充分地享受到现代信息技术带来的好处。截至 2018 年 12 月，我国网民规模为 8.29 亿，全年新增网民 5653 万，互联网普及率达 59.6%，较 2017 年底提升 3.8%，尽管如此，但不同人群在信息掌握、拥有、控制和使用能力方面仍具有较大差异。在大城市中，与学生、白领等人群相比，外来务工人员在移动互联网方面也有较高的普及率，但他们在使用上主要停留于影音娱乐层面，鲜有人主动通过移动互联网获取相关知识和学习资讯，在知识更替速度日新月异的信息社会中，他们逐渐成为了信息弱势群体。目前我国数字弱势群体主要包括四类人：老年人、经济水平较低的人、受教育程度低的人、城市外来务工人员。文化水平高、信息素养高的新媒体受众能从互联网获取许多有益的信息和知识，享受公共服务，合理表达诉求和建言献策，而文化水平不高、信息技术能力不强的新媒体受众则可能只限于网上聊天娱乐，对网络功能认识和开发不足。在智慧城市建设中，应在全面深入调查的基础上，针对"数字弱势"群体的不同状况和需求，制订"数字援助"计划，帮助他们提升信息化素养和技能。

（2）智慧城市中的网络社群与数字技术平台。

从人与人之间的组织联系方式来看，数字技术平台的兴起和网络社群的发展较大地改变了人们之间的联系方式，一些社交应用软件也成为建立人们面对面交流、合作的工具，智慧城市为人们之间进行信息共享、交流、组织与合作提供了前所未有的机会。

首先，智慧城市中人们的交流和联系方式更加复合多样，基于数字技术平台的信息传播对人们之间进行的信息交互产生了重要影响。Web 2.0 技术是数字技术平台和网络社群发展的基础。相对于 Web 1.0 提供的信息投递的单向传播渠道，Web 2.0 以 BLOG、TAG、SNS、RSS、WIKI 等技术应用为核心，为用户之间提供了一个信息交互的平台，每一个网络端口背后的使用者，既是网络信息的接收者，同时又是网络信息的生产者，实现了网站与用户、用户与用户之间的信息生产和交流。尤其是随着步入移动互联网和智能终端时代，信息的传播不受时间和地域的限制，信息传播的强度和广度得到最大程度的增强。基于 Web 2.0 技术和移动互联网的数字技术平台信息传播具有用户生成内容、去中心化、信息传播的双向性和互动性、自媒体、信息定制化与精准传播等特征，具有这些新特征的数字技术平台为人们之间的互动交流提供了一个新的广阔平台，使人与人之间的互动交流变得更加便利和灵活多样。

其次，网络群体成为人们基于虚拟数字技术平台进行交流互动而结成的群体组织形式，在人们的日常生活和交流中扮演着重要地位。数字技术平台为互联网用户搭建了一个以多种信息形式呈现的，可以进行实时、立体、全方位信息交互的统一平台，并在此基础上在人们之间构建了新型的网络社交关系，形成了网络社交群体。网络社群是在数字化的个体之间，因为共同的利益基础而相互寻求认同，并按照一定的规则和方式进行网络社会的互动的集体（郑志勇，2006）。我国网民数量的快速增长为网络社群的发展奠定的坚实的社会基础。截至2018年12月，我国网民规模为8.29亿，农村网民规模为2.22亿，占整体网民的26.7%，城镇网民规模为6.07亿，占比达73.3%。在8.29亿网民中，手机网民规模已达8.17亿，全年新增手机网民6433万，网民中使用手机上网的比例由2017年底的97.5%提升至2018年底的98.6%，手机上网已成为网民最常用的上网渠道之一。①

互联网构筑的网络空间成为网民聚集和活动的虚拟空间，通过新闻组、虚拟社区等方式将志趣相投的人联系和组织起来，成为一个可以无限扩展的公共空间。在网络社群中，社会成员通过上网成为了网络用户，他/她在网络空间的社会里拥有了自己的成员身份，网络社会身份赋予了他/她整体的社会身份一些新的属性，即网络社会的虚拟身份是现实社会成员身份内容的一部分。网络社群中社会成员的互动是较少受到噪声干扰的，处于虚拟时空环境中的，非线性、多向共时的互动。并且由于网络群体系统内部成员之间频繁的非线性互动和活跃的相互影响，网络社会群体的亲密度得到强化。网络社群成为人们发泄情绪、表达意见和主张、寻找社会归属感以及寻求志趣相投的人进行面对面交流互动的重要场所和途径。同时，网络社群及微信、微博等新媒体平台中传递的信息形成的社会力量为人们进行社会学习和社会比较提供了更加便捷的渠道和平台，从众心理的产生及其诱发的从众现象对人们的经济决策（如消费决策、投资决策等）和社会决策（如教育决策、就医决策等）都产生了较为重要的影响。

最后，借助社交应用帮助人们组织面对面的交流活动成为智慧城市的重要特色。社交群体的互动交流赋予人们新的体验、知识与技能，为人的发展提供了更多新机会，但智慧城市的更大能量体现为它能够帮助人们灵活地跨越线上、线下两个领域，以需求、兴趣和爱好为线索，帮助人们组织面对面的互动交流，以及开展一些业务往来活动。在线下/现实世界层面，分散、孤立的社会成员通过接

---

① 资料来源：中国互联网网络信息中心发布第43次《中国互联网发展状况统计报告》。

入社交应用平台和使用社交应用软件成为对应的网络用户；在线上/虚拟世界层面，网络用户之间利用社交网络进行线上联系与交流，并通过联系交流达成一定的交易或合作意向，形成特定的交易或合作协议；最后，回到线下/现实世界层面，网络用户按照在线上达成的交易或合作协议进行交流与合作，原有分散、孤立的社会成员组织联系起来，形成特定的组织合作系统。可见，通过线上、线下两个领域的灵活切换，社交应用将具有共同需求的社会成员组织起来，为人们进行面对面的交流与合作提供了前所未有的机会和便利。目前我国也出现了一些为陌生人在线下进行面对面合作或交易提供线上平台的社交应用软件，如滴滴打车、O2O电商等。

4.3.3.2 公共行政系统

公共行政系统主要反映了公共行政主体（政府）以及公共行政客体（公共事务）在新一代信息通信技术影响下呈现的新的活动和运作形态。随着世界全球化进程的加速、我国市场机制的建立、科学技术的发展、大众消费社会的来临、城市化的快速推进，我国的经济社会生活变得空前复杂。这种复杂化的经济社会生活，客观上要求一种更有效的治理能力来协调各方关系，应对复杂的局面，整合社会生活的秩序。但大规模人口在城市的集聚对城市政府的社会管理和治理能力形成了巨大挑战。以北京、天津、上海、广州为例，如表4.17所示，四大城市的常住城镇人口所占比重较大，北京、上海、广州都已达到了85%以上，天津在83%左右，都已达到了发达国家水平，大量人口在城镇地区的聚集对城市的社会管理、公共服务供给都带来巨大的挑战。

表4.17 2018年北京、天津、上海、广州人口状况

指标	北京	天津	上海	广州
年末常住人口（万）	2154.2	1559.6	2423.8	1490.4
常住城镇人口（万）	1863.4	1296.8	2135.4	1287.7
所占比重（%）	86.5	83.1	88.1	86.4
户籍人口（万）	1389.6	1060.6	1447.6	927.7
所占比重（%）	64.5	68.0	59.7	62.2

资料来源：根据各市2018年国民经济和社会发展统计公报整理及各市相关年鉴整理。

第 4 章 智慧城市系统的要素分析

总体上而言，改革开放以来，我国城市的建设与发展取得了巨大成就，但我国城市的发展很大程度上是以提升以经济发展和经济总量扩张为中心的硬实力为核心，城市软实力的建设一直处于从属地位。长期的"重经济发展，轻社会发展"导致了服务、医疗、文化和教育等方面的社会事业发展相对滞后，公共服务和公共产品的供给数量严重不足。以物联网、云计算为代表的新一代信息技术的应用对社会建设与发展产生了深远影响，它通过构建政府、企业、市民三大主体的交互、共享平台，为城市治理与运营提供更便捷、高效、灵活的决策支持与行动工具，为政府的公共行政提供更便捷、高效、灵活的管理与服务模式，为市民提供更丰富、更高质量的公共服务，更好地满足城市居民不断增长的物质文化需求。

公共行政的管理活动①包括三类：一是政府的行政管理活动，二是政府对社会公共事务的管理活动，三是政府提供公共产品的活动。在智慧城市中，三类活动分别体现为智慧政府、智慧城市管理和智慧公共服务。图 4.12 所示列举了智慧政府、智慧城市管理、智慧公共服务的功能应用体系，主要实现了传统的政府行政管理、公共服务供给以及城市管理等业务领域的数字化、网络化、智能化运作，使公共管理活动的开展和实施更加及时、精准、高效。

（1）智慧政府的内容与特点。

智慧政府是政府在处理行政事务管理工作中，充分利用感知感应、通信、智能等新一代信息技术来提升政府的感知、信息沟通和处理以及智能决策水平的政府运作形态，它在政府部门内部实现办公的自动化、智能化，推进不同政府部门之间的信息共享和业务协同，提升政府的工作效率、科学决策水平和服务水平，从而更好地贯彻服务型政府的服务理念。智慧政府在业务形态上主要体现为智慧政务，在具体应用中也对接智慧公共管理和智慧公共服务。智慧政府建设的关键在于建立政务的公共数据中心，实现政务信息资源整合共享与互联互通。在此基础上，进一步建立智慧行政服务中心和移动电子政务，为市民提供各类智慧政务应用。同时，政务公共数据中心实现的信息资源整合为海量数据挖掘分析和智能决策奠定了基础，智慧的领导决策成为协作政府部门更加明智地进行重大决策的

---

① 对于公共行政所包括的管理活动，在广义上，公共行政与公共管理具有相同的内涵与外延，都可以理解为公共部门对公共事务所进行的管理活动。如果从狭义的区别上而言，公共行政是政府对国家、社会及自身事务所进行的一系列管理活动，更加强调政府依托其政治权利进行的行政管理职能，而公共管理是指政府及其他公共机构，为了适应社会经济的发展和满足公众的利益需求，对涉及公众利益的各种事务进行的有效管理，它强调的是政府的社会管理和公共服务职能，弱化了政府的政治统治职能（王乐夫，2002）。

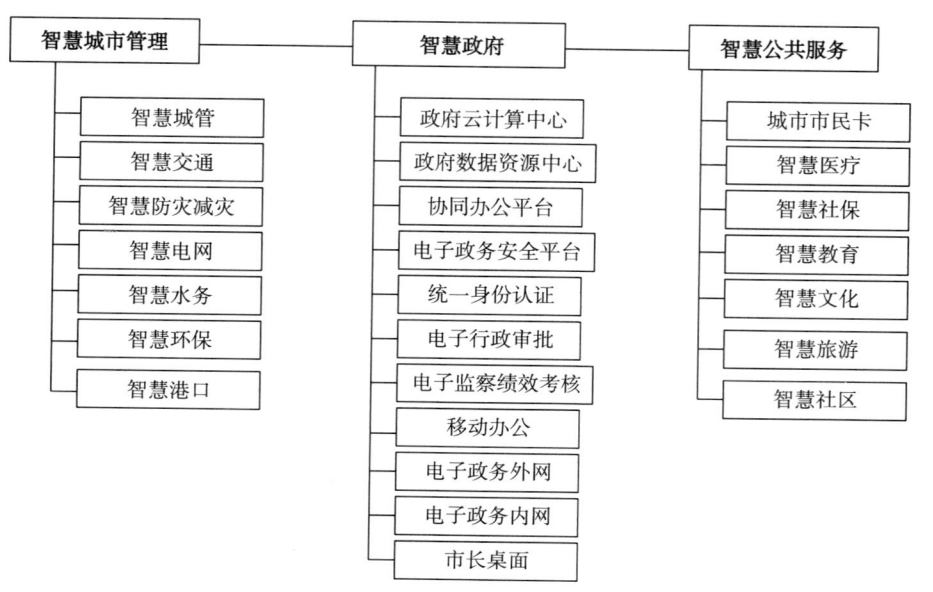

图 4.12 智慧政府、智慧城市管理和智慧公共服务的应用体系

重要应用。

与传统的电子政务相比，智慧政府最大的特点是信息共享、资源整合、业务协同，实现政务的一站式办理，并通过发展移动电子政务打破政务办理在时间、空间上的限制，实现随时随地的政务服务。政府部门的信息共享与业务整合主要通过构建政务数据交换平台实现不同政务系统的连接和业务整合来实现的。智慧政府将物联网和政务网系统，以及政府各个管理部门之间进行完全的连接和融合，将分散在各个政府职能部门的政务基础数据集中到政府公共数据中心，构建统一的公共数据库，可以把人口管理数据、劳动就业数据、社会保障数据、法人管理数据、企业经营数据以及各类管线数据、市政道路数据、经济统计数据等数据整合为城市政府信息的统一数据库，对这些数据将进行统一管理和维护，促进城市信息资源的共享和开发利用，推动不同政府部门之间业务的整合，建立起协同管理模式，实现不同业务的一站式办理。

智慧政府的另一个重要特色是能够实现智能化决策。实践表明，政府部门的决策越来越依赖于对历史数据、相关数据的科学分析。大数据、云计算以及数据挖掘技术的发展为政府决策提供科学的数据和事实支持，提高了公共政策制定的科学性和有效性。通过制定经济决策、社会发展决策、重大建设项目、重大改革方案、公共突发事件、重大活动指挥、城市综合管理、环境管理、税收管理、房地产管理、金融管理、食品药品监管、社会热点等专题,将各专题与指标、地区、时间、法律法规、互联网娱乐热点等信息进行关联,采用数据仓库、数据挖掘、知识库系统等技术手段,建立智能决策系统,推进政府信息资源的开发整合与高效利用,根据领导的需要开发用于辅助政府领导干部决策的"仪表盘"系统,把经济运行情况、社会管理情况等形象地呈现在领导面前,实现人的智能和人工智能的高度协同,支持政府的智能化决策。

综合以上分析可知,智慧政府能够通过主动设计和变革来转变政府的行政理念,改进政府的管理方式,大幅提高政府的办公效率和决策的科学水平,增强政府的管理和服务能力。

(2) 智慧城市管理的内容与特点。

城市管理是保证城市系统安全、高效、有序运行的基础。城市管理①的范围一般包括市政、应急、城建、环卫、公共安全、消防、交通、环保、基础设施以及卫生、防疫、水、电、气、暖等。随着新一代信息通信技术在城市管理领域的广泛和深入应用,城市管理也进入了智慧城市管理的阶段。

智慧城市管理主要以信息化、网络化、数字化、自动化、智能化技术为支撑,集成地理空间信息(GIS)框架数据、单元网格数据、管理部件数据、地理编码数据等多种数据资源,实现事件受理与登录、3DGIS事件与数据可视化显示、事件协同(联动)处理、事件调度通信及指挥派遣、事件结案与查询以及城市综合管理基础数据存储等功能。智慧城市管理通过建立相应的公共信息平台,推动城市管理资源的整合和管理部门的信息共享与业务协同,实现对城市市政工程设施、市政公共设施、市容环境与环境秩序的监督与管理,其管理的方式更加多样、管理的手段更加先进高端、管理的过程更加精准,同时也为公众参与管理创造了良好条件。

与传统的城市管理方式相比,智慧城市管理的特点和优点主要体现在以下几个方面:

第一,快速响应。通过将智能传感设备安置于政府部门、企业/团体、公众的信息采集点和发布点,然后将这些信息点连接起来,形成物联网,对城市环境和公众需求进行侦听和监测,进行基础数据的采集。相关政府部门能够通过对实时数据的分析,第一时间处理城市的管理问题,并且能够把事后响应变成事中响

---

① 城市管理有广义和狭义之分,广义的城市管理包括对城市政治、经济、社会、市政等一切活动的管理,狭义的城市管理一般是市政管理,即对与城市的规划、建设、运行相关联的城市基础设施、公共服务设施和社会公共事务的管理。本书研究对象为狭义的城市管理。

应和事前预测,有效提升昂贵政府部门的管理能力和公众满意度。例如,对于很多群体性事件的发生,政府可以通过大数据的网络舆情监测服务,及时抓取海量数据监控社会舆情和公众情绪,帮助政府了解基层民众情绪和意愿,将有可能酿成重大舆情危机的不稳定舆情苗头化解在萌芽状态。再如,政府可以通过智能化手段实现城市供水管线管理,通过全面监控给排水管线流量,及时发现并预测管网破损及漏水等,从而大幅降低供水损耗。

第二,协同管理。实现连接和协同是智慧城市管理的基本特征,它通过将城市管理中同一管理部门不同地区的业务系统,以及有针对性地与该项管理业务存在重要联系的其他不同部门的业务系统连接起来,建立跨越不同地区、不同部门的协同管理系统,在实际管理中实现不同级别、不同地区、不同部门之间的组织协调和统一调度。例如,在应急管理中,应急管理是涉及气象、环保、交通、公安、城管、卫生、质监、工商、林业、海洋、水、电、气、工业生产等多个部门的重大工程,由于突发事件影响面大,它需要多个级别、多个部门的联动运作。智慧应急管理通过建立跨越多个部门的、多个专业的统一指挥中心,并保持信息的通畅,一旦突发事件发生,它能够快速联合多个相关部门实现组织协调和资源、人力的统一调度。

第三,公众参与。加强公众参与是现代公共行政的重要特征和基本要求。智慧城市管理能够利用新一代信息技术,建立管理部门与公众互动的网络平台,充分挖掘社会民众的智慧,调动广大人民群众的力量,形成共建共治的社会治理格局。例如美国一位程序员发明了一款名为 SeeClickFix 的应用程序,人们可以通过手机将乱涂乱画、交通灯损坏、排水管堵塞、安全井盖缺失等各种问题进行拍照,并通过该程序进行上传和举报,这些投诉将会被发送到公共事业部门,相关问题会很快得以解决。

第四,网格化管理。网格化管理是一种富有中国特色的精细化的社会管理方式,是我国进行社会管理创新的重要尝试,这种管理方式是将城市范围进行网络化细分,将政府部门过去传统、被动、定性和分散的管理转变为现代、主动、定量和系统的管理,力争使每个社会管理的范围和细节都定位在网格中,从而加强基层力量配置,从源头上消除众多社会冲突的隐患。北京市东城区是全国推行网格化社会管理的试点区之一,通过将东城区的东花市、建国门和东直门三个街道的 25.38 平方公里辖区划分成了 1593 个网格单元,由 350 名专门的网格工作人员对社区实施 24 小时动态、全方位管理,对社区环境卫生、居民矛盾化解、社区党建、社会治安维护等问题进行精细化管理。通过几个月的试行,东城区通过网格收集社情民意信息8400多条,化解矛盾纷争630多件,排除案件隐患800多起,消除各类安全隐患300多处,为民服务做实事6700多件,全区火警、火灾数量同比分别下降61%和81%,打破了原来社会管理工作中条块分割的顽疾,提高了社会管理工作的效能,真正实现了精细化的管理。

(3) 智慧公共服务的内容与特点。

公共服务是一种物化的公共产品,大部分学者都基于公共经济学中非排他性、非竞争性的公共产品概念引申得出公共服务的概念,它的核心是旨在满足公共产品均等化的政府行为(江明融,2006)。一般公共服务包括教育、医疗、社保、养老、就业等内容。随着新一代信息技术的发展及其在公共服务领域的应用,政府可以通过不断创新服务模式、服务内容和服务手段,实现"一站式"、"7×24"小时、"随需应变"的公共服务模式,从"被动响应式"服务走向"主动推送式"服务,大大提高了政府提供公共服务的质量、水平和公众的满意度。

发展智慧型公共服务是一个更新服务理念的过程,它秉承"以人为本"的价值理念。信息社会的来临和知识经济的发展都对人的价值和地位进行了重新定义,更加突出强调人的核心价值以及人在经济社会发展中的能动作用,从根本上决定了智慧城市时代的公共服务必须树立"以人为本"的价值理念(陈江岚,2005)。在农业社会时代,人被束缚在土地上,在工业社会时代,人与机器紧密结合,信息社会将从根本上改变人的从属地位。在信息社会,信息化使人们能够将散布于各个角落的零散现象进行综合、比较和分析,获得充分的知识和信息,使人更加有"智慧"。同样,人们也可以利用信息技术手段来表达自己的利益和要求,积极参与公共事务。尤其在经济社会中处于弱势地位的人,基础性、广泛性、渗透性、影响性极强的信息技术的运用为他们表达自身利益和诉求提供了前所未有的便利条件。由此可见,信息社会中的人将在社会进步和经济发展中处于主导地位。与此同时,知识经济又从另外一个角度对人的地位提出了要求。知识经济的发展动力是知识,而人是知识创造的主体,适应知识经济的人不再是狭义的"人才",而应是马克思所说的"全面发展的人",具有开阔的视野和开明的思想,能够理解新思想、新事物,具有独立的判断能力的人,以推进知识的创造和更新。因此,信息社会和知识经济要求充分尊重人,维护人格的完整,在提供公共服务时将人作为一个大写的人,具有多种面目、个人历史、个人个性、多种需求的人,而不仅是一个服务的对象。例如在医疗卫生服务中,医疗保健是一个连续的过程,但在不同的时间、不同的医生看到的是一个以某种病为载体的"病人",只关注当时的病症,对病人的过去将来、微妙的体质特征不了解,这是

"碎片化""非连续"的服务。但在智慧医疗中,通过建立健康档案和电子病历,医生对病人能有更为深入的了解,并且通过不同医疗卫生机构之间的互联互通,各种医疗卫生信息能够在不同医疗部门之间进行"无缝"连接,从而使医疗卫生服务向整体化、连续化发展,使病人的服务需求能够得到更充分的满足。这就体现了智慧型公共服务以人为本的价值理念。

　　智慧公共服务的设计主要通过建立"以需求为导向"的服务模式,以更好地满足社会公众多样化的服务需求。为了更好地提升公共服务的品质,应该突出公共服务的公共性和公用性,充分发掘信息技术的价值,树立以需求为导向的服务精神,即利用物联网、云计算、大数据等技术感知、分析公众的服务需求,并充分吸纳公众意见,由简单地满足公众需求向深入调查和真正理解公众需求转变,促进公共服务从以供给方主导,向需求导向、供给方与需求方充分合作的公共服务模式转变,即由原来的"政府→公众"式的单向输送模式转变为"政府↔公众"式的双向互动模式。

　　与传统的公共服务相比,智慧型公共服务的服务方式有以下几个方面的特点和优点:第一,感知化、智能化。利用感知技术、网络技术使城市中的人与物、物与物之间具备透彻的感知能力,从而使公共服务供给部门能够更加敏锐地获取和分析公众的服务需求,通过对实时数据的采集、处理、决策及反馈来完善和优化公共服务的供给,满足市民个性化的服务需求。同时,社会公众也可以利用相关网络平台更好地获取便捷、人性化的公共服务,如定位、个人导航、移动地图,以及酒店、旅游、车位等位置服务。第二,网络化、系统化。智慧城市最大的特点是利用互联网、物联网等信息技术实现城市中各类要素的互联互通,体现在公共服务领域,则是一方面加快公共服务的数字化、网络化进程,实现各种城市公共服务的网上办理,发挥网络化服务方式高效、便捷、成本低的优点,另一方面要打破公共服务部门的界限,实现公共服务信息的共享,从而形成系统化、一站式的服务方式,真正达到惠民、便民的目的。第三,政民的互动合作。智慧型公共服务的供给鼓励社会和市场广泛参与,以真正实现数字惠民。在智慧型公共服务的建设中,积极鼓励公众参与公共事务,通过搭建信息平台,促进政府与社会主体之间,以及各类社会主体相互之间的交流互动,促进形成政府、企业、公民与非政府组织多方联手、互动合作,共同制订计划,推进实施。在实施过程中,要充分吸纳公众意愿,吸引公众与企事业等各类主体积极参与,设计面向社会、能够为公众方便应用的开放式的项目,并通过整合各部门的公共资源以及提供多种信息化服务渠道,使大多数人能够承担、选择和使用。以上几个方面的优点使智慧型的公共服务能够更好地整合社会资源，提供更充裕、更高品质的公共服务，以满足城市居民不断增长的物质文化需要。

4.3.3.3 社会文化系统

社会文化是各个层次的群体在一定时期内形成的思想、理念、行为、风俗、习惯，以及这个群体整体意识所辐射出来的一切活动。智慧城市的社会文化系统则反映了网络社会时代社会文化本身及其创造、传播、应用和再生产过程呈现的新特点和新趋势。智慧城市的社会文化系统呈现的新特点和发展趋势使其能够营造更适合现代人生存的社会"软环境"，通过先进文化的教化、塑造和熏陶作用促进人的社会化、文明化、个性化发展，塑造健全的人、完美的人，使人的智慧得以培育和增长，进而构建智慧的社会以及智慧的城市。

随着信息技术的发展，网络、数字和新媒体技术的应用变革了文化的生产、服务和传播方式，丰富了文化的内涵。对应地，社会文化体系中文化的范式、文化的存在形式及文化的传播方式都发生了深刻的变化，具体体现为网络文化的兴起、文化资源的数字化发展和新媒体文化传播平台的发展。

(1) 智慧城市中文化资源的数字化发展。

智慧城市的本质特征是互联互通、共享协同，反映在文化资源领域，则体现为利用新一代信息通信技术推进文化资源的数字化发展，实现数字化文化资源的整合与共享。文化资源是以多种形态、介质存在的，包括口头的、生活的、文本的、图片的、影响的、身体的等，同时，文化资源也在博物馆、图书馆、文化馆等不同的单位以及城市的各个角落分别存放，这样文化资源就处于一种非常分散、破碎的状态。实现文化资源的数字化就是通过制定文化资源数字化的规划和标准，将文化资源转变成数字化形态，并通过建立共享共建机制和共享技术平台，将数字化文化资源更好地整合起来，建立数字资源数据库，更好地促使文化资源"活起来""用起来"。

建立数字化的公共文化服务体系成为数字文化资源走进市民生活的基础和保证。公共文化的数字化发展应使人民群众在日常生活中能够快速便利地获取丰富多样的文化内容，享受文化权益，这就需要通过数字文化建设，构建技术先进、资源丰富、服务高效、全域覆盖的公共文化数字化服务体系，开创城市的公共文化数字化生活。公共文化服务体系的构建应实现数字文化服务从平面到立体、从单一到多元、从局部到全域的突破。

近年来，部分城市开展的"数字文化社区"建设就是基层公共文化数字化建设的范例。"数字文化社区"是以数字技术为标志的高新技术在基层公共文化设施的标志性应用。例如在北京,"数字文化社区"工程创建了一个融合多媒体、跨平台、多终端的文化信息资源共享平台,该平台融合了有线电视线路、互联网无线技术和高清交互平台,并整合了首都图书馆、艺术院团、文化共享工程等多渠道的文化信息资源,具备资讯查询、艺术欣赏、文化传播、交流互动等多种功能,能够传播 300 万册电子图书、1 万种电子期刊、2000 种中华文化视频、1 万种 50 万册古籍、2 万场讲座以及专题视频等数字文化资源,大大提升了基层公共文化的服务水平(徐玲,2012)。

(2) 智慧城市中网络文化的发展。

网络文化的形成、发展及对人的塑造作用成为智慧城市中社会文化生活的重要内容。与网络社群的出现和快速发展相对应,网络社群的参与主体进行的与网络有关的生活、学习、娱乐以及工作方式等相关活动中形成的道德伦理、社会行为、语言、文学、艺术等精神活动及有关的产品、服务等,即网络文化。随着我国互联网普及率的快速上升,越来越多的人接入互联网中,成为网络社群的组成分子,推动了网络文化的创新和发展,也使网络文化对人有着越来越重要的影响和塑造作用。智慧城市的建设与发展的重要任务是充分利用和发挥网络文化对人全面发展的积极作用,通过制度设计和监督引导减轻网络文化对人的负面和消极影响,为人的全面发展创造良好的社会文化环境。

(3) 智慧城市中新媒体传播的发展。

智慧城市中数字化的文化资源的传播以及网络文化的发展都依赖于新媒体的发展。新媒体是相对于传统的报刊、广播、电视等传统媒体而言的一种新的媒体形态,它利用数字技术、网络技术,通过互联网、宽带局域网、无线通信网、卫星等渠道,以及电脑、手机、数字电视机等终端,来向用户提供信息和服务。

移动智能终端和移动互联网开放平台上的应用服务成为智慧城市中新媒体传播的核心基础。随着越来越多的网络用户通过电脑以及手机等智能移动终端接入互联网,针对各类新媒体的创新应用也层出不穷,新媒体传播也发生了深刻的变革。在新媒体传播领域,涵盖手机、电视、阅读器、可穿戴设备等在内的智能终端的发展趋势备受关注,微博、微信、微电台、微电影等移动互联网时代的典型应用方兴未艾,移动互联网的深度发展使新媒体传播的社会化趋势日益强劲。对应地,新媒体传播技术、应用及内容形态都打上了移动智能终端和移动互联网的深深烙印。新媒体技术的发展催生了新媒体的创新应用,新媒体应用服务的发展又促进了各种新媒体内容形态的不断丰富和创新,而新媒体内容形态的广泛应用和传播反过来推动了新媒体技术和新媒体应用的进一步创新和发展。

4.4 智慧城市的经济系统分析

4.4.1 经济系统的含义与要素

由本章社会系统部分分析可知,经济系统是社会系统中的一类系统,属于一种人类活动系统,明显地区别于物理系统、机械系统,它是在人类物质财富创造中涉及的人、物质资源、技术手段、生产组织以及它们之间的联系和作用方式所构成的集合,其核心是人与自然的关系,反映人类改造自然的能力。

经济系统是一个多层次的复杂系统,根据不同的目的,按照不同的标准,人们对经济系统具有多种不同的要素划分,如表4.18所示。这些不同的要素子系统又可划分为不同的子系统,对应的子系统又具有一定的结构和特定的功能。

表4.18 经济系统的要素划分

划分标准	划分
地域	不同国家和地区的子系统
行业	交通、能源、农业等子系统
性质	第一产业、第二产业、第三产业等子系统
功能	生产、交换、分配、消费等子系统

资料来源:基于参考文献李国平(2001)整理所得。

依据本书的研究目的和研究特点,本章参照功能标准对经济系统进行要素划分的方法,将其划分为生产系统、流通系统、消费系统、创新系统四个子系统。在经济系统的生产、交换、分配、消费四个环节中,生产是人们通过有目的的活动使自然界的物质形态改变成为能够满足人们需要的产品的过程,交换反映了产品在市场上的供求关系,主要通过产品的价格反映出来,分配则是从需求方面反映产品在市场上各类要素所有者和消费者之间的配置问题,消费是人们在市场上购买所需商品和劳务的过程和行为。由于交换、分配等经济机制不在本书讨论范围内,为了能够更加清晰地展示新一代信息通信技术影响下人们经济活动呈现的新形态，本书按照经济活动中生产要素的运作及其形成的产品在不同所有者之间的流动过程，将经济系统中的经济活动划分为四个组成部分：生产、流通、消费和创新，其中，生产是人们利用生产要素创造产品的活动，流通是人们使将产品从生产者传递到消费者的基本活动，消费是消费者在市场上购买产品以满足他们各种需要的活动，创新是在生产、流通、消费整个过程中发生的各类经济主体要素（如企业、政府、大学等机构组织）、非主体要素（各类物质资源和条件）以及它们之间相互关系进行的调整和变革活动的总称。因此，基于以上分析，本章研究的经济系统包括生产系统、流通系统、消费系统、创新系统四个子系统。

4.4.2 智慧城市经济系统的内涵与要素

智慧城市的经济系统以处理"人与自然的关系"为中心，以"人的物质财富创造"为核心，充分发挥人能动作用，通过将信息技术广泛地渗透和应用到人类物质财富创造过程中的关键环节与重点领域，使城市的物质财富生产与再生产能力得到极大提升，进而为人们创造更好的物质生活条件和环境，并为人的全面发展提供物质基础。

人类经济活动的主要任务是创造物质财富，为人类的生产和生活创造物质条件。而在智慧城市中，人类创造物质财富的经济活动具有了新的形态和特征，物质生产的能力、效率和水平也大大提升。在表4.19中，新一代信息技术的发展及应用使人类的劳动工具不断走向数字化、网络化、智能化、自动化、集成化，极大地促进了生产力的提高，使经济系统中的生产系统、流通系统、消费系统、创新系统都呈现了新的特点与发展形态，为社会化大生产及再生产能力的提升提供了强大的动力和有力的支持，极大地促进了经济的发展，进而也为人的全面发展创造了优越的物质条件。

新一代信息通信技术对经济系统的影响使人类经济活动形态和经济发展业态呈现了智慧的新面貌。在人类经济活动形态方面，人们关于物质财富的生产、流通、消费活动以及与这些活动密切相连的经济要素及其组合方式都出现了新的运作模式，如智慧生产、智慧企业、智慧供应链、电子商务、大众创新等；在经济发展业态方面，人类经济活动的组织形式及对应的产品和服务出现了新的形态，如智慧产业、智慧制造业、智慧生产服务业、智能产品等。本章将从生产系统、流通系统、消费系统、创新系统四个方面详细分析智慧城市经济系统在活动形态及发展业态方面呈现的新变化。

第 4 章 智慧城市系统的要素分析

表 4.19　智慧城市经济系统中四类子系统对经济发展的积极影响作用

子系统类型	影响作用
生产系统	智慧产业、三大产业的智能化改造、智慧企业和智能产品的发展使社会化大生产具有了智能化、网络化、集成化、柔性化等特征，生产能力和生产水平大大提升
流通系统	商流、物流和信息流的流通进入电子商务、智慧物流、智慧商业服务等新的发展阶段，流通的速度、效率和可视化程度大大提高，流通的管理和监督更加便利
消费系统	消费工具不断升级，消费结构中智能化生产和生活资料的消费比重大幅上升，网上购物成为机构采购和居民消费的重要方式，推动了新的生产和生活方式的形成
创新系统	基于新兴信息技术的统一、开放的信息平台的建立为企业内部及组织间的协作提供了技术基础，也带动组织的知识创新、技术创新、管理创新和商业模式创新呈现了新的特点，有效地支撑了生产、流通和消费的创新

资料来源：笔者整理。

4.4.3　智慧城市经济系统的主要内容

4.4.3.1　生产系统

生产是对劳动者利用生产资料作用于他的劳动对象（原材料）创造出一定的产品的过程，而生产系统则是对这一动态过程的具体反映。在城市系统中，产品的生产一般是通过企业这一重要的经济组织来完成的，企业是以盈利为目的从事生产、流通、服务等经济活动的经济组织，它生产和经营的对象是产品（包括对应的服务）。而大量同类型企业的及其经济活动的集聚和集合则组成为产业。智慧城市中产业、企业及产品的存在、运作及表现形态都具有了新的变化，呈现为一种智慧的经济形态，本部分将从产业、企业、产品三个层面来分析新一代信息技术影响下形成的智慧生产活动。

（1）产业层面：智慧产业及传统产业的智慧化改造。

对于什么是智慧产业，学术界没有统一和清晰的界定。有的学者认为智慧产业是直接运用人的智慧进行研发、创造、生产、管理等活动，形成有形或无形智慧产品以满足社会需要的产业，是高端服务业。也有的学者认为智慧产业是智能化程度较高的产业，既包括高端服务业，也包括先进制造业等高端制造业。在本书研究中，智慧产业是新一代信息技术产业的总称，它是推动城市智慧转型最根本的产业基础,是我国战略性新兴产业的重要组成部分。

智慧产业具有完整的产业链条,囊括了技术的研发、产品的制造、软件的开发、增值服务提供以及相关技术领域的产业化发展等,是一个庞大的产业群体。如表4.20所示,物联网产业涉及的主要产业类型有物联网、云计算、下一代网络、高端软件、集成电路、信息服务、"三网"融合、互联网终端显示等。在以上产业类型中,物联网是通信网和互联网的拓展应用和网络延伸,物联网产业是核心产业,它的产业链长,从制造到服务,几乎涵盖了信息通信技术和信息产业的全部领域,并涉及其他领域,辐射面广,带动性强,是支撑智慧城市建设的关键产业。

表4.20 智慧产业的主要类型及内容

类型	内容
物联网	主要包括制造业和服务业两大范畴,物联网服务业主要包括物联网网络服务业、物联网应用基础设施服务业、物联网软件开发与应用集成服务业、物联网应用服务业,物联网制造业以感知设备制造为主,又可细分为传感器产业、RFID产业以及仪器仪表与测量控制产业等
云计算	主要有云计算服务器、安全云操作系统、云计算资源管理平台、服务器虚拟化、桌面虚拟化等技术领域
下一代网络	主要有下一代通信网络和下一代移动互联网产业,其中下一代通信网络主要涉及相关核心设备和智能终端的研发及产业化,下一代移动互联网产业主要涉及相关的芯片、智能终端、操作系统、应用软件、应用服务等
高端软件	主要有基础软件、工业软件和大型行业应用软件,其中基础软件主要包括操作系统、数据库、中间件和办公软件等,工业软件主要包括交通、电网、仪表、石化、航空、船舶等相关领域的研发、生产、制造、监测、测试等相关软件,大型行业应用软件主要包括电子政务、医疗、教育、金融、商贸、交通、船舶等领域的管理和服务软件
集成电路	主要包括移动通信、数字电视、平板显示、汽车电子、高端智能电表等领域的芯片设计及其产业化、商品化发展
信息服务	主要包括网络互动娱乐、网络视听、数字出版、专业资讯、生活资讯等相关领域的内容开发和信息服务
"三网"融合	主要包括与"三网"融合发展相关的移动智能终端、智能终端操作系统、数字内容、数字家庭等领域的设计、制造、服务
互联网终端显示	主要包括激光显示、3D显示、有源驱动有机发光显示、有源电子纸显示、场发射显示屏等技术领域的研发及其产业化发展

资料来源:笔者整理。

传统产业的智慧化改造主要体现了智慧产业与传统产业的融合发展带来的传统产业的转型升级。一般将产业分为第一产业、第二产业、第三产业三大门类，分别为农业、制造业和服务业，那么对应的传统产业智慧化发展模式为智慧农业、智慧制造业和智慧服务业。

智慧农业是将通信技术、大数据技术、智能化技术、感知技术等新一代信息通信技术充分融入农业生产与运营过程中，使农作物的生产、农业管理、农产品运输、农产品销售以及农业相关服务向智能化、精细化、高效化以及绿色化发展，从而使农业生产更加科学，要素利用率更加高效，农业生产水平、农产品质量与经济效益显著提升。智慧农业的应用领域可以划分为四大组成部分（龙江、靳永辉，2018）：一是智慧农业生产，将大数据、物联网等新一代信息通信技术运用到农业生产过程中，如智慧大田种植、智慧畜禽养殖、智慧水产养殖等；二是智慧农业管理，即以新一代信息通信技术与方法组织农业生产与经营，如农村电商平台、农业信息化平台、土地流转平台等；三是智慧农业智能服务，通过新一代信息通信技术为农民从事农业生产与生活提供各类服务，如农业生产信息服务、农业生活信息服务、农业物流服务平台等；四是智慧农业安全追溯，即用新一代信息通信技术对农业生产的事前、事中及事后分别进行质量监测、品质认证与质量追溯，以提升食品质量，降低食品安全发生的概率，具体形式体现为农产品质量监测、农产品品质认证、移动技术质量追溯等。

智慧制造业通过在产品设计、加工、检测、管理、销售、使用、服务这一全过程的各个关键环节中融入感知化、数字化、智能化的信息技术，从全方位、全过程角度推进制造业的智慧化改造，实现制造业的信息化、智能化、网络化、虚拟化、柔性化、集成化、绿色化发展。在智慧制造业中最典型的应用是近两年比较热门的"工业4.0"。"工业4.0"是德国在2013年提出来的新概念，之所以称作"工业4.0"，是因为德国认为人类到现在为止经历了三次工业革命。"工业4.0"是建立在信息通信技术高速发展的基础上的，它的核心是通过虚拟—实体系统（Cyber－Physical System，CPS）来构建智能工厂。信息系统是物理系统运作的控制中枢，它采集用户的需求信息，并通过虚拟化生产的信息系统控制和管理物理系统的生产和运作。移动互联网和物联网实现物理系统与信息系统之间的协同和交互。而对于物理系统，它可以借助网络利用分散在各地的社会限制设备，只要设备可用即可，不需要"关心"设备的确切所在地，实现一个"全球本地化"的工厂。

智慧服务业通过将新一代信息技术融入金融、物流、会展、会计、广告、法律等专业服务中,利用现代化的经营方式、服务技术和管理手段来改造和提升传统的服务业,提高现代服务业的服务水平和效率。以智慧会展为例,通过将各种展会资源整合到统一的管理和服务信息平台,建立主办方、参展商和观众之间的互联互通和实时互动,大大提升了会展的服务质量和运作水平,推动了展会服务的升级发展。

(2) 企业层面:智慧企业的发展。

智慧企业是生产经营过程中智能化水平较高的企业,是企业信息化发展的高级阶段。物联网、云计算、大数据等新一代信息通信技术的发展及应用,在提高企业研发设计、生产制造、经营管理、市场营销等各个环节单项应用智能化程度的基础上,大大增强了企业的信息化综合集成应用能力,使企业能够快速感知市场变化并及时做出有效反映。

在智慧企业中,较为典型的应用是"云制造"。云制造是工业4.0在企业制造层面的具体应用,它融合了现有的信息化制造(信息化设计、生产、实验、管理、集成等)技术,以及云计算、物联网、大数据、智能科学技术等新一代信息通信技术,把企业的各类制造资源和制造能力虚拟化、服务化,构成制造资源和制造能力的服务云池,并且进行协调的管理和经营,从而使用户能够通过网络终端获得制造资源和制造能力的服务,进而灵活地完成制造全生命周期的各类活动。云制造是制造业信息化发展的一种新模式、新手段,它提供能够按需动态架构、互操作、协同的制造服务,实现包括论证、设计、生产、加工、试验、仿真、经营管理及产品的经营、产品维修、集成等各种服务的全生命周期的智慧制造。

在实践中,中国的海尔、美的、格力等公司已经实现了云制造技术和理念的落地。海尔的沈阳冰箱工厂构建了"智能交互云制造平台",通过产品、布局、设备、组织运营的模块化(以沈阳海尔冰箱工厂生产的匀冷冰箱为例,该产品的500多个零部件被整合为23个模块),打造了一条可柔性选配产品、扩展加工能力、更换模块响应需求的自动化生产线,实现了用户、产品、机器、生产线之间的实时互联,从而能够快速柔性地满足用户多样化的选购需求。在这种云制造模式下,一方面用户可以根据自己的喜好选择冰箱的颜色、款式、性能、结构等,定制个性化的冰箱,另一方面可以通过可视化操作,随时查看自己的冰箱在生产线上的位置,如生产到了哪一个工序、有没有出厂等。通过将100多米的传统生产线改装成4条18米长的智能化生产线,使海尔的一条生产线就可支持500个多型号的柔性大规模定制。在美的集团,武汉工厂智能制造生产线全面启动。通过互联网平台，用户可以直接到厂里定制心仪的空调。用户可通过公司开发的手机APP下单。在APP终端上有空调的种类、外形、规格以及多种功能模块等，用户可根据自己需求随意组合产品，确认付费后厂里即上线生产。格力集团已经完成了智能制造新模式设计、各类协同平台搭建，主要模块功能已经上线使用，一些智能制造装备，如全自动管路成型一体化装备、空调外机全智能化线体等也已经投入生产使用，长沙数字化工厂也已完成建设。

随着移动互联网、社交网络、网络社群的发展，企业的运营管理也呈现出智慧形态——社交商务，它成为智慧企业运营管理的新理念和新工具。社交商务是将社交技术和社交平台融入企业的商业行为和商业流程中的企业运营管理模式，它通过将SNS、微博、视频分享、照片分享、协同工具、即时通信、邮件等所有沟通交流的手段有机地融合在一起，实现企业内部和外部的有效协同，深化内外部的联系，从而帮助企业有效地整合内外部资源，提升运营效率。社交商务云平台是企业社交商务的核心，它将企业员工之间以及企业与外部相互联系的多种方式（电子邮件、即时通信等）与企业日常的办公整合到同一个协作环境中，使企业经营管理的各个环节和整个流程更加贴近现代人的所适应的工作和生活方式。

（3）产品层面：智能产品的发展。

智能产品是嵌入了电子信息技术的实体产品，通过信息技术的改造实现产品内在品质、功能的改变，使产品具有一定的信息能力，体现为一种智能化程度较高的产品。信息是经过加工后能够反映客观事物规律的一些数据，在产品中，它是产品本身特征及其变化的具体体现，如产品的颜色信息、形状信息、材质信息、功能信息、温度信息、强度信息、加工信息等（林建平和郭重庆，2002）。而由于信息具有可识别、可转换、可存储、可处理、可传递、可扩充、可共享、可附加等特征，产品的智能化则体现为产品自身具有一定的信息获取、信息传输、信息分配、信息处理、信息存储和信息控制能力，反映其自身的状态、特征及运行规律，并对接收到的控制信息做出反馈。智能产品的信息能力主要来自内在的信息或外在的附加信息，如图4.13所示，智能产品的智能化主要通过一定的感知技术、通信技术、计算机技术、自动化技术等技术来改造产品，实现产品的内在信息化和外在信息化。以智能汽车为例，汽车的内在信息化体现为通过在汽车中植入相应的电子控制系统来反映汽车的电信息、燃料信息、运行状态信息等，并对驾驶者的需求和控制做出智能响应。而汽车的外在信息化则体现为附加到汽车上的感知设备和通信系统，通过通信、互联网、卫星定位技术等来实现对汽车位置信息的感知、传输和处理，使其成为智慧交通的重要组成元素。

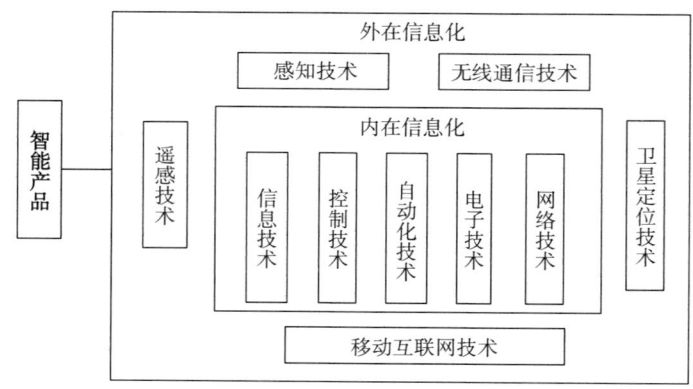

图 4.13　智能产品的内在信息化与外在信息化

目前智能产品已广泛出现在生产和生活领域，出现了数控机械、智能船舶、智能家居、智能手机、智能穿戴产品等。在数控机械方面，徐工机械、三一重工等都已在工程机械产品中应用物联网技术。智能家居产品也是近几年比较热门的智能产品应用。它通过将先进的计算机、网络通信、自动控制等技术，与家庭生活有关的各种应用子系统有机地结合起来，通过综合管理，为人们创造更加舒适、安全、有效和节能的家居生活，相关的智慧家居产品有智能开关、智能插座、电动窗帘、智能地板采暖、智能背景音乐系统、智能安防系统、智能照明控制系统等。智能手机是具有独立的操作系统、独立的运行空间，可以由用户自行安装第三方服务商提供的程序，并可以通过移动通信网络实现无线网络接入的手机类型，它是智慧城市中普及性最高的一种可移动智能终端。智能穿戴产品是应用穿戴式技术对日常穿戴进行的智能化设计、开发出可以穿戴的设备的总称，目前主要有智能眼镜、智能手表、智能手环、智能服饰等。

4.4.3.2　流通系统

从经济运动过程来看，流通系统是生产和消费的全部中介环节和过程的集合。流通在城市中普遍、大量地存在着，城市是社会上各种流通的集结点，城市流通的内容等同于整个社会流通的内容。本部分流通系统中"流通"的内容主要指商品流通，商品流通中涉及的劳务流通、货币流通和信息流也在考察范围内。从流通的对象来看，流通的内容包括了"一切在流通主体之间进行定向或循

第 4 章 智慧城市系统的要素分析

环运动的物质实体和非物质实体",其中,物质实体是投入流通的物质产品,非物质实体又可以分为观念实体(流通主体之间的某种需要转移的经济关系)和信息实体两大类。对应于观念实体、物质实体和信息实体的流通,经济活动中的流通可以分为商流、物流和信息流。在智慧城市中,随着新一代信息技术的发展及深入应用,流通系统中不同流态的组织和运动形式都有了新的表现形式,主要体现为电子商务、智慧物流、智慧商务的发展,具体如表 4.21 所示。由表 4.21 可知,商流、物流、信息流的对应的智慧运作形态分别为电子商务、智慧物流、智慧商务,它们的发展对降低流通成本、提高流通效率、提升流通管理和服务水平等都具有重要意义。

表 4.21 流通系统中不同流态呈现的智慧发展形态

流态	相关活动	智慧形态	主要内容
商流	■提供交易的基础设施活动 ■交易活动	电子商务	网络企业利用信息技术、通信技术,通过互联网为传统企业和个体用户提供电子商务交易平台及配套服务。社交网络环境下的电子商务交易使企业能够快速、实时地传递信息,得到专家和网络用户的咨询服务,从而更有效地开展交易活动
物流	■提供输送的基础设施活动 ■输送、保管活动 ■装卸搬运活动 ■包装活动 ■流通加工活动	智慧物流	通过将 RFID、定位技术、自动化技术以及相关的软件信息技术集成到物流信息系统中,实现物流中的订单、运输、仓储、配送等各环节的信息共享和协同运作,对物流系统进行实时跟踪、精准管理、安全控制
信息流	■提供通信的基础设施活动 ■加工活动 ■传递活动	智慧商务	通过商业智能技术和商业智能系统的应用,帮助企业收集、管理和分析数据,并将这些数据转化为有用的信息,从而辅助企业做出正确的商业决策

资料来源:笔者整理。

(1) 商流活动的电子商务形态。

电子商务变革和创新了城市的商流活动。一般而言,城市中较为典型的商品流通活动是经过"生产者—批发商—零售商—个人消费者"这一流通过程实现的,在这一过程中,批发和零售是商品流通的重要环节。随着信息通信技术的迅速发展,借助于信息流通媒体进行销售成为一种重要的商品流通方式,在邮购销

· 123 ·

售、电视购物、电话购物之后,利用微电脑技术和网络通信技术进行的电子商务成为商品流通的重要形式,并在人们的经济社会生活中有着越来越重要的地位。

在商品流通的批发和零售环节,B2B电子商务和B2C电子商务成为智慧城市中日益重要的商品流通的新业态。从批发环节来看,B2B电子商务成为一种非常重要的新型的商务模式,它通过互联网、专用网等信息网络构建企业之间联络的平台,为企业间开展交易活动提供虚拟的场所。从零售环节来看,B2C电子商务较大地改变了商品销售者和消费者之间的交易模式:一方面,它通过一站式的电子商务信息平台将生产者/零售商与消费者联系起来,为他们提供虚拟的网上交易场所;另一方面,随着社会的社交网络和企业的社交商务的发展,社交网络环境下的电子商务活动具有了新的特点,社交网络和网络社群成为消费者分享和交流购物体验的重要场所,也成为销售企业开展市场调研、进行网络营销、提供售后服务的重要手段。对于商流而言,一站式的电子商务信息平台成为企业与企业、企业与消费者用户进行交易的重要场所,它使商品的供给者和需求者的交易空间得以大大拓展,交易对象的选择更加多样化,交易的达成更加便利。

(2) 物流活动的智慧物流形态。

电子商务通过一站式的网上虚拟平台促进了买卖双方交易的达成,而大多数交易的最终完成依赖于物流系统的运作。作为物质实体的商品的流通主要是通过特定的运输方式实现的,根据货物特点和运输需求可以选择的运输方式有铁路运输、公路运输、水路运输、航空运输、管道运输等。新一代信息技术的发展使货物运输在传统的运输方式基础上具有了更加灵活、高效、透明的运作模式,呈现为智慧物流的业务模式。

智慧物流的主要特点体现为它通过构建统一的物流公共信息平台实现了物流各个环节以及各个物流主体之间的信息共享与协同运作。通过构建统一的物流公共信息平台,智慧物流一方面实现物流中各个环节之间的信息同享和协同运作,即通过将RFID、定位技术、自动化技术以及相关的软件信息技术集成到物流信息系统中,实现物流中的订单、运输、仓储、配送等各环节的信息共享和协同运作,对物流系统进行实时跟踪、精准管理、安全控制;另一方面实现不同物流主体之间的沟通联系与信息共享,即通过互联网、物联网等技术将销售方、物流企业、中介服务机构、消费者之间的全部物流活动进行集成和一体化,使各物流主体之间实现信息共享,建立它们之间直接的信息沟通渠道。智慧物流使产品流通的各个主要环节都能够得到更好的监督、管理和控制。在智慧物流系统中,物流与金融、电子商务实现了紧密的结合,增强了不同业务领域的综合服务能力。智慧物流的发展对于节约物流成本、提高物流效率，推进物流业的高效透明运作具有重要意义。

（3）信息流活动的智慧商务服务形态。

经济活动中信息的获取对于企业至关重要。高速、泛在、融合的信息网络为信息的流动提供了前所未有的便利，带宽成为获取信息能力的首要决定因子。但在经济活动中，网络中流通的大量数据信息所蕴含的价值与机会成为对企业更为重要的因素，智慧商务服务通过提供信息服务帮助企业更有效地开展经营活动。

智慧商务服务通过创造有价值的信息流动为企业的生产经营活动提供支持。传统的商务服务为企业运营提供法律、信息资讯、广告、公共、金融等各类支持性服务，帮助企业高水准地进行生产运营。新一代信息技术背景下的智慧商务通过商业智能技术和商业智能系统的应用①，帮助企业收集、管理和分析数据，并将这些数据转化为有用的信息，从而辅助企业做出正确的商业决策。如 IBM、微软、Oracle、SAP、SAS、Salesforce 等企业在全球为很多大型企业以及中小企业提供了综合解决方案，帮助企业改善了经营效果，提高了企业的竞争力和获利能力。

4.4.3.3 消费系统

消费系统是与生产系统和流通系统紧密相连的重要系统。与生产系统、流通系统呈现的智慧发展和运作形态相对应，消费系统也出现了新的变化与发展趋势，主要体现在消费对象和消费方式方面。

（1）智慧城市中消费对象的新变化。

消费是社会再生产的最终环节，主要分为生产消费和生活消费。其中生产消费是物质资料生产过程中的生产资料和生活劳动的使用和消耗，而生活消费是将生产出来的物质资料和精神产品用于满足个人需要的行为和过程。消费对象是供人们消费的消费资料。从生产消费方面来看，消费对象体现为原材料、零配件、半成品等生产资料以及对应的生产性服务等；从生活消费方面来看，消费对象主要体现为满足人们生活需要的物质内容和精神内容，其中物质内容是人们消费的

---

① 随着电子商务、在线社交平台、微博、微信等互联网以及移动互联网应用的兴起，商业智能系统的数据来源更为多样化，人们在社会化媒体中产生和分享的各类信息成为重要的信息来源，打破了传统的仅仅局限于企业内部应用系统的状况。智慧商业服务通过有效的技术手段来获取、加工、处理这些社会化的数据，能够为企业的生产运营活动提供更加全面、有针对性的支持服务。

物质产品,主要满足人们日常衣食住行的物质需要精神内容与物质内容相对称,是指人们为了满足自己的精神文化生活而采取不同的方式来消费精神文化产品和精神文化服务的活动。

在智慧城市中,随着新一代信息技术在生产和生活领域的广泛渗透,人们的生产消费和生活消费都有了新的变化。

第一,在生产消费领域,生产消费中对应的生产资料和生产服务具有重要的智能化特征。首先,"工业4.0"、智慧工厂、云制造的发展必然要求生产过程中的生产设备及原材料具有一定的智能化特征,以满足数字化、网络化、自动化、柔性化生产的需要。如机械装备领域出现的高档数控机床、智能工业机器人、自动化成套生产线、智能仪器仪表、智能工程机械等高端的智能装备,都是能够实现智能化运行的工业控制软件、数控系统以及智能化管理软件。随着智能化生产的日益推广与普及,这些智能装备将成为企业生产消费的重要对象。其次,"工业4.0"、智慧工厂、云制造这一类新的生产模式对生产性服务具有了更高的要求,如金融支付服务、物流供应链管理、交通运输等服务必然也要以更加智能化的形态运作才能满足智能化生产及管理的需求,因此,生产消费中的消费服务也呈现了一定的智慧形态。

第二,在生活消费的物质消费领域,智能产品成为人们生活消费的重要组成部分。随着社交网络、网络社群、移动互联网等越来越广泛地渗透于人们的日常生活中,它们深刻地影响和塑造了人们的生活方式和生活习惯,网络在人们的生活中扮演着越来越重要的角色,能够接入网络的智能产品越来越成为人们生活中不可缺少的重要组成部分。电脑、iPad、智能手机甚至智能穿戴设备在人们的生活中越来越普及,也成为人们生活消费的重要领域。尤其是智能手机,由于方便携带且接入网络速度的不断提升,截至2018年,我国智能手机的普及率已达68%,它已经成为我国网民接入互联网所使用的主要工具。与此同时,与人们日常生活直接相关的较多智能家居产品也成为人们家居生活消费的重要内容。数据显示①,2017年我国智能家居市场规模达908亿元,2021年市场规模将达到4369亿元。

第三,在生活消费的精神消费领域,人们精神消费的内容越来越多地与数字信息技术融合起来。精神消费的内容可以从精神消费产品和精神消费服务两个方面来看,其中精神消费产品主要有科技作品、文艺作品、音响作品、影视片、各

---

① 腾讯家居. 2021年我国智能家居市场规模将达到4369亿元 [EB/OL]. http://www.jia360.com/new/51986.html, 2018 - 04 - 04.

第 4 章 智慧城市系统的要素分析

种出版物等,精神消费服务主要有教育科技培训、艺术表演、导游服务以及各种娱乐场所提供的服务等(欧翠珍,2010)。随着网络技术、多媒体技术和新媒体技术的发展,很多精神消费产品和精神消费服务与数字信息技术结合起来,具有了数字化形式和智慧化的形态,如手机报、手机动漫游戏、手机广播电视、网络广播电视、移动多媒体电视、数字高清电视、电子报、电子杂志、文化软件产品等数字化产品,以及智慧旅游、智慧博物馆、智慧图书馆、智慧社区服务等智慧消费服务模式。由此可见,随着人们新的数字化、网络化、智能化的生活方式的逐渐形成,数字化的精神文化产品和智慧型的精神文化服务在人们的精神消费中扮演着越来越重要的角色。

(2)智慧城市中消费方式的新形态。

在智慧城市中,新一代信息技术影响下的消费方式出现的新形态主要体现在消费者接触、了解、分析与获取消费资料(商品/服务)的方式和方法产生的重大变革,即消费者的购物方式具有了新的表现形式。

电子商务、网上购物以及线上和线下相结合的购物模式的发展,使消费者能够掌握关于消费资料的更加丰富、客观、精确的信息,帮助消费者做出更加明智的购买决策,享受更加便捷、智能的购物体验。在网上购物过程中,消费者能够通过相关网站快捷、一目了然地搜索和浏览相关商品信息,通过图片、文字以及多媒体形式获取较为详细的关于商品功能和特征的描述,从而更全面地了解商品的价格、性能、尺寸、使用方法以及其他人的使用感受等,帮助消费者做出明智的购买决策。同时,消费者与接触和获取消费资料的方式在实体商店中也具有了新的表现形式。如 2018 年由摩登大道时尚集团联合多维魔镜公司和美国硅谷的 YouSpace 公司推出的全球首款"智能商店",采用人体识别技术、动作捕捉技术、3D 建模技术,消费者在魔镜中选择不同的衣服或者衣服搭配后,可以在镜前行走、转动,魔镜中能实时展示实际三维效果。所见即所穿,在 1 分钟内,消费者可以试穿 30 套衣服,数十款鞋,避免了传统试衣间里排队试衣和不停脱衣、穿衣的麻烦,大大提高了试穿效率和效果。

同时,新兴的 O2O 商业模式①使消费者与消费资料的接触和获取方式呈现了新的形态,它将线上订购的便捷实惠性和线下消费的真实体验充分结合起来,在餐饮、健身、看电影和演出、美容美发等需要到店消费的商品和服务领域得到了

---

① Online To Offline 的简称,它首先通过网上商城的打折、提供信息、服务等方式,将线下商店的消费推送给线上用户,用户在获取相关信息后可以在线完成下单、支付等流程,之后再凭订单凭证去线下商家提取商品或享受服务(卢益清和李忱,2013)。

较为广泛的应用。

4.4.3.4 创新系统

创新系统体现了新一代信息技术影响下经济活动中的各类创新要素所具有的新的联系与组合方式,以及在此基础上涌现的一系列创新模式,它们推动了传统创新活动的变革与发展。在创新理论中,创新就是把一种从来没有的关于生产要素和生产条件的"新组合"引进到生产体系中去,以"建立一种新的生产函数",它是一个从新工艺或新产品的设想产生到市场应用的完整过程,它包括新设想的产生、研究、开发、商业化生产到产品的市场销售和转移扩散这样一系列的活动。如图 4.14 所示,依据创新活动的发展过程,本部分将创新活动划分为知识创新、技术创新、商业模式创新、管理创新四种,对应的创新内容以及在新一代信息技术影响下它们呈现的新特点如表 4.22 所示。下文将结合智慧城市中新一代信息通信技术的发展具体分析知识创新、技术创新、商业模式创新和管理创新呈现的新的发展形态。

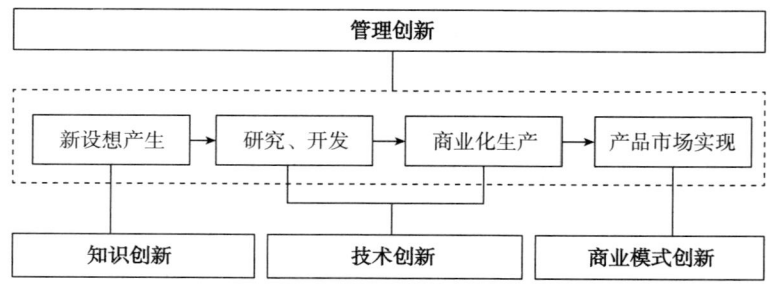

图 4.14 本章对创新活动的分类

(1) 智慧城市中知识与技术创新的"创新 2.0"模式。

新一代信息技术的发展极大地改变和颠覆了传统的创新模式,智慧城市的创新活动进入了创新 2.0 时代。创新 2.0 是相对于工业时代以生产为导向、以技术为出发点的创新 1.0 而言的,它是一种以人为本、以服务为导向、以应用和价值实现为核心的创新,具体体现为一种以用户为中心、以社会实践为舞台、以共同创新和开放创新为特点的用户参与创新。基于以上分析,创新 2.0 与创新 1.0 的区别如表 4.23 所示。创新 2.0 从互联网领域的 Web 2.0 引申而来,相对于 Web 1.0 单向的信息发布模式,Web 2.0 强调公众的参与,重视用户的交互作用,它倡导利用各种技术手段,让知识和创新共享和扩散。Web 2.0 技术背景下的创新 2.0 推进了知识创新和技术创新模式的变革。具体体现在:

表 4.22 创新系统中创新活动的内容及其新特点

类型	主要内容	新特点
知识创新	知识创新是知识的创造、积累和运用的过程,它一般通过对企业内外部知识的吸收和创造以及组织的学习来实现的,它是技术创新的先导和源泉	创新 2.0 的发展构建了不同主体、不同部门、不同个人之间广泛的联通与合作,促进了知识、信息、经验、技能的共享与学习,促进知识的形成、积累、传播和转化,为技术创新、管理创新及商业模式创新提供了知识基础和知识储备
技术创新	技术创新主要是指生产技术的开发与进步,它主要体现为生产过程中的工艺创新和产品创新,它是推进组织生产能力提升的重要驱动力	通过凝聚政府、科研院所、产业经济部门、社会公众等多种知识资源为一体,建立了跨主体的知识积累、共享、交流和使用机制,能够最大限度地集成知识创新、科研成果和应用领域的需求信息,以开放式创新、大众创新推动技术的进步与革新
商业模式创新	商业模式创新通过实施新的理念来推动对人们日常生活和工作有价值的活动,其中新理念可以由新产品或新技术所催生,也可以通过组合现有资源来实现	在企业层面,基于大数据、云计算等新兴信息技术的发展及应用,为企业开展消费者价值主张创新、关键业务和流程创新、收益模式创新、进行外部关系网络和价值网络重构提供了基础技术条件和工具
管理创新	管理创新则体现为生产组织为了实现组织目标而进行的管理理念、管理方法、管理过程、管理技能和组织结构方面的创新活动,它是组织实现资源的有效利用和组织效率和绩效持续提升的重要途径	企业内部可以建立统一共享的资源平台,将企业间相关的顾客、供应商、同行竞争者、政府、中介机构等融合于一个统一的平台上,各个主体在一个公共的平台上相互协作,企业的组织结构也向扁平化、网络化、柔性化发展。通过构建基于不同主体的虚拟组织,实现企业间的信息传递和协同工作

资料来源:笔者整理。

第一,在知识创新领域,基于 Web 2.0 的互联网的发展推进了知识的传递与共享,实现了知识的社会化、民主化,也带动了企业知识管理模式从信息资源网络建设转向知识网络构建。Web 1.0 实现了将人类的知识放到网上去,而 Web 2.0 倡导用户的参与和连接,即"全民织网"。基于 Web 2.0 的互联网不再是一堆网页的简单集合,而正在转变成一种全球化的汇集大众智慧的信息系统交流、共享平台,营造了一种泛在的知识环境。这种泛在的知识环境实现了个人知识无所不在的存取、信息能够自然交流的知识社会化模式,个人的参与观念变得更加积极,参与的能力得到大大提升,"大众智慧"显示出越来越重要的力量(杨帆和肖希明,2007)。反映在知识管理领域,企业传统的信息资源网络的建设在以大众智慧为精髓的泛在知识环境中显得愈加不能适应,它需要实现以数字化物质对象资源为核心的资源网络向以人为核心、更有利于知识创造和传递的知识网络转变。

表 4.23 创新 2.0 与创新 1.0 的主要区别

区别要点	创新 1.0	创新 2.0
技术基础	Web 1.0	Web 2.0
基本特点	■以生产者为中心 ■生产范式	■以用户为中心 ■服务范式
创新形态	传统科技创新 ■技术发展导向 ■科研人员为主体 ■实验室为载体	可持续创新 ■用户创新 ■开放创新 ■大众创新 ■协同创新

资料来源:笔者整理。

第二,在技术创新领域,传统的以技术发展为导向、以科研人员为主体、以实验室为载体的技术创新活动,向以人为本、需求为导向的用户创新、开放创新、大众创新和协同创新转变。在创新 2.0 模式下,技术创新活动不再是少数的被称为科学家的人群独享的专利,每个生活、工作在社会中的用户将真正拥有创新的最终发言权和参与权,成为创新活动的主体。以用户为中心的创新 2.0 依托无所不在的网络、无所不在的计算、无所不在的数据、无所不在的知识,推动了无所不在的创新的发生。在知识社会条件下,随着创新民主化成为常态,创新 2.0 模式通过构建应用创新方面的以用户为中心的开放式创新、共同创新平台,通过设计与技术进步高度互补的应用创新制度,创造了有利于创新涌现的创新生态。在国内外实践中较为典型的创新 2.0 实践有 Living Lab、Fab Lab、AIP 应用创新园区等,相应的实践内容如表 4.24 所示。

(2)智慧城市中企业组织的管理创新。

随着云计算等新一代信息通信技术在企业管理和业务运营中的应用,借助专业化的管理应用软件,企业能够在很大程度上提高管理水平,提升生产效率。企业运用专业化的企业管理应用软件改善企业管理和运营的过程,也是企业不断推进自身管理创新的过程。本部分主要分析新一代信息技术影响下管理创新中的组织的管理理念和组织结构的创新。①

表 4.24　国内外典型的创新 2.0 实践

实践模式	实践内容
Living Lab（欧洲）	Living Lab 强调以人为本、以用户为中心共同创新。它立足于本地区的工作和生活环境,以科研机构为纽带,采用新的工具和方法、先进的信息和通信技术等手段来调动方方面面的"集体的智慧和创造力",建立以政府、广泛的企业网络以及各种科研机构为主体的开放创新社会,将商品和服务的设计者和使用者有机联系起来,弥合社会需求、用户需求与企业产品开发行为间的错位
Fab Lab（美国）	Fab Lab 即微观装配实验室,是由麻省理工学院比特和原子研究中心发起创立的。它是一个拥有几乎可以制造任何产品和工具的小型工厂,它提供硬件设施以及材料、开放源代码软件和由 MIT 的研究人员开放的程序,用户可以利用该实验室工程的设置、材料以及电子工具来实现他们想象中的产品的设计和制造。它基于从个人通信到个人计算,再到个人制造的社会技术发展脉络,建立了面向用户和应用的包括设计、制造、调试及文档管理等各环节的用户创新创造环境
AIP 应用创新园区（北京）	应用创新园区是北京相关政府部门推动的,通过面向应用的创新推广带动城市管理相关领域进行科技创新的项目。它以"最终用户参与、技术研发、设计过程"为创新理念,推动了以用户体验、研发单位试验、第三方检验相统一的"三验"为核心的技术应用研发与试点示范活动,其中用户体验为"三验"机制之首。这种模式通过政府支持、协会搭台、企业唱戏、社会各界参与,促进应用技术、产品的研发及成熟转化,推动城市管理整体科技水平的提高

资料来源:基于参考文献宋刚等(2008)、宋刚和张楠(2009)整理所得。

在企业管理观念创新方面,新一代信息通信技术的发展及应用推动企业经营理念和竞争观念的创新。随着虚拟社区、社交商务、企业信息化集成管理软件的

---

① 对于企业管理创新的内涵,至今尚未形成统一的定义,国内学者苏敬勤(2010)在对国内外文献中对管理创新的研究进行综述分析后,将管理创新定义为,根据组织面临的具体问题和内外部环境,自主创造或引进已有的管理理念或实践、过程、技能和结构,加以整合、修正并实施,以实现更有效地利用资源和持续提升组织效率与绩效的过程。管理创新的内容可以从抽象和运作两个层面来分析,从抽象层面来看,体现为管理理念的创新,从运作层面来看主要包括管理方法、管理过程、管理技能和组织结构等组织内部工作得以顺利开展的规则和秩序。由于企业组织的管理方法、管理过程和管理技能方面的创新在生产系统中分析,本部分主要分析管理创新中的管理理念创新和组织结构创新。

发展，尤其是开放共享的云计算资源平台的使用，为企业整合和充分利用企业内外部资源创造了良好的条件，推动和迫使企业进行管理创新。推进企业的管理创新，管理观念创新是先导，它是管理创新取得成功的基础和先导。新一代信息技术影响下的企业组织需要进行的管理观念创新主要体现在经营理念创新和竞争观念创新两个方面，具体如表 4.25 所示。

表 4.25　企业管理观念创新面对的环境及思路转变要求

创新领域	环境变化	思路转变要求
经营理念创新	市场需求越来越呈现出动态化、个性化和多元化的发展趋势，企业需要满足和灵活应对快速变化的新兴市场需求；云计算等技术的发展使企业创新成为普通大众可以广泛参与的公共活动，也增强了企业之间的交互与合作，企业可以利用的资源范围扩大	转变传统的"重生产、轻研发"的管理理念，增强创新意识，完善创新的体制机制，加大创新投入，树立市场观念，充分利用可利用的内外部资源推动企业创新发展
竞争观念创新	在经济全球化以及市场竞争环境日趋复杂的情形下，单个企业不可能拥有所需的所有资源，传统的依靠自有资源进行市场竞争，把供应商、顾客、同行竞争者、政府以及金融机构等都视为对立的直接竞争者的理念使企业很难在竞争中立于不败之地	转变传统的竞争思路，树立合作竞争观念，整合优势资源，充分利用云计算共享平台等实现企业各个职能部门以及各经营主体之间的沟通交流与相互协作，以达到若干企业、消费者、金融机构等多方的共赢

资料来源：笔者整理。

在组织结构创新方面，企业公共信息平台的构建推进了企业内部及企业组织之间结构的创新。在企业内部，公共信息平台的构建实现了企业内部信息资源的共享，减少了企业内部沟通交流的成本，推动了企业的扁平化、网络化和柔性化发展。在企业组织之间，通过统一的公共信息共享平台，企业可以将供应商、同行竞争者、顾客、政府、中介等都融合在一个统一的平台中，构建一个跨越多个组织机构的虚拟组织，不同企业间可以基于该公共信息平台进行业务协作，拓宽了信息传递的通道，加快了信息传递的速度，使各机构、各业务环节能够协同工作。如当下流行的众包模式就是虚拟组织的一种典型应用。

（3）智慧城市中企业组织的商业模式创新。

随着移动互联网、大数据、云计算等信息通信技术的发展，以及网络社群、社交商务等相关应用在企业商业模式中的渗透及应用，商业模式创新具有了更加

第 4 章 智慧城市系统的要素分析

丰富的表现形式,也涌现了一大批依靠商业模式创新而创造辉煌的企业,如苹果、IBM、亚马逊、Google、eBay、Facebook、海尔等。商业模式创新是企业内部对商业模式构成要素实施的变革,它的本质逻辑是企业价值创造模式的转换与升级,与企业价值创新相关的商业模式的构成要素主要包括价值主张、业务流程、收益模式等。

智慧城市中的商业模式创新是运用云计算、大数据等新的技术手段来重新组合企业的价值要素,使企业能够更好地融入新的商业环境中,并借此获得前所未有的发展机遇。按照商业模式的构成要素,企业的商业模式创新主要包括价值主张创新、价值创造和传递模式创新、收益模式创新三个方面。在价值主张创新方面,网络虚拟社区、电子商务以及大数据技术的发展使企业无限接近消费者成为可能,通过对相关数据信息的获取和分析,企业可以了解消费者的真实需求以及商品的真实使用情况,并通过掌握的消费者的兴趣、爱好、价值观、沟通方式等信息对消费者进行精准细分,通过实时、精确数据的分析对不同顾客制定个性化的促销手段。在价值创造和传递方面,利用"大数据"资源推进企业关键业务和关键流程的创新,实现企业业务活动的"大数据"化,从而最大限度地释放和放大业务流程中其他资源的价值。在收益模式创新方面,企业在支付方式、计费模式和收费模式方面都具有了创新应用的空间,如特定应用软件由出售变为出租带来的使收益模式从一次性支付向"微支付"的转变、媒体广告业中传统的以出现时间和频次为计费标准转变为以用户的点击次数为标准计费、基于广告引入的用户所产生的成功销售而收取一定比例的佣金等。

4.5 智慧城市的支撑系统分析

4.5.1 城市基础设施的含义

城市是一种不同于自然环境的人工环境,这种人工环境能够承担城市的政治、经济、社会、文化等职能,并满足公民多样性的需求。为了有效地承载这些功能,城市必须建设并维护复杂的基础设施。因此,城市基础设施是城市发展和人民生活的物质基础,它的建设对城市经济社会发展具有重要的引导和支撑作用,而城市基础设施系统的技术状态、功能负荷直接影响着城市经济社会系统的运行效率。

对于"基础设施"的分析始于 20 世纪 40 年代的经济学。为了分析经济和产业发展的问题,最初人们以"社会间接资本"或"社会先行资本"的概念对它的内容、地位和作用进行分析。图 4.15 展示了国外学者对基础设施认识的发展历程,可以看出他们认为的基础设施主要是经济性的基础设施,包括交通运输、邮电通信、电力、供排水等公共设施和公共工程,而较为广义的认识也包括了教育、卫生、法律及行政管理等部门,一般称后者为社会性的基础设施。

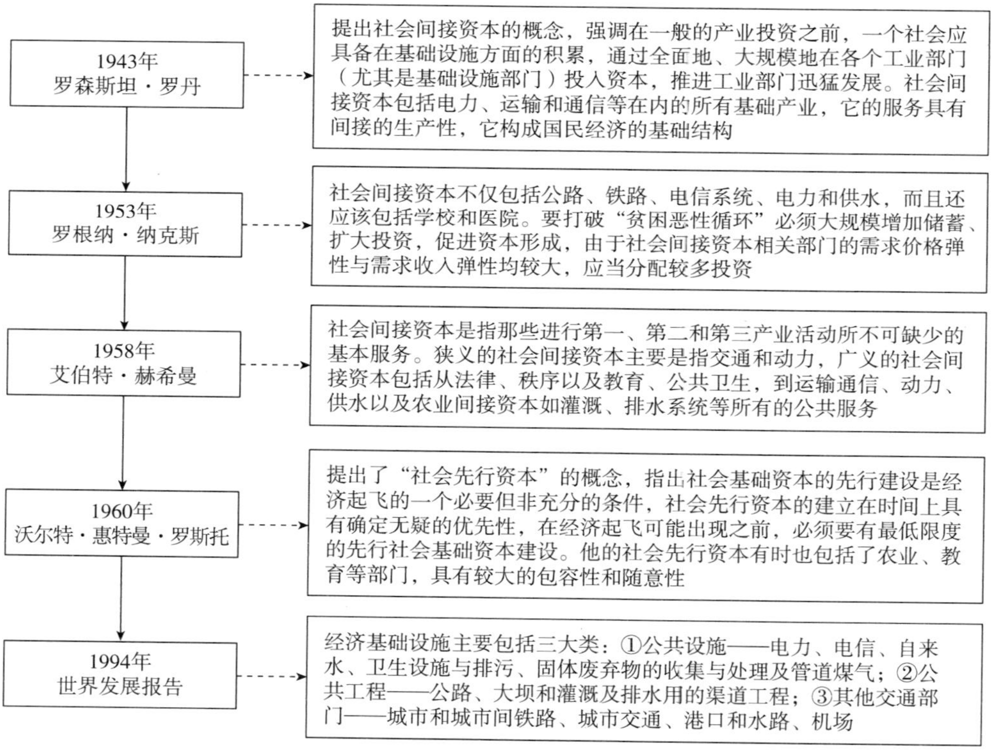

时间/人物	主要观点
1943年 罗森斯坦·罗丹	提出社会间接资本的概念,强调在一般的产业投资之前,一个社会应具备在基础设施方面的积累,通过全面地、大规模地在各个工业部门(尤其是基础设施部门)投入资本,推进工业部门迅猛发展。社会间接资本包括电力、运输和通信等在内的所有基础产业,它的服务具有间接的生产性,它构成国民经济的基础结构
1953年 罗根纳·纳克斯	社会间接资本不仅包括公路、铁路、电信系统、电力和供水,而且还应该包括学校和医院。要打破"贫困恶性循环"必须大规模增加储蓄、扩大投资,促进资本形成,由于社会间接资本相关部门的需求价格弹性与需求收入弹性均较大,应当分配较多投资
1958年 艾伯特·赫希曼	社会间接资本是指那些进行第一、第二和第三产业活动所不可缺少的基本服务。狭义的社会间接资本主要是指交通和动力,广义的社会间接资本包括从法律、秩序以及教育、公共卫生,到运输通信、动力、供水以及农业间接资本如灌溉、排水系统等所有的公共服务
1960年 沃尔特·惠特曼·罗斯托	提出了"社会先行资本"的概念,指出社会基础资本的先行建设是经济起飞的一个必要但非充分的条件,社会先行资本的建立在时间上具有确定无疑的优先性,在经济起飞可能出现之前,必须要有最低限度的先行社会基础资本建设。他的社会先行资本有时也包括了农业、教育等部门,具有较大的包容性和随意性
1994年 世界发展报告	经济基础设施主要包括三大类:①公共设施——电力、电信、自来水、卫生设施与排污、固体废弃物的收集与处理及管道煤气;②公共工程——公路、大坝和灌溉及排水用的渠道工程;③其他交通部门——城市和城市间铁路、城市交通、港口和水路、机场

图 4.15 "基础设施"概念与理论的发展历程

资料来源:根据参考文献唐建新和杨军(2003)、郭熙保(1998)、[美]艾伯特·赫希曼等(1991)、世界银行(1994)等整理所得。

我国学者对基础设施的研究始于 20 世纪 80 年代,在对基础设施的狭义和广义认识方面形成了与国外学者们类似的观点,在实践中也经历了从单纯重视经济性基础设施到经济性基础设施和社会性基础设施并重的发展阶段。

城市基础设施是基础设施的延伸,其中"城市"限定了其空间适用范围或适用对象,"基础设施"限定了它的功能特征。城市基础设施是城市中为发展生产、保证生活以及保护生态环境而创造条件和提供服务的部门、设施的总称。一般城市基础设施具有经济性基础设施和社会性基础设施两类,如表4.26所示。其中经济性基础设施是为提高生产效率、深化劳动分工、促进社会化大生产、增加社会福利的物质和技术手段,社会性基础设施是为社会提供无形产品或服务的部门,它对社会经济的长远发展主要起间接的推动作用。

表4.26 经济性基础设施和社会性基础设施包含的机构与设施

类型	包含的设施及部门
经济性基础设施	①公共设施类:电力、电信、自来水、能源管道、仓储设备、卫生设施与排污、固体废弃物的收集与处理、大坝、灌溉及排水用的渠道工程; ②交通类:公路、铁路、城市交通、港口、水路以及机场等
社会性基础设施	科学研究、文化、教育、医疗卫生、金融机构、政府等部门

资料来源:笔者整理。

4.5.2 智慧城市支撑系统的内涵与要素

智慧城市的支撑系统是有效地支持和服务于智慧城市的社会生产、人民生活及环境保护等功能发挥的所有技术、设施及部门的集合,它是智慧城市中一切经济社会活动的载体。"信息化的基础设施"和"基础设施的信息化"是智慧城市建设与运行的基础和先导,智慧城市的支撑系统主要反映了信息技术、信息基础设施以及在它们影响下传统的城市基础设施的信息化改造的相关内容。

信息技术、信息基础设施、基础设施信息化是智慧城市支撑系统的三大主要组成部分。从城市演变发展的历史进程来看,进入21世纪以来,城市信息化成为城市发展的重要主题,数字城市是城市信息化发展的初级阶段,而随着物联网等新兴信息技术的发展,城市信息化进入了智慧城市的发展阶段,智慧城市是数字城市发展的高级阶段。智慧城市和数字城市都是城市信息化发展的产物,数字

---

① 在20世纪90年代,在我国经济运行中,经济的高速增长经常与基础设施的瓶颈约束结伴而行,导致经济增长难以为继,被迫调整。因此,经济性的基础设施得到了较多关注。由于我国长期以来单方面重视经济建设,高速经济增长取得了较大的发展成就,但近几年,随着经济增速的放缓、社会问题的涌现以及人们生活水平的提高,社会性基础设施也日益得到人们的重视。

城市反映了以互联网、3S 技术（遥感 RS、全球定位系统 GPS、地理信息系统 GIS）、虚拟仿真技术为主导的信息技术的发展及应用对城市形态、结构及发展模式带来的影响，而智慧城市则反映了在数字城市的基础上，以物联网、云计算、大数据等新兴信息技术的发展及应用对城市形态、结构及发展模式带来的影响。反映在城市基础设施领域，与数字城市及 21 世纪之前的城市形态相比，智慧城市中的信息技术、信息基础设施及原有基础设施的信息化改造呈现出新的形态。从信息技术方面来看，智慧城市以物联网、大数据、云计算、移动互联网等新兴、先进的信息技术区别于数字城市；从信息基础设施方面来看，智慧城市以宽带网络、宽带无线网络、"三网"融合等信息基础设施建立了更高带宽、更高速率、更安全、更可靠的信息网络；从基础设施的信息化改造来看，智慧城市中新兴信息技术及信息基础设施的渗透及应用，使城市的基础设施具备了感知、协作和自动反馈能力，实现了前所未有的突破。

基于上文分析，智慧城市的支撑系统主要由信息技术系统、信息基础设施系统和基础设施信息化系统三个子系统构成。它通过建设以高速、宽带、泛在、融合为特征的基础设施体系，为智慧城市的经济社会活动提供有效支撑，为智慧城市系统的数字化、智能化、网络化运行提供技术和物质支持。

4.5.3 智慧城市支撑系统的主要内容

4.5.3.1 信息技术系统

信息技术系统是为智慧城市运行提供技术支持，使智慧城市从理想变为现实的所有信息技术的集合。信息技术是不断发展的，更新换代的速度较快，但从目前来看，如图 4.16 所示，智慧城市系统运行所依托的信息技术主要有五大类：感知技术、通信技术、网络技术、应用型技术、信息安全技术，每一类信息技术中又包含了不同的信息技术。

（1）感知技术。

感知技术是指对客观事物进行识别、辨别、定位，以及对客观事物的状态与环境变化等动态信息进行捕捉和获取的科学技术，它帮助人们及时了解和掌握事物的状态、位置、所处环境等。在智慧城市中，感知技术通过它的信息感知和获取功能实现了对城市中原有的客观存在的分散、封闭、孤立的物质要素的动态感知，并以数字化信息的形式对其存在的状态和运动特征进行刻画，从而完成智慧城市实现互联互通的第一步。对应的作为感知对象的物质要素主要涉及了城市居

第4章 智慧城市系统的要素分析

信息安全技术	应用型技术
信息加密技术、信息对抗技术、信息安全服务技术、信息安全体系架构、信息安全管理标准（ISO 27001）	云计算技术、大数据分析技术、数据库与数据挖掘技术、SOA（面向服务的体系架构）技术、分布式计算技术、GIS/GPS技术、增强现实技术
	网络技术
	无线传感网络技术、通信协议、Web技术、IPv6技术、移动互联网技术、三网融合技术
	感知技术 / 通信技术
	自动识别技术、传感器技术、条形码技术、遥测遥感技术、无线传输技术（ZigBee、UWB、NFC、蓝牙等）、定位技术 ／ 光纤通信技术、4G通信技术、5G通信技术、卫星通信技术

图 4.16　智慧城市所依托的主要信息技术

民的个体及各种相关群体，以及各种有形或无形的城市组成部件，可以从城市基础设施、基础城市实体、基础服务体系、城市资源与环境四大类型来划分，包括的具体内容如表4.27所示。

表 4.27　智慧城市中作为感知对象的物质要素

类型	主要内容
城市基础设施	道路、桥梁、轨道、水网、电网、管线、堤坝等
基础城市实体	厂房、住宅、学校、街区、广场、公园等
基础服务体系	交通、物流、警务、城管、供电、医疗、教育等
城市资源与环境	地表、地质、河流、湖泊、森林、山丘、空域、天气等

资料来源：根据参考文献杨冰之和郑爱军（2012）整理所得。

为了实现对以上多种感知对象相关信息的采集，如表4.28所示，智慧城市中需要用到的感知技术主要有自动识别技术、传感器技术、条形码技术、遥测遥感技术、无线传输技术、定位技术等，不同的感知技术分别适用于不同的场所、物品和使用情境。

表 4.28　目前智慧城市中涉及的主要感知技术及其主要内容

类型	主要内容
自动识别技术	适用一定的识别装置，自动获取被识别物品的相关信息，并提供给后台计算机处理系统来完成相关处理与控制的一种高度自动和的信息采集技术，实现信息数据自动识读、自动输入计算等功能，主要包括无线射频识别技术（RFID）、智能卡等

续表

类型	主要内容
传感器技术	是一种物理装置或生物器官,能够探测、感受外界信号、物理条件或化学组成,并将探知的信息传递给其他装置或器官,按一定规律变换成电信号或其他所需形式的信息输出,以满足信息的传输、处理、存储、显示、记录或控制等要求
条形码技术	条形码是由宽度不同、反射率不同的条和空,按照一定的编码规则编制而成,用以表达一组数字或字母符号信息的图形标识符,条形码技术则是以条形码为载体,集条码理论、光电技术、计算机技术、通信技术、条码印制技术于一体的一种自动识别技术
遥测遥感技术	对被测对象的参数进行远距离测量的一种技术,主要由遥感器、遥感平台、信息传输设备、接收装置以及图像处理设备等组成
无线传输技术	包括各种短距离无线通信技术,如 ZigBee、UWB、NFC、蓝牙等
定位技术	使测量目标的位置参数、时间参数、运动参数等时空信息的技术,主要包括雷达定位技术、电子侦察定位技术、卫星定位技术等

资料来源:笔者整理。

(2)通信技术。

通信技术是实现数据传输的技术。在数据传输方面,随着越来越多的人加入网络服务,通过网络进行数据的存储和运算、收看高清视频等,人们对网络的带宽提出了更高的要求,光纤通信技术成为近几年发展最快的、以满足快速增长的带宽需求的信息技术之一。与此同时,进入手机网络时代后,传统的以电缆或光缆为主的互联网数据传输,逐步向以无线移动传输为主的无线数据传输过渡,无线数据传输的发展对无线传输技术也提出了较高的要求,具有更高的速率、能够高质量传输多媒体数据的移动通信 4G、5G 快速发展起来。如表 4.29 所示,在智慧城市中涉及的主要信息通信技术有光纤通信技术、4G 通信技术、5G 通信技术、卫星通信技术等。

表 4.29 目前智慧城市中涉及的主要通信技术及其主要内容

类型	主要内容
光纤通信技术	利用光纤电缆传输数据或信号所需采用的技术,包括光复用技术、光交换技术、智能光网络(ASON)等相关技术
4G 通信技术	"第四代移动通信技术"的简称,集 3G 与 WLAN 于一体,其关键技术是 OFDM 技术,能够传输高质量视频图像

第 4 章　智慧城市系统的要素分析

续表

类型	主要内容
5G 通信技术	"第五代移动通信技术"的简称，主要基于 SON 技术、异构超密集部署分析以及 SDN 技术等技术。与 4G 相比，具有高数据速率、减少延迟、节省能源、降低成本、提高系统容量和大规模设备连接等优势
卫星通信技术	卫星通信利用人造地球卫星作为中继站来转发无线电波，进行两个或多个地球站自检的通信，卫星通信技术是在建立和维持卫星通信系统运行所需采用的技术

资料来源：笔者整理。

（3）网络技术。

网络技术是能够将地理上分散的、具有独立功能的计算机系统和通信设备按不同形式连接起来的网络软件及协议的统称，它的核心任务是将分散在网络上的信息资源融合为有机整体，实现信息资源的全面共享和有机协作。如表 4.30 所示，目前智慧城市的主要网络技术有通信协议、Web 技术、IPv6、移动互联网技术等。

表 4.30　目前智慧城市中涉及的主要网络技术及其主要内容

类型	主要内容
通信协议	在计算机网络中用于规定信息的格式以及如何发送和接收信息的一套规则，主要有 OSI 模型、TCP/IP 协议等
Web 技术	Web 是一种典型的分布式应用结构，因为 Web 应用中的每一次信息交换都要涉及客户端和服务端，因此，Web 开发技术主要有客户端技术和服务端技术两大类
IPv6	是 IPv4 技术的升级版，与目前使用的 IPv4 相比，在 IP 地址容量、安全性、服务质量、移动性方面更有优势，采用 IPv6 的网络将比现有网络更具扩展性，更安全，更容易为用户提供高质量服务
移动互联网	将移动通信和互联网结合起来使用所利用的相关技术，包括宽带无线通信、移动通信和互联网技术等

资料来源：笔者整理。

（4）应用技术。

应用技术是支撑智慧城市系统高效运转的核心技术，它直接连接各类智能应用，它通过数据处理、信息集成、服务发现及服务呈现等为智慧城市中智能应用系统的运行提供技术支持。根据不同应用技术发挥的主要作用的不同，本部分将智慧城市中主要的应用技术概括为大数据技术、云计算技术、空间信息网络技术三大类。

其中，数据技术是实现对海量、实时、多样化的非结构化数据的获取、存储、管理和分析的技术的统称。大数据是智慧城市中非常重要的新型的数据形态，麦肯锡公司在其报告《大数据：竞争、创新和生产力的下一个前沿》中将大数据定义为，那些规模已经超出典型数据库软件所能获取、存储、管理和分析能力之外的数据集。云计算技术是一种可以随时随地方便并按需地通过网络访问可配置计算资源的共享池模式，这个池通过最低成本的管理或与服务提供商交互来快速配置和释放资源，它有助于实现政府部门的数据共享与业务协同，公共管理服务（交通、医疗、环保、安全、教育等）方面的数据处理与资源共享，支持面向公众与企业方面的各种创新服务。空间信息网络（Spatial Information Grid，SIG）技术是汇集和共享地理上分布的海量空间信息资源，对其进行一体化组织与处理，从而具有按需服务能力的、强大的空间数据管理和信息处理能力的空间信息基础设施，它是地理信息系统（Geographic Information System，GIS）和全球定位系统（Global Positioning System，GPS）中的核心应用技术。

（5）信息安全技术。

信息安全技术是保证智慧城市系统能够安全和稳定运行的基础，它以提高信息安全防护、发现安全隐患和漏洞为主要目标。目前国内外支撑智慧城市信息安全的相关技术主要有信息加密技术、信息对抗技术、信息安全服务技术和信息安全体系四个方面。其中，信息加密技术是防止信息泄露的相关技术，信息对抗技术是防御信息安全进攻的防护技术，信息安全服务技术是为了满足信息安全管理的需要，为面向政府、企业等的相关应用提供信息安全解决方案相关的技术。

4.5.3.2 信息基础设施系统

信息基础设施系统是信息技术在城市中运行所依托的相关硬件系统和软件系统的集合，如图4.17所示。其中，硬件系统我们一般称为信息网络基础设施，包含了相应的通信管网、无线基站、中继设备、各级机房及相关配套的电源、建筑等设施。软件系统是智慧城市的公共信息平台，它是智慧城市的核心系统。

（1）信息网络基础设施。

智慧城市建设最基础的工作就是建立一个"随时随地随需"的高速、安全的信息网络，大力构建泛在化的信息网络。目前智慧城市中这样一个高速、泛在、安全、融合的信息网络所依托的网络基础设施主要有城市骨干网、城市无线网和三网融合。

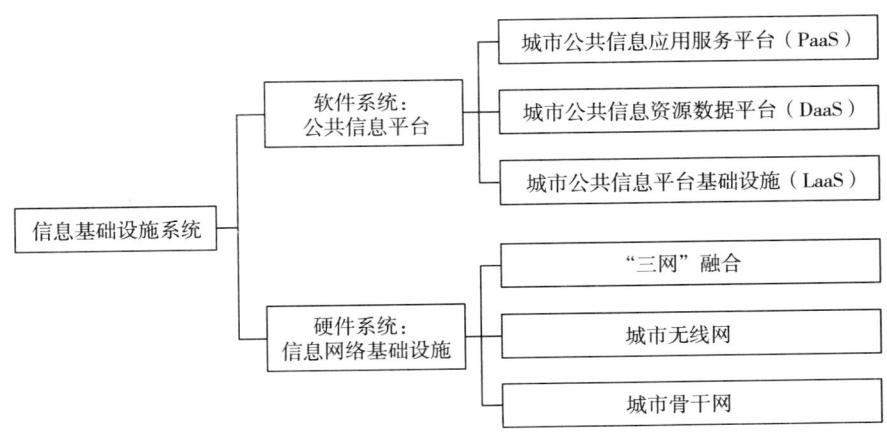

图 4.17　信息基础设施系统的主要内容

在城市骨干网方面，宽带城域网和宽带网络是城市骨干网的主要组成部分。宽带城域网是在城市范围内，以光纤作为传输媒介，集数据、语音、视频服务业于一体的高带宽、多功能、多业务接入的多媒体通信网络，具有传输速率高、用户投入少、接入简单、技术先进、安全等特点，能够满足政府机构、金融保险、大中小学校、公司企业等单位对高速率、高质量数据通信业务的需求。宽带网络计划主要是对现有城市网络基础设施的扩容、提速，主要包括提升城市家庭和单位用户的互联网接入带宽，提升互联网骨干网总带宽，扩大互联网宽带接入、光纤入户、WLAN 的覆盖范围，提高宽带网络的服务水平，建成布局合理的国际通信网络，形成与业务需求和网络架构相适应、能够充分发挥区域能源与地理优势的互联网数据中心布局。

在城市无线网方面，主要通过 WiFi 宽带无线接入网、第四代移动通信网（4G）、第五代移动通信网（5G）的建设，让市民可以通过笔记本电脑、手机、PAD 等移动终端在无线网络覆盖区实现随时随地上网，建成"无线城市"。如 2008 年中国香港推出的"香港政府 WiFi 通"计划，在 18 个区的公共图书馆、文化和康乐中心、体育中心、咨询服务中心、就业中心、社区会堂、政府大楼及办事处、大型公园等政府场地安装 WiFi 无线上网设施，使市民无论在家还是户外，均可使用宽带上网服务。

在"三网"融合方面，是在电信网向宽带通信网、广播电视网向数字电视网、互联网向下一代互联网的演进过程中,实现电信网、电视网和互联网在业务应用方面的网络互连互通、资源共享,联合为用户提供语音、视频、通话和广播电视等多种服务。在"三网"融合方面,新加坡是世界上为数不多的在一个城市实现"三网"融合的国家,早在2005年,它就实现了电信网、电视网和宽带网的"三网合一",每个家庭只要向新加坡电信公司租用一个网络适配器,就可以实现电视、电话、宽带上网。高水平的信息基础设施有效地支撑了新加坡的城市管理、民生服务,以及知识经济和现代服务业的快速成长,提高了人们的生活品质,使新加坡成为世界传讯协会首次颁发的"智慧城市"。

（2）公共信息平台。

公共信息平台在智慧城市系统的运行中起着非常关键的支撑作用,它的主要作用是实现城市不同部门异构系统间的资源共享和业务协同,具体体现在以下三个方面：①它是城市公共数据的进出口通道,实现城市公共数据的交换、清洗、整合加工；②它实现城市公共数据的组织、编目、管理及应用绩效评估；③它实现城市公共数据的共享服务,为城市政府专用网和公共网络上的智能应用系统提供应用服务。

智慧城市的公共信息平台主要由城市公共信息基础设施（LaaS）、城市公共信息资源数据中心（DaaS）、城市公共信息应用服务平台（PaaS）三大部分组成,如图4.18所示。其中,城市公共信息基础设施主要由相关的管理系统、网络资源、存储资源、计算资源等组成,它为城市公共信息资源数据中心的数据库以及城市公共信息应用服务平台的相应软件提供存储、计算及网络等基本运行环境资源。城市公共信息资源数据中心主要由公共基础数据库、公共业务数据库、公共服务数据库和公共模型数据库等相关的数据库组成,它为城市公共信息应用服务平台上的相应软件提供数据存储及服务能力支撑。平台软件由相关支撑数据、数据交换服务系统、数据整合服务系统、目录管理与服务系统、运营管理服务系统、接口与服务系统及门户系统等应用软件构成,它在城市公共信息基础设施的支撑下,与城市公共信息资源数据库协作为各类智慧应用的开发、运行、管理提供支撑。

公共数据库的建设是公共信息平台建设的关键与核心所在,它以四种主要类型的数据库支撑公共信息平台的运作。公共数据库主要由公用基础数据库、公共业务数据库、公共服务数据库和公共模型数据库①其中,公共基础数据库是城市

---

① 中国城市科学研究会数字城市工程研究中心. 智慧城市公共信息平台建设指南（试行）[EB/OL]. http://gczx.scitycn.org/cn/show/11019, 2013-05-22.

第4章 智慧城市系统的要素分析

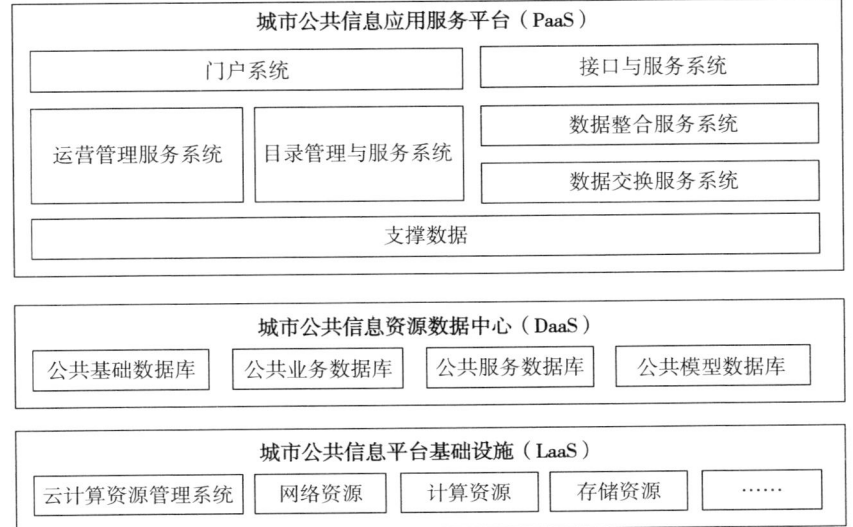

图4.18 智慧城市公共信息平台的基本框架

公共数据的"纲",主要由建筑物数据库、人口数据库、法人数据库、宏观经济数据库、地理空间数据库组成,是基础性的、变化频率较低信息资源,它的主要任务是对数据的采集与更新、查询与分析,它主要结合不同数据库中数据的特点,有针对性地开展数据工作。公共业务数据库是城市公共数据库的"目",主要是针对各类智慧应用的,根据业务应用需要而扩展的各类指标项数据,是一种动态的、根据业务需要而不断扩充的信息资源。公共服务数据库由各类专题应用类数据库构成,它的数据主要来于对公共基础数据库和公共业务数据库中数据的清洗、挖掘、分析,主要应用于特定的服务场景(陆中骞,2014)。公共模型数据库是对智慧城市中海量原始数据进行数据挖掘的工具库,它集合了适用于不同情境和不同领域的数据计算和分析模型,通过对海量数据的分析提炼出有价值的信息,探索和发现城市各领域运行和发展的基本规律,为提供高级化的公共服务奠定基础。结合上文分析,图4.19具体展示了公共信息平台中公用基础数据库、公共业务数据库、公共服务数据库和公共模型数据库之间的相互关系。

4.5.3.3 基础设施信息化系统

基础设施信息化系统是以新兴信息技术为技术基础,以信息基础设施为物质依托,以城市传统基础设施的信息化改造为核心内容,服务于智慧城市的运营、管理和服务的应用系统的集合。

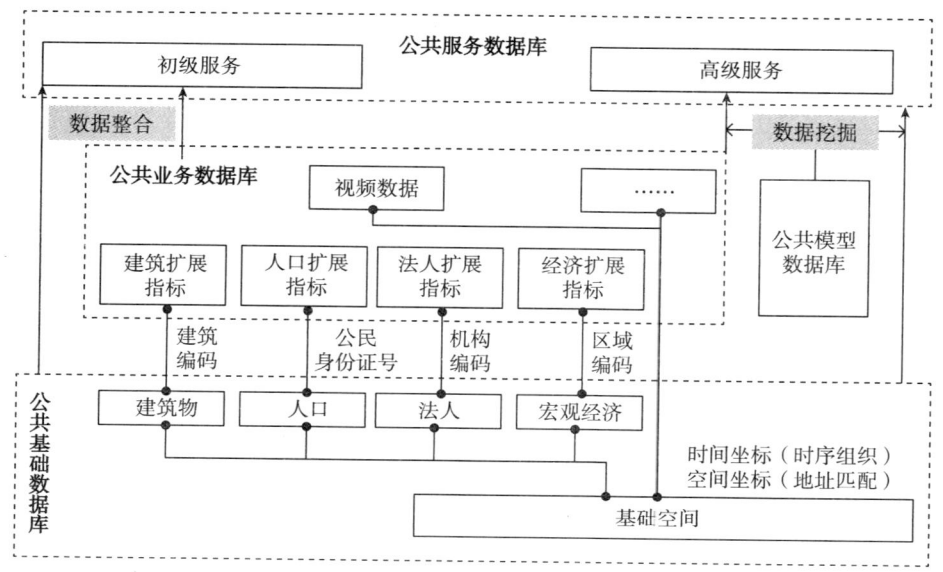

图 4.19　智慧城市中不同类型公共数据库的关系

资料来源：参考仇保兴（2013）。

基础设施信息化建设的主要任务是实现物联网与城市传统基础设施的融合。物联网不是一门新兴的技术，它是对传统信息系统的继承和延伸，它充分利用各类信息技术（如标示技术、网络与通信技术、数据标示与处理技术、网络体系架构、安全与隐私技术等），将现有的、遍布世界的传感设备（如二维码、电子标签、传感器等）和网络设施（互联网、传感网、无线网、移动互联网等）连为一体，实现城市中物与物、人与物、物质世界和网络虚拟世界的连接，提升人类认知世界和处理服务问题的能力。如表 4.31 所示，物联网的基本特征与功能主要体现在全面感知、可靠传递、智能处理三个方面，通过感知、传递和处理将城市中的物与物、人与物连接起来，实现物质世界和虚拟世界的连接。

物联网通过渗透到传统城市基础设施运作的各个环节和领域而使其变得智能化，结合互联网、移动互联网信息技术共同构筑智能化的城市基础设施。在智慧城市中，智慧形态的经济活动和社会活动的运作有赖于智能化城市基础设施的支撑。物联网及互联网等信息技术在城市基础设施领域的渗透及应用推进了传统城市基础设施的数字化、信息化、智能化改造，实现智能化的管理、预警、监测、

第4章 智慧城市系统的要素分析

监控,从而为智慧城市中智慧形态的经济社会活动的开展提供支持。以智能电网为例,物联网技术在电网的发电、用电、输电、变电、调度各个环节的应用实现了各个环节的智能化运行和管理,提高了电网运作各个环节的分散控制和集中控制之间的协调,从而为人们获取、管理和使用电力资源提供了便利。

表 4.31 物联网的主要特征与功能

特征与功能	主要内容
全面感知	利用 RFID、传感器、二维码等设备随时随地获取物体的信息
可靠传递	通过各种传感网络与互联网的融合,将物体当前的信息实时准确地传递出去
智能处理	利用云计算、模糊识别等各种智能计算技术,对海量数据和信息进行分析和处理,对物体实施智能化的控制

资料来源:笔者整理。

智慧城市的本质特征是互联互通、资源整合、协同运作,反映在城市基础设施领域,则体现为不同应用领域的基础设施内部及不同应用领域基础设施之间的智能化连接与联通,并通过接入公共信息平台实现它们之间的信息共享与协同运作。由前文分析可知,传统的城市基础设施根据其功能和作用可以分为经济性基础设施和社会性基础设施两类。在智慧城市系统中,经济性基础设施和社会性基础设施首先通过信息化改造呈现出智能化运作的形态,如表 4.32 所示,它们以智能应用系统的形式接入公共信息平台,实现城市中的信息资源共享与协同运作,为智慧形态的经济社会活动运作提供支持。

表 4.32 智慧城市中基础设施的信息化

基本类型	具体形态
经济性基础设施信息化	①公共设施类:智能电网系统、智能水网系统、智能能源动力系统、智能物流系统、智能应急系统、智能防灾安全系统、智能环境监测系统等; ②交通类:智能交通系统、智能港口系统、智能空港系统、智能铁路系统等
社会性基础设施信息化	智慧政务系统、智能社区系统、智能医疗系统、智能社保系统、智能文化教育系统、智能金融系统、智能城管系统、智能人口管理系统等

资料来源:笔者整理。

4.6 智慧城市的空间系统分析

4.6.1 城市空间的含义

城市是人类经济社会活动在空间的投影。就"空间"而言，一般是指由具有一定的长、宽、高所围合，可以容纳一定"事物"的体积，是一种三维空间。在城市范畴中，不同研究领域对空间的认识有所不同，如表4.33所示。

表4.33 不同研究领域对"空间"的认知

研究领域	基本尺度	侧重内容
城市建筑学	生物人	探索不同长、宽、高围成的体积以及不同大小的体积组合，所能适应的人类活动类型和人们在其中活动时产生的复杂心理感受
城市地理学和城市规划学	社会人	探讨不同类型人类行为和活动在区域范围内的空间投影以及形成这种状况的内在规律
城市生态学	兼有社会人和生物人	城市生态系统演进过程中以人类为主导的城市生命系统对空间资源的利用和建设规律

注："生物人"反映了人类种群普遍的生理特征，它对空间资源的利用模式反映了人类生存最起码的空间需求，是人类社会存在的基础空间；"社会人"反映了人类种群普遍的组织特征，它对空间资源的利用模式则反映了人类种群内部不同层级对空间资源的不同需求与支配、建设特色，是促使人类种群进一步发展的高级空间。

资料来源：基于参考文献毕凌岚（2004）整理所得。

城市空间与人类活动密切相关，它是人类经济社会活动的场所，也是在人类经济社会活动的塑造影响下形成的，是一种复杂的人工自然复合系统。从空间的二象性①来看，城市空间可以分为硬质空间和软质空间两大部分。如表4.34所

---

① 在系统学的"二象"对偶原理中，客观世界的一切对象之间存在的"对偶"关系是十分普遍的，如上与下、虚与实、软与硬、强与弱、阴与阳等，"二象"之间是对立统一的，"二象"结构在整个物质世界、任一系统中都存在。系统总是由"实在方面"和"虚拟方面"两个方面构成，且在典型意义下，实在方面存在于物质空间内（如元素、部门等），虚拟方面存在于元空间中（如属性、关系等），这一"虚、实"结构成为系统的二象结构，在二象对偶论中，一般将实在方面称为事物的载体，虚拟空间称作事物的"属性空间"或"对偶空间"，反映事物的种种抽象特征。

示，硬质空间体现为城市的物质空间，主要反映城市空间的实体物质构成，由物质环境和物质资源两大部分内容组成，一般属于城市生态学和城市建筑学研究的范畴。软质空间体现为城市空间的属性空间，主要反映城市空间的功能和特征，由空间结构和空间功能两大部分内容组成，一般属于城市地理学和城市规划学研究的范畴。

表 4.34　城市空间的主要构成要素

二象空间组成	要素分类	具体内容
物质空间（硬质空间）	物质环境	①自然环境：水环境、空间环境、地质、地貌、土壤等 ②人工环境：基础设施、道路、建筑、设施、绿地等
	物质资源	水资源、能源、矿产资源、土地资源、动植物等
属性空间（软质空间）	空间结构	反映了人类活动在城市空间集聚所形成的空间分布形态和空间利用特征
	空间功能	根据人类活动性质的不同，主要有居住空间、商业和服务业空间、生产空间、社会文化空间、交通运输空间、市政基础设施空间、景观绿地及自然保留地空间等

4.6.2　信息社会时代流动空间的形成

随着新一代信息通信技术的发展，城市空间日益发展成为一种实体空间和虚拟空间融合而成的新的空间形态。在物理学和地理学意义上，空间是依托于某种具体的实体物质而存在的，人们在这种固定不变、相对稳定的空间中，进行有限的迁移和交往活动。然而，随着信息通信技术的发展和信息社会的到来，传统绝对的、实在的空间概念受到了极大的挑战，出现了实体空间和虚拟空间并存的空间形态。实体空间和虚拟空间的主要特征如表4.35所示。实体空间是现实生活中人的活动的物质载体，主要由人的活动和自然景观共同构成，是我们通常意义上的物质空间，对应的空间和区域可以被感知。虚拟空间是一个由计算机和数字信息组成的拟人化的空间形态，由纯粹的技术空间和人的参与共同塑造而成，它在空间上具有无限超越性和很强的渗透功能，在形态上表现出跳跃、蔓延等特点。

实体空间和虚拟空间的相互影响、相互融合形成了一种新的混合型的空间形态——流动空间，如图4.20所示。流动空间是一个对照于具有固定位置的空间的概念，它强调了信息流动对生产和组织的影响作用，它的一个核心特征是具有较强的流动性,即它能够实现人流、物流、资金流、技术流、信息流等基本流态在城市—区域—国家—全球范围内顺畅流动。在信息流的引导下,生产和组织不再局限于固定的地理位置,而是在全球范围内流动,并带来经济社会组织结构和组织方式的变化。

表 4.35　实体空间与虚拟空间的特征

空间类型	实体空间	虚拟空间
传输媒介	交通运输设施、通信设施	信息网络设施、通信设施
空间中移动方式	由交通设施决定	由网络与通信手段决定
空间特性	物理的	信息化
场所感	明确的场所感	没有特定场所,依附于实体空间
距离影响	主要受距离影响	完全不受距离影响
时空关系	时空同步,时空统一	时空异步,时空分离
认同感	明确的认同感	跳出实体空间,建立新的认同感

资料来源:参考沈丽珍(2010)。

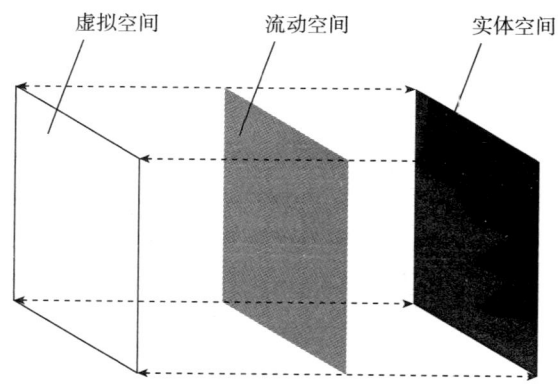

图 4.20　虚拟空间和实体空间相互融合形成的流动空间

4.6.3　智慧城市空间系统的内涵与要素

智慧城市的空间系统是智慧城市中人们经济社会活动的资源空间和容纳场所的统一,也是人们的经济社会活动在城市空间上的投影,它是城市物质空间和属性空间的统一体。其中，物质空间系统主要体现了智慧城市中物质资源和环境运作呈现的新形态，它反映了物质实体之间组织、联系和互动方式的变化，以及对应的人们对它们的获取、组织、管理、调度和利用方式的变化，这些变化推动了城市物质空间向流动空间的转化。属性空间系统主要反映了随着流动空间的形成与发展，城市物质空间在分布形态、结构形式及功能特征等方面发生的新变化。

在物质空间系统中，无论是自然资源、自然环境还是人工设施，以物联网为代表的新一代信息通信技术的应用使物质实体具备了感知和智能响应能力，相应的物质实体之间不再是分散、孤立、封闭的状态，它们通过物联网、互联网以及移动互联网连接起来，形成了智能水网、智能电网、智能能源、智能应急、智能环境监测、智能交通、智能建筑等智能应用系统，物质实体的存在状态和运动特点能够被实时捕捉，能够被更好地管理、调度和利用。同时，随着新一代信息通信技术的运用，网络虚拟空间形成了新的发展形态，物联网、无线网、移动通信网的发展实现了城市中人与人、人与物、物与物之间随时随地的广泛连接，进一步打通了虚拟空间和实体空间之间联系和互动的通道，加速了虚拟空间和实体空间的融合发展，推动了城市物质空间向流动空间的转化。

在属性空间系统中，信息通信技术的发展在一定程度上使物理空间的邻近性变得没有那么重要，资本、信息、技术等基本流态的流动跨越了地域的限制，很多区位选择对交通的依赖性也逐步降低，导致了城市物质空间的逐步分解，使城市的空间结构从集聚型向分散化转化，从圈层式向网络化转变。与此同时，随着城市实体空间不断向虚实结合的灰体空间转化，城市的居住、就业、休闲等活动空间的边界也日益模糊，城市的功能发生了解构和重构，城市的功能日益多元化和复合化，城市不同功能空间的融合发展成为城市空间发展的重要趋势。

4.6.4 智慧城市空间系统的主要内容

4.6.4.1 物质空间系统

物质空间系统体现了在新一代信息技术影响下原有的城市物质空间出现的新的变化发展趋势，可以从物质资源空间和物质环境空间两个方面来描述。

（1）智慧城市中的物质资源空间。

智慧城市中流动空间的形成和发展推进了人们对物质资源获取、管理和利用方式的创新与变革。城市中的物质资源是多种多样的，包括土地、空气、淡水、矿产、原料、化石燃料、食物（动植物）等各类自然资源和能源，它们是人类社会生存和发展的基础,也是人类经济社会活动所必须依托的物质源泉。人们对这些物质资源的使用水平与人类的生产力水平和劳动工具的复杂程度密切相关。随着科技的进步与信息技术的发展,数字化、智能化的劳动工具的利用深刻地变革了人类改造自然的方式,人类社会的生产力水平也得到了前所未有的突飞猛进的发展。反映在人类对物质资源的使用方面,感知、定位、通信等新一代信息技术的发展及应用拉近了人类与物质资源的距离,人类具有了更加智能化的技术手段来实时、精确地获取物质资源的状态和运动信息,大大提升了人们对物质资源的获取、管理和利用水平。智慧城市中土地、水、电力、化石燃料、空气、食物(动植物)等物质资源的智能化运作形态有智能测绘、智能水务、智能电网、智能能源、智能食品体系等,它们推动了城市物质空间向流动空间的转化。

(2) 智慧城市中的物质环境空间。

城市物质空间的流动化发展改变了城市物质环境的运作形态:一方面改变了人类对自然环境的管理方式,形成了智能化的自然环境管理和保护方式;另一方面改变了人工环境的存在和运动形式,使其呈现出智能化的运作形态。城市的物质环境空间主要由自然环境空间和人工环境空间构成。其中,自然环境主要包括水环境、气候、地质、地貌、土壤等主要受自然条件影响形成的环境条件,人工环境等主要包括基础设施、交通运输、道路设施、市政管网设施、通信设施、建筑物、绿地等在人类活动主导下形成的物质环境条件。

随着新一代信息技术发展及广泛应用,城市的物质空间环境出现了一些新的变化发展趋势:体现在自然环境方面,人类虽然不能改变自然环境运行发展的规律,但新兴的、先进的工具和技术使人类能够更好地掌握和利用自然环境的运行发展规律,人们可以利用新兴的信息技术来了解自然环境的状态,实时掌握自然环境的变化发展态势,探索和发现自然环境的运行发展规律,并能够及时、准确地对自然环境的变化发展进行明智应对;体现在人工环境方面,为了更好地运行和管理人工环境中的物质要素,人们将新一代信息技术融入到对应的物质要素之中,使其变得数字化、信息化、智能化,能够具有一定的感知、连接、反馈和控制功能,从而更好地服务于人类的经济社会活动。新一代信息技术影响下城市自然环境和人工环境出现的智能化运作形态有智能水资源环境监测、智能大气环境监测、智能森林生态安全监测、智能交通、智能安全、智能建筑、智能管网、智能物流等,它们推动了城市物质空间向流动空间的转化。

4.6.4.2 属性空间系统

属性空间系统反映了新一代信息技术影响下城市空间在属性特征方面出现的

变化发展趋势，主要体现在空间结构和空间功能两个方面。

（1）智慧城市的空间结构。

城市的空间结构是城市空间组成要素的分布模式与组合形态，它是人类的经济社会结构在土地使用上的投影，反映了构成城市经济、社会、环境发展的主要要素在一定时间形成的相互关联、相互影响、相互制约的关系。信息通信技术的发展对传统的城市物质空间产生了较大影响，它逐步分解了城市的物质空间，使城市的空间布局形态出现了新的发展形态，如图 4.21 所示。这种新的变化可以通过以下三个方面来具体分析。

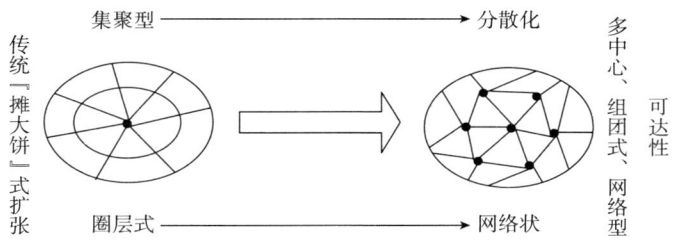

图 4.21　智慧城市空间结构发展形态的演变

第一，智慧城市中城市的空间布局形态逐渐由集聚型向分散化转化。信息通信技术的发展使城市的空间范围不断扩大，出现了城市媒体空间、虚拟空间等全新的空间形态，虚拟空间与物质空间的结合使城市物质空间的信息化程度不断加强，并使城市空间转化为以信息流动为主导的、具有较强的流动特征的流动空间。在流动空间中，虚拟空间中出现的虚拟社区和 BBS、E-mail 和电脑会议等在一定程度上替代了传统的城市物质空间，大大减少了人们对城市中物质场所的要求，同时，远程通信和互联网服务的发展也使城市的物质空间出现了流动化的发展趋势，消费者和生产者、服务需求者与服务供给者通过信息流建立联系，出现了流动的商店、银行、学校、医院等设施空间，使得这些设施原先所依赖的物质场所变得不再那么必需。因此，在流动空间中，城市的一部分交易和交往活动不再单纯地以物质空间为场所，生产和服务位置的选择有了更大的自由度和灵活性，人们对城市物质空间的邻近性要求降低了，工业、商业、服务、制造业和娱乐休闲活动的分布出现了分散化的发展趋势。由于流动空间使得各行各业可以逐渐摆脱交通条件的限制，再加之市中心较高的地租和拥挤的环境，很多城市功能逐步离开市区向城市外围乃至国外转移，城市功能布局出现了由集聚型向分散型转化的趋势。

第二，智慧城市中城市的空间布局形态由圈层式向网络化转变。在城市的发展中，一般都采用由内向外呈同心圆式的紧凑连续扩展方式，从中心到外围依次为中央商务区、轻型制造业、住宅区、重型制造业、外围商务区、郊外住宅区、郊外工业区、通勤区等，形成了城市空间的圈层结构。这种扩展模式有利于保持城市的连贯性和基础设施的完善，但也容易造成交通拥挤和环境的恶化，我国很多大城市的空间拓展都是这种圈层结构。在信息时代，以区位条件为主导的城市功能布局在流动空间中不再那么重要，城市的功能区（如居住、工业等）呈现了分散布局的趋势，而城市的商业、金融、信息服务等职能仍然在城市中心区集聚，城市的郊区和中心区成为城市的活跃地带，拥有大量科研机构、高技术人才、先进的管理水平并临近全球信息网络重要节点位置的地区成为城市发展的前沿地带，城市空间形态处于整体分散与局部集聚的状态，城市的结构形态由圈层结构向网络结构转变。

第三，兼顾区位布局的可达性，采用"多中心、组团式、网络型"的空间结构形态，成为很多大型城市空间布局的未来发展趋势。在智慧城市的流动空间中，尽管空间邻近性不再那么必需，但并不意味着距离的消失。无论是远程办公、远程购物、远程保健服务还是远程教育，都无法取代原有具有固定场所的办公、购物、保健服务以及教育机构的存在，信息通信技术只是增加了人们选择的多样性，人们有了更多选择的自由度和灵活性，但虚拟空间和虚拟交流根本无法取代面对面的交流（曼纽尔·科斯特，2006）。在信息时代的流动空间中，时间变得越来越有弹性，地方变得越来越独特，人群也以越来越流动的模式徘徊于其中，人们选择多样性的增加使他们对于流动性的要求更高，很多时候不是取代和减少了对交通的需求，甚至是增加了对交通的需求。因此，在流动空间中，可达性成为了城市空间规划布局需要考虑的重要因素。可达性也叫通达性、易达性，是指从一个地方到另一个地方的容易程度。

在流动空间中，可达性反映了节点与节点之间联系的范围与质量，它的表现形式有两个——信息的可达性、人和物的移动能力，两者分别依赖于信息网络和交通网络的发达程度。智慧城市背景下的信息网络具有了更广的覆盖范围、更高的带宽、更快的速度、更强的稳定性，交通网络具有了更高的智能性，不同交通系统之间具有了更深入的连通性，信息网络和交通网络的升级发展都使城市空间中的流动性和可达性大大增强。但不可否认的是，信息网络和交通网络的建设和发展都要依附于一定的城市空间规划布局，都要以科学合理的城市功能布局为基

第 4 章 智慧城市系统的要素分析

础,否则,在糟糕的功能布局中,再发达的信息网络和交通网络都不能从根本上解决城市空间的流动性不足的问题。建设城市的副中心,以功能组团来优化城市的空间效率,将城市功能分解到相对综合的城市组团中,是我国很多大型综合性城市克服传统的"摊大饼"式蔓延带来的弊端的有效方法。在功能组团内部加强基础设施和公共服务配套建设,使组团内部成为功能完整、布局合理、通勤就业均衡的城市功能区,功能组团之间以发达的信息网络和交通网络相连,形成紧凑、高效、有序的网络化城市空间格局。

(2)智慧城市的空间功能。

智慧城市的空间功能反映了城市功能在城市空间上的投影,城市功能在城市空间上的布局是否科学合理直接影响着城市能否持续健康发展。城市功能是一种系统属性,是城市结构整体作用于外界地理环境的能力。城市的功能具有一定的多元性,城市是许多交织着功能的高度集中体,城市的活力和发展动力取决于城市综合功能的协调。1933 年的《雅典宪章》曾明确指出城市的四大功能是居住、工作、游憩和交通,而 1977 年的《马丘比丘宪章》则指出不应当把城市当作一系列孤立的组成部分拼凑在一起,必须努力去创造一个综合的多功能环境。1999年的《北京宪章》指出城市空间的发展应是技术与人文、人类与自然、历史与未来的统一,城市的功能布局形态更趋于多样化。与城市功能布局形态的多样化相对应,不同功能的合理布局非常重要。事实上,在国内外城市的发展过程中,很多都出现了城市功能过度集中的现象,如果没有将各种城市功能进行合理疏散和科学布局,城市的发展则背负着较大的负担,如日本的东京就因职能过度集中而面临着资源有限、商务办公云集、人口膨胀、交通与环境污染等问题。

在智慧城市中,新一代信息技术的广泛应用及空间的流动化发展也使城市的功能空间也有了新的表现形式和发展趋势。从居住、工作、生产、服务四种主要的功能空间来看,城市功能空间具有了新的特征和形成了新的发展趋势。在居住空间方面,城市居住空间内部的功能逐渐由单一走向了综合,在居住空间内部提供商业空间、服务空间、休闲娱乐空间等多种流动的新空间成为未来居住空间的发展趋势。在工作空间方面,数字化办公的发展使人们的工作不受时间、地点的限制,家里、旅馆、咖啡厅、飞机场候机厅、市郊火车站等具备动态使用模式的地方都可以成为人们的办公空间,远程办公的发展使人们的工作空间日益多样化和机动化。与此同时,公共的工作空间将会逐渐缩小,提供动态使用模式的临时办公空间逐渐增多。在生产空间方面,随着信息通信技术的发展以及以微电子为基础的计算机辅助制造业的出现,出现了一种新的工业区位逻辑,即将生产过程

· 153 ·

分散到不同区位的同时又通过电子通信将其重新整合为一体。这种工业生产的零配件生产具有以微电子为基础的精确性和弹性,且生产过程的每个阶段都需要劳动的单一性,不同区段的劳动力具有不同的生存条件和地理特性。在服务空间方面,由于知识生产和信息流动在产业发展中居于核心地位,现代服务业的发展呈现了分散和集中同时并存的空间分布模式。在生活服务空间中,由于公共服务空间不能完全脱离对物理空间的依赖,但它的部分空间被分解和转移,公共服务空间呈现了数字化的服务空间和实体服务空间并存的双重运作模式。总体而言,在智慧城市背景下,随着物联网、互联网等信息技术的发展及应用,城市实体空间不断向虚实结合的灰体空间转化,城市的居住、就业、休闲等活动空间的边界日益模糊,城市的功能也变得更加多元化和复合化。因此,城市的功能发生了解构和重构,智慧城市的功能区有了新的特点和发展趋势。

首先,不同类型功能区的用地比例发生了变化。与工业经济时代城市用地布局以工业布局为主导不同,智慧城市背景下的流动空间更加注重空间的动态流动,城市用地主要体现对人流、物流、资金流、技术流和信息流的支持,伴随着城市产业结构的调整,原有的技术落后的产业和企业逐渐被高利润、高效益的产业和企业替代,因此,产能和效益落后的功能区逐渐减少,传统的工业功能区所占比例大大降低,信息业、教育、高新技术产业等功能区所占比例大幅上升。

其次,不同功能区之间的融合发展加强。智慧城市和流动空间的出现导致了不同功能用地的融合发展:一方面,随着信息高速网络的发展,生产者和消费者之间可以直接进行信息交流,用户可以借助网络搜寻所需商品信息,直接向厂家订货,生产和销售日益一体化,流通领域与生产领域的边界日益模糊,工业用地和商业用地日益融合;另一方面,先进的互联网技术使得人们在有网络、电源和电话线的地方就能办公,对于很多企业而言,区位条件、交通条件不再是选址时首选的考虑因素。同时,由于信息社会企业的小型化、轻型化、清洁化发展,生产空间与居住空间的邻近变得更加可行,由此,商务办公、工业生产和居住生活的用地也出现了明显的兼容化趋势。不同功能用地的混合发展使原有的功能区承载更多的城市功能,工业区、商贸区、办公区、居住区、游憩区以及物流区之间的共通共融将会大大加强。

最后,新型的城市功能集聚区产生。智慧城市和流动空间的发展改变了人们的生活方式,融合多重功能的集聚区发展起来,如智慧社区就成为了融居家生活、网上购物、在家办公、休闲娱乐等多种功能为一体的复合空间(席广亮和甄峰,2014)。流动空间的发展消除了空间距离对人们经济、社会联系的障碍,一方面使人们有了更多的闲暇时光用于居住社区和家庭生活中，人们对自我实现的要求更高了，另一方面知识创造和应用在企业的发展中也越来越重要。为了获得更多的集聚效应，融合信息、知识密集区，优良的生态环境，优质的居住环境（较好的社区认同感、设计和质量良好的居住环境），以及多样化的生活选择（具有游憩、娱乐交往等多种功能）的新型多重功能集聚区逐渐发展起来，这类功能集聚区是一个融合居住、工作、学习、娱乐等多种城市功能，具有良好的生产、生活与交流环境，富含创造性思想、文化和知识的新型空间，这种功能集聚区将在未来城市空间结构中占据重要地位。在城市发展过程中，新型的城市功能集聚区很多时候是在现有的城市功能区融合发展的基础上形成的，如经济技术开发区、大学城区、文化娱乐区和高档居住区的融合发展就很有可能发展成为集知识创新、科技创新、高科技制造、休闲娱乐、居住生活等功能为一体的新型多功能集聚区。

第 5 章　智慧城市系统的结构与模型分析

智慧城市系统的要素揭示出智慧城市系统是由战略系统、社会系统、经济系统、支撑系统、空间系统五大子系统复合而成，五大子系统又分别由次一级的不同子系统构成。对于智慧系统这一复杂巨系统而言，它具有怎样的结构特征？战略系统、社会系统、经济系统、支撑系统、空间系统五个子系统在智慧城市系统结构中是如何体现的，它们又是如何在相互联系、相互作用中形成智慧城市系统这一整体的？围绕这一问题，本章将首先分析智慧城市系统的结构特征，并在此基础上构建智慧城市的系统模型，从而进一步揭示在智慧城市系统中"具有智能化、智慧特征的城市子系统以及人的智慧"是如何实现有机联系与协作的。

5.1　智慧城市系统的结构分析

5.1.1　基于复杂系统理论的智慧城市系统结构的层次特征

智慧城市系统是一个开放的复杂巨系统，它首先由各种不同的元素组合成相应的子系统，然后再由各种不同的子系统复合成更高一层级的系统，层层嵌套，最后形成一个复杂的大系统。任何一个复杂系统都是一个具有层级结构的系统，一个系统内子系统是否存在层次结构也是这个系统是否复杂的主要标志之一。

复杂系统的层次性既体现同一系统内部结构的等级层次构造，在不同类型的系统之间，依据其复杂程度的不同也呈现出不同的等级层次性。复杂系统中的层次可以理解为：复杂系统不可能一次完成从元素性质到系统整体性质的涌现，需要通过一系列中间等级的整合而逐步涌现出来，每个涌现等级代表一个层次，每经过一次涌现形成一个新的层次，从元素层次开始，由低层次到高层次逐步整合、发展，最终形成系统的整体层次（徐国志等，2000）。在这种从低层到高层的整合、涌现过程中，系统的高层和低层之间的上向因果关系、突现或涌现特征以及下向因果关系具体如表 5.1 所示。对于世界上的各类系统，包尔丁依据系统的复杂程度将其划分为不同的等级结构类型，包括了按照复杂程度由低到高的九个层次，如表 5.2 所示。在包尔丁的系统层级中，每一个层级都比它的低一层级有突现性质，且每一高层系统都包含着其低层次系统所拥有的全部特征，其中 1~3 层属于物理系统，4~6 层属于生物系统，7~8 层属于人和社会系统，第 9 层是比前面八层更复杂的"不可知物"，如"上帝观念"（P. 切克兰德等，1990；W. 理查德·斯科特等，2011）。

表 5.1　系统高层次与低层次之间的关系

高层与低层关系	主要内容
上向因果关系	高层次系统的结构、属性和运动形式是从低层次系统及其运动形式经层次突变而产生出来的，同时，高层次系统出现之后，产生它们的低层次系统并不因此而消失，而是作为高层次的一个组成因素包含于高层次的系统结构中，成为它的基础和载体。正因为高层次由低层次产生，并以低层次为基础和载体，所以低层次规律在高层次中仍然起作用，只不过起作用的条件发生变化，是在与高层次结构的条件下起作用罢了
突现或涌现特征	高层次一旦产生，就与低层次有本质区别，因为从高层次看，虽然组成要素在低层次，但却产生了新的相互作用和结构，因而形成了新的实体，出现了新的规律，引起了新的属性。高层系统有自己特殊的结构、特殊的规律、特殊的属性和功能，这是不可能用低层次系统的结构、规律、属性、功能来代替的
下向因果关系	作为高层次系统组成要素的低层次系统与单独存在的低层次系统在性质上有所不同，它是以"改造过"的形态出现的。低层次系统明显地受着它所在的高层次系统及其规律的制约、影响和支配。因此，高层次对低层次具有支配和限制作用

资料来源：参考张华夏（1987）。

根据复杂系统的层次结构特征，智慧城市系统可以划分为具有不同复杂程度的战略层、活动层和物理层三个层次。由 3.3.2 部分的分析可知，为了更好地理解"这个世界是怎样的"，切克兰德对世界上的系统进行了分类，将人类在自然系统进化中创造出来的系统划分为人造物理系统、人类活动系统、人造抽象系统三大类，分别代表了人根据人类的目的设计出来的服务于某个目的的系统，人类为了某个目的或任务的结果而被有意识地成整排列起来的人类活动的集合，人类创造出来的代表着人类精神的有序的、有意识的产品。从系统的复杂性和等级层次来看，三大类系统的等级层次如图5.1所示。对应于三大类系统，我们可以将智慧城市系统这一复杂系统划分为物理层、活动层、战略层三大层次（见图5.1），它们的复杂程度由低到高，它们之间具有着如表5.1所示的上向因果关系、突现或涌现特征、下向因果关系。下文将分别详细分析物理层、活动层、战略层三大层次。

表5.2 包尔丁的系统分类

层级	特征	范例	相应学科
①结构，框架	静态的	晶体结构，桥梁	任何学科中图形或文字描述
②钟表结构	预定的运动（可以表现出平衡）	钟表，机器，太阳系	物理学，古典自然科学
③控制装置	闭路控制	恒速器，有机体体内平衡机制	控制理论 控制论
④开放系统	结构上的自我维持	火焰，生物细胞	新陈代谢理论
⑤低级有机体	拥有功能部件，"蓝图生长"，再生产的组织化整体	植物	植物学
⑥动物	指挥全部行为的大脑，学习的能力	鸟和哺乳动物	动物学
⑦人	自我意识、知识的知识，符号语言	人类	生物学，心理学
⑧社会—文化系统	角色，通信，价值观念的转变	家庭，童子军，夜总会，民族	历史学，社会学，人类学，行为科学
⑨超越系统	"逃避不了的不可知物"	上帝观念	?

注：①设定突现性质在每一确定层级上产生。
②从层次1到层次9，复杂性增加；外部观察者预言其行为越来越难，对非规范化决定的依赖越来越强。
③低层次的系统可在高层次系统中找到，例如，7层次展示出了1~6层次上的全部显著性质以及这个新层级上的突现性质。
资料来源：参考P.切克兰德等（1990）。

第 5 章　智慧城市系统的结构与模型分析

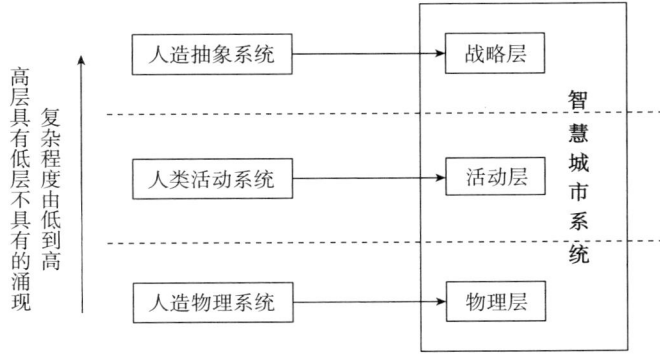

图 5.1　智慧城市系统的层次结构

5.1.2　智慧城市系统的物理层分析

智慧城市系统的物理层集中体现了信息时代城市中物质要素及其呈现的物理形态的发展演变趋势。在智慧城市中，物质要素的存在形式、联系方式、运动形式及其呈现的物理形态都有了新的特点，智慧城市物理层的"智慧"之处体现在物质要素的高度智能化，即原先相对封闭、孤立、分散的物质要素可以通过先进的信息技术按照特定的方式组织和联系起来，物质要素可以向外界传递它的存在和运动状态，甚至对于某些特定情境中的物质要素而言，它们具有一定的自我反馈和自动响应能力，城市中的物质要素成为具有较高的智能性的物质要素。

5.1.2.1　城市的物质要素与物理形态

城市的物理形态是城市中物质要素①所呈现的表面形态，它是对城市经济社会发展最明显可见的记录，体现在街道、建筑物、市政基础设施、绿地、廊道、居民区、工业区、商业区，以及其他的私人与公共空间中。城市的物理形态造就了城市的经济社会环境，并成为城市功能的载体（诺南·帕迪森等，2009）。城市的功能是主导的、本质的，是城市发展的动力因素，城市功能的不断创新推动了城市的发展。而城市的物理形态是表象的、基础的，它是城市所表现的发展变化着的空间形式，是一种复杂的经济、社会、文化现象和过程，是在特定的地理

---

① 具有物质形态的实体，如车辆、建筑、街道、基础设施、设备设施等。

环境和一定的社会经济发展阶段中,人类各种活动与自然环境因素相互作用的综合结果(吴志强和李德华,2010)。可见,城市的物理形态是人类按照自身意志对城市环境进行改造的过程中形成的,是人类的规划、设计、建设活动与自然地理环境相互作用的结果,它承载了城市中人们进行的经济、社会、文化等多种多样的活动,服务于城市功能的发挥和人类的发展需求。从组成上来看,如表 5.3 所示,城市的物理形态可以从城市布局形态、城市结构形态和城市肌理形态三个方面来描述。

表 5.3 城市物理形态的三种类型

形态类型	主要内容
城市布局形态	是城市各组成部分有形的表现,反映了城市各要素的空间形式和安排,是城市的物质空间布局及开发模式,常见的有集中布局和分散布局两种形态
城市结构形态	是各种空间理念及各种活动所形成的空间结构的外在表现,它包括了"结构(要素的空间布置)""形态(城市外部的空间轮廓)"和"相互关系(要素之间的相互作用和组织)"三个方面
城市肌理形态	主要体现了在城市、分区、街区和建筑尺度下城市空间形态的构成规律和演变趋势,主要反映在建筑类型、道路格局、开敞空间、街面形式等物质要素中

资料来源:基于参考文献王慧芳和周恺(2014)自行整理。

5.1.2.2 智慧城市系统的物理层

智慧城市的物理层呈现了新一代信息通信技术的发展及应用对城市物质要素及其呈现的物理形态的塑造和影响作用。

(1)物质要素的存在形式。

在智慧城市系统的物理层,新一代信息通信技术的发展使城市物质要素的存在形式上从孤立、分散、封闭转变为相互连接、相互影响,并建立了不同物质要素之间的联系和通信机制。城市的物理世界是对城市的物质要素以及它们排列组合所形成的物质形态的统称。在信息技术出现以前,城市的物质要素主要依照人类活动的需要按照特定的秩序排列组合,不同的物质要素之间是相对孤立和分散的,它们相互之间是"信息闭塞"的。而以物联网为代表的新兴信息技术的发展改变了这一切。物联网是智慧城市的关键核心技术之一,它的主要作用在于实现了城市网络世界和物理世界的融合。物联网赋予各类物质要素计算和通信的能力,并在其他物品或计算机的帮助下实现彼此间信息状态的交换,使城市的物质要素成为"智能物品"。按照感知、表述和交互这三个指标的高低,智能物品可分为三类,如表5.4所示。智能物品维度的智能物品的互联形成物联网,智能物品间可以通过自组织的模式建立更高级的协同智能模型,这种具有自配置、自愈合、自优化、自保护功能的协同智能模型则体现在自主网络维度。最终,在协同智能模型的支持下,物联网中的智能物品通过具有智能控制和智能处理能力的智能应用建立不同物质要素之间的联系和通信机制。

表5.4 智能物品的分类

类型	特点
活动感知的智能物品	以汇聚函数来表述规则,一般不具有交互性
规则感知的智能物品	为不同的事件建立不同的处理规则,具有一定的交互性,比如根据情境状况给用户发出一些提示消息等
流程感知的智能物品	通过具有情境感知的工作流模型表述规则,定义活动的触发条件与时间顺序,具有很强的交互性

资料来源:参考陈海明等(2013)。

智慧城市物理层对不同物质要素沟通联系机制的建立是通过构建专用智能应用系统和公共智能应用系统来实现的,其中专用智能应用系统构建城市不同应用领域中物质要素之间的联系和沟通机制,如智慧交通系统、智能电网系统、智能建筑系统、智能家居系统、智慧校园系统等,而公用智能系统主要构建一个互联各类专用智能系统的基础设施和技术平台,实现各类专用智能系统的互联和整合,体现为技术层面的智慧城市系统。

(2)城市物质要素的联系和运行方式。

在智慧城市系统的物理层,信息流成为主导城市物质要素联系和运行基本因素。城市的物理世界和网络世界的融合使城市的物质空间逐渐向流动空间转化。图5.2展示了信息化对城市物质空间和城市流动空间转化的影响关系,即随着通信技术与信息网络技术在城市物质空间中渗透和应用强度的增加,城市物质空间的流动性不断增强,当城市物质空间中充分实现了各类信息通信技术的铺设及应用时,城市的物质空间和虚拟网络空间能够实现恰如其分的融合与无缝连接,则城市物质空间转变为智能化程度高的流动空间。图中的"通信技术与信息网络技术"包括了物联网、互联网、无线网、通信网等各类信息通信技术和网络,其中信息通信技术所支持的和信息网络中传输的都是数字化的信息,信息的采集、生成、传输和使用成为流动空间中非常重要的信息流动形态，称之为信息流。信息流动和传输的通道则是信息网络，传统意义上的信息网络主要有电话网、广播电视网和计算机网三种类型。而新一代信息通信技术的发展使信息网络呈现出无线网、光纤宽带网和三网融合共同发展的新态势，具有泛在、高速、融合的新特征。泛在、高速、融合的信息网络为信息的流动和传输创造了更加高效、便捷的物质条件，信息处理和挖掘技术的发展也使信息具有了前所未有的使用价值，如图 5.3 所示。

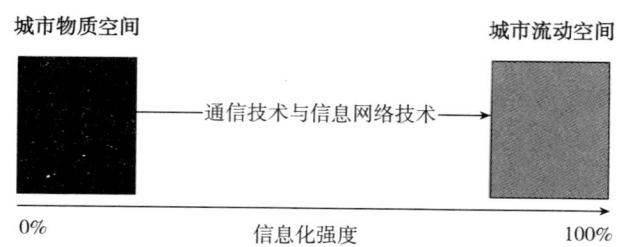

图 5.2　信息化对城市物质空间向城市流动空间转化的影响

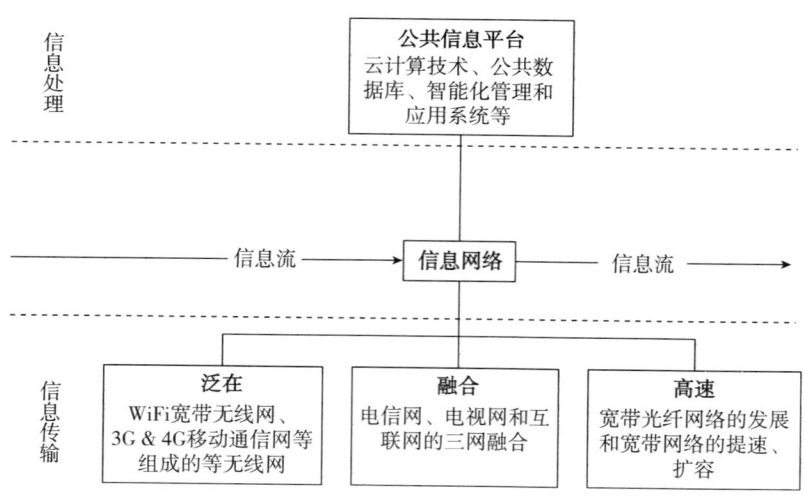

图 5.3　基于新一代信息通信技术的信息网络及信息流

信息网络的发展也使信息流成为主导城市物质要素联系和流动的重要因素。流动空间由人流、物流、资金流、信息流和技术流五种基本流态构成。其中，信息流是最特殊的一个，它涉及在时间、空间和数量上的合理配置问题，可以帮助其他资源实现优化配置,而且由于它本身具有的无形和瞬时传输的特性,所以它的流动比传统物质形态要素相对容易得多。信息流、物流、人流、资金流、技术流可以用无形的信息流和有形的物质流两种类型来概括,无形的信息流通过信息网络实现瞬时流动,有形物质流通过交通线路达到位置移动。城市流动空间和城市物质空间的最大区别在于,它的有形物质实体流动是无形信息流导引下的物质流,它通过信息流的导引使有形物质实体的流动更趋于合理和有序,并在此基础上达到流量最小、流速最快的目标,同时,物质流能够给信息流提供实时的反馈,进而使物质流动更加高效合理。

(3) 城市物质要素呈现的物理形态。

在智慧城市系统的物理层,对应于城市物质要素的存在形式及运动方式的变化,城市的布局形态、结构形态、肌理形态也有了新的表现形式。

首先,从城市的布局形态来看,呈现了从圈层式向网络化形式转变的趋势。在流动空间中,承载无形信息流的信息通道和承载有形物质流的交通通道的发展一起推动了资本、技术、劳动力等生产要素在城市、区域乃至世界范围内的自由流动和优化配置,带来了经济结构和产业布局的重组分工,改变了城市的空间布局形态。与此同时,虚拟社区、E-mail、电脑媒体娱乐、电子银行等虚拟空间的发展替代了部分城市物质空间,也大大减少了人们对物质场所的需求,使人们对物质空间临近性的要求降低,导致了时间的压缩和空间距离的瓦解,逐步分解了传统的以地方为基础的物质空间布局。从城市布局形态方面来看,如图5.4所示,随着生产社会化分工的加剧,企业出现了分散化、小型化的发展趋势,生产的管理功能向城市中心集聚,而生产功能则向郊区分散,城市的一般功能区(如居住、工业等)呈分散趋势,城市的商业、金融、信息服务等功能仍然在城市的中心区集聚。同时,那些接近全球信息网络重要节点位置,高校和科研机构、高技术人才集聚,并具有先进的管理水平的地区,成为城市未来发展的前沿地带。从整体上看,城市出现了整体分散与局部集聚的状态,从而导致城市的空间布局形态由圈层式向网络化转变。

其次,从城市的结构形态来看,随着信息高速网络的建立,城市不同的功能空间出现了融合发展的趋势。第一,生产者和消费者之间可以通过信息网络进行信息反馈,原有的商业中介功能可以通过信息网络完成,产品的生产和销售逐渐实现一体化,城市的生产和流通功能逐渐融合,城市工业用地和商业用地的融合也日趋明显。第二,随着交通和信息通信技术的发展,生产空间和居住空间也出现了土地使用的兼容化。一方面,交通和信息通信技术的发展使某些行业的无通勤就业成为了可能（如销售、电子商务等）；另一方面，对于需要集中上班的行业，企业的小型化、清洁化、轻型化发展使生产空间和居住空间的临近和融合成为了可能，带动了商务办公、工业生产和居住生活等功能空间的兼容化发展。由此，城市的功能空间出现了"空间多元化"的发展特点，城市功能空间的日益兼容和融合，使城市空间呈现了多种功能混合布局的特点。城市物质空间的结构形态呈现为多个多功能空间模块混合排列、共通共融的形态。

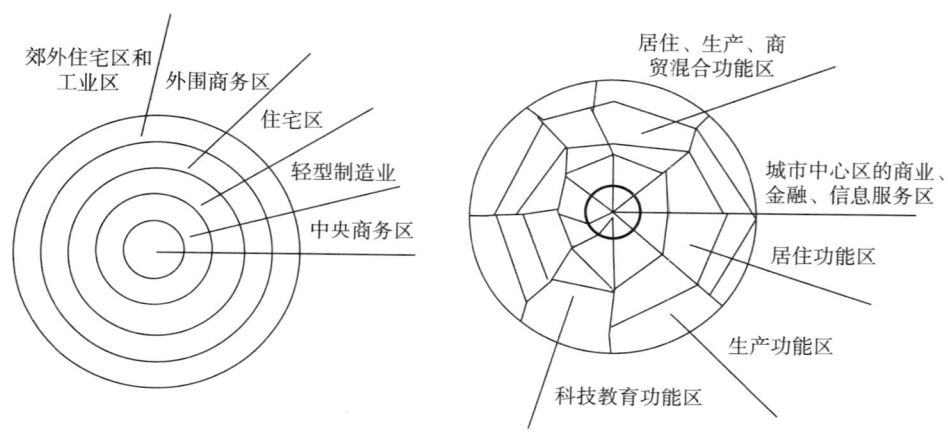

图 5.4　城市空间布局由圈层式向网络化形式的转变

最后，从城市的肌理形态来看，城市的建筑空间日益呈现出虚拟、流动、连续、开敞的表现形式。"肌"是物质的表皮，"理"是物质表皮的纹理，城市的肌理则直接体现了城市空间形态给人的直观感受，主要在建筑、街区、城区等尺度上反映出来。而信息通信技术的发展及应用对城市肌理最深刻的影响主要体现在建筑空间的表现形式上，它使建筑空间的表现形式从封闭走向开放，从分割走向连续，从静止走向流动，从实体走向虚拟。信息技术及信息网络构筑的虚拟空间改变了城市物质肌理的存在形态，它使建筑、街区及城区在虚拟空间中以数字化、电子化、虚拟的形式存在，形成"虚拟建筑""虚拟街区""虚拟城区"，并能以数字化形式在全球信息网络中流动传播。而在现实的物理世界中，虚拟形态的建筑、街区及城区则成为一种物质世界的电子附加物，它们使物质形态的建筑、街区和城区由静止变得可以流动，由封闭变得开放，由分割走向了连续。

5.1.3 智慧城市系统的活动层分析

智慧城市系统的活动层集中体现了信息时代城市中人类活动呈现的智慧形态。智慧城市系统的物理层通过信息技术和信息基础设施构建的信息网络实现了城市中物质要素之间的广泛连接，改变了人与物、物与物之间相对闭塞的状态。作为比物理层高一层级的活动层，它的突现性质主要体现在信息网络以及建立在信息网络基础上的社会网络对人类活动的影响和塑造。

5.1.3.1 智慧城市中信息网络和社会网络的新发展

在智慧城市中，新一代信息通信技术的发展及应用使信息网络和社会网络呈现出了新的形态和特征。智慧城市与数字城市等其他城市形态的关键区别在于，它通过新兴信息技术建立了泛在、高速、融合的信息网络，在信息网络的支撑下又发展和延伸了人们的社会网络，实现了人与人、人与物、物与物之间的随时随地的连接，并在此基础上激发各类创新应用。与传统意义上的信息网络和社会网络相比，这里的信息网络和社会网络有了更加丰富的内涵。对于信息网络而言，新一代信息通信技术的发展使信息网络呈现了无线网、光纤宽带网和三网融合等新的发展态势，具有了泛在、高速、融合的新特征。对于社会网络而言，社会网络是社会行动者及他们之间关系的集合，反映的是人与人之间的连接关系。在互联网之前，人们之间的连接关系主要是基于血缘、地缘和业缘关系，在很大程度上受到物理距离的影响，局限于血缘、地缘和业缘的辐射范围。而随着互联网的日益普及，以 BBS 为主的虚拟社区在网络世界中发展起来，人们之间社会网络连接关系的发展实现了从物理世界到网络虚拟世界的延伸和拓展，一种新型的社会媒体网络（Social Media Network，SMN）发展起来。随着新一代信息通信技术的发展及应用，即时通信、SNS（Social Networking Services，即社会性网络服务）等新应用广泛兴起，人们之间的社会媒体网络结构也实现了从传统虚拟社区的"圈"式向"链"式的演变。在"链"式的社会媒体网络中，人与人之间的交流从多对多到一对一，结构上趋于扁平化，也更有利于网络用户发展自己的社会关系。

社会媒体网络的发展使城市中人与人之间的社会网络更加复杂多样，一方面，基于原有的血缘、地缘和业缘等关系传统的社会网络也发展了对应的基于信息通信技术的联络方式和虚拟社区，传统的社会网络与社会媒体网络相互交织、相互融合；另一方面，社会媒体网络的发展使人们之间的交流可以突破时空限制,超越传统的生活范围,各种交流工具与手段的使用可以有效提高人们之间交流的频率和深度,人与人之间基于社会媒体网络的弱联系①迅速增多。

5.1.3.2 智慧城市系统活动层的主要内容

智慧城市系统的活动层体现了新型的信息网络和新型的社会网络基础上人们活动呈现的智慧新形态。在活动层中,信息网络和社会网络的新发展改变了城市中原有的物理、事理、人理的运作形态,城市中人的活动也呈现了新的形态。由上文分析可知,人类的活动可以主要分为经济活动、社会活动两大类,其中经济活动又可以分为生产活动、流通活动、消费活动和创新活动,社会活动又可以分为社会互动、公共行政活动和社会文化活动。智慧城市的重要特征就是互联互通,新一代信息通信技术的发展及应用通过构筑新型的信息网络和社会网络,一方面实现信息之间的无缝链接和信息互通,另一方面实现各类社会主体之间的协同和联动,在此基础上形成了不同形态的网络和智能系统,实现了城市中人与人、人与物、物与物之间随时随地的连接,进而深刻地影响和塑造人们的经济社会活动。智慧城市中新型信息网络和社会网络对人类经济社会活动的影响作用机制为:

首先,人类的经济社会活动是由"人理""物理""事理"三个方面构成的。人类的实践活动是物质世界、系统组织和人的动态统一,涵盖了"物理""事理"和"人理"三个方面,其中,"物理"是物质运动的机理,它既包括狭义的物理,还包括化学、生物、地理、天文等,"事理"是做事的道理,主要解决如何去安排,"人理"是指做人的道理,通常要用人文与社会科学的知识去回答"应当怎样做"和"最好怎么做"的问题,对应的 WSR 系统方法论如表 5.5 所示。对应地,人类的经济社会活动也是"人理""物理""事理"三个方面的动态统一。

其次,新一代信息通信技术所构筑的信息网络和社会网络打通了人与人、人与物、物与物之间实现随时随地连接的通道,推动人类活动系统中"物理""事理""人理"的运作出现了新的形态,演化出了各类不同的智慧应用。以智慧交通为例,在物理方面,物联网通过相应的感应设备将车辆、道路、行人等连接起来形成车辆网,并将相应的车辆运动状态信息传送到交通综合信息中心。在事理方面,交通管理部门利用各类智能交通系统收集、处理和分析交通信息。在人理

---

① 弱联系是指人们由于交流和接触少而联系较弱的人际交往纽带,表现为互动次数少、感情较弱、亲密程度低、互惠交换少而窄。

方面，交通管理部门将交通信息发布给出行者，不同的出行者依据交通信息做出相应的交通决策。在这个过程中，出行者的交通行为又形成新的交通路况，引起物理和事理层面的相应变化。

表 5.5　人理、物理、事理系统方法论的主要内容

	物理	事理	人理
对象与内容	客观物质世界 法则、规则	组织、系统 管理和做事的道理	人、群体、关系 为人处世的道理
焦点	是什么 功能分析	怎样做 逻辑分析	最好怎么做；可能是 人文分析
原则	诚实 追求真理	协调 追求效率	讲人性、和谐 追求成效
所需知识	自然科学	管理科学、系统科学	人文知识、行为科学

资料来源：参考顾基发和唐锡晋（2006）。

最后，基于信息网络和社会网络的"人理""物理""事理"的新发展推动了智能应用系统的形成和发展，创新了人类活动的方式方法，涌现了一系列人类经济社会活动的智慧新形态。本部分用创新网络系统、智能生产系统、智能流通系统、智能消费系统、智能管理系统、智能服务系统、数字文化系统七个主要智能应用系统概括了基于信息网络和社会网络的"人理""物理""事理"的新发展对人们经济社会活动的影响和塑造作用。具体体现在：

（1）创新网络系统主要通过信息平台搭建企业组织内部以及企业组织与其上下游、竞争对手、政府、中介服务机构、社会大众之间的联系网络，从而使企业的知识创新、技术创新、管理创新、商业模式创新等呈现相应的智慧形态，如大众创新、开放式创新、价值链创新等。

（2）智能生产系统主要通过利用信息技术和智能制造技术实现社会化大生产的信息化、自动化、网络化、智能化发展，主要体现为企业层次的智慧制造、智慧企业，以及产业层次的智慧产业和传统产业的信息化改造。

（3）智能流通系统主要通过利用先进的信息通信技术构筑高速、便捷的信息通道和交通廊道，使信息和物质要素的流动更加顺畅、高效，对应的物流、资金流、信息流流动的智慧形态主要体现为智慧物流、智慧金融、智慧商业服务等。

（4）智能消费系统通过将新兴信息通信技术融入人们的消费活动中，一方面电子商务平台的建立重塑了消费者的消费方式，网络购物成为人们进行消费活动的重要方式，网上购物在人们的生产和生活消费中扮演着越来越重要的角色，并且随着移动通信技术的发展，移动电子商务也成为人们进行网上购物的重要形式。另一方面，随着数字信息技术越来越广泛地融入生产和生活消费的产品或服务中，人们消费的对象也逐渐演变成了智能化的产品或体现为智慧形态的生产或生活服务，如智能手机、智能穿戴设备、智慧餐饮、智慧旅游等。

（5）智能管理系统通过信息网络和社会网络将管理主体、管理客体和管理对象连接起来，管理主体可以利用先进的信息通信技术更高效地处理和应对管理事务，实现了管理模式和管理方式的创新，管理活动出现的智慧形态在城市管理中体现为智慧城管、智慧管网、智慧交通管理等，在社会管理中体现为智慧政务、网格化管理、智慧人口管理等，在社区管理中体现为智慧社区等。

（6）智能服务系统通过信息网络和社会网络将公共服务主体、公共服务客体和公共服务对象连接起来，通过建立相应的公共信息平台和智能系统，公共服务主体——政府部门或相关服务机构能够更加便捷地了解和洞悉服务客体的服务需求，作为服务客体的居民和企业组织能够实时反馈自身的服务需求，从而获得更加人性化的公共服务。相关领域的智慧应用形态有智慧政务、智慧社区、智慧医疗、智慧社保、智慧教育等。

（7）数字文化系统一方面利用现代多媒体技术实现传统文化资源的数字化，另一方面利用新一代信息通信技术构建的信息网络和社会网络实现新文化的生产、消费、传播和扩散。在数字文化系统中，信息网络和社会网络融合成为一种文化网络，不同的文化生产、消费和传播主体在统一的数字化网络平台上进行联系和互动，使社会文化也呈现了新的智慧发展形态。对应的智慧发展形态有基于新媒体平台的文化传播、智慧图书馆、智慧博物馆、智慧档案馆、智慧旅游等。

在以上七大智能应用系统中，由于涉及的领域不同，不同系统处理的主要问题各有侧重。如创新网络系统、智能生产系统、智能流通系统以及智能消费系统中的商贸活动是物质生产中几类主要的智能应用形态，以处理"人与物"之间的关系为主，智能应用系统形成和运行的关键环节在于利用新一代信息通信技术在"事理"方面实现人与物的连接。智能管理系统、智能服务系统、数字文化系统中的行政活动和社会交互活动则是社会生活中几类主要的智能应用形态，以处理"人与人"之间的关系为主，智能应用系统运行和发展的关键环节在于利用新一代信息通信技术在"人理"方面实现人与人的连接。综合而言,上述侧重也是相对的,其实上述七大类智能应用系统都包含了"人理""事理""物理"三个方面,它们都是由信息网络和社会网络主导下的新形态的"人理""事理""物理"耦合而成。

5.1.3.3 智慧城市系统活动层的"智慧"特征

经过上文分析,从系统的高层与低层之间的关系来看,活动层与物理层存在的上向因果关系、突现或涌现特征以及下向因果关系具体如表5.6所示。由表5.6可知,上向因果关系揭示了物理层包含于活动层中,下向因果关系揭示了包含于活动层中的物理层具有了新的特征和存在形式,活动层突现或涌现特征体现了它的"智慧"特征。智慧城市系统活动层的"智慧"体现为,在智慧城市中人们能够更加科学、高效、合理地开展各类活动。先进的信息通信技术构建的宽带、泛在、融合的信息网络,依托新型信息网络承载的新型社会网络,以及在新型的信息网络和社会网络基础上构建和发展起来的智能应用系统,都为人们开展各类活动提供了前所未有的便利。具体而言:

表5.6 智慧城市系统活动层与物理层之间的关系

基本关系	主要内容
上向因果关系	物理层中物质要素的互联互通和物理形态的演变蕴含于活动层中人们的经济社会活动中,主要体现在,物质要素中的融入新兴信息技术的信息基础设施及其构建的信息网络,是人们开展各类经济社会活动的物质载体,同时,人们的经济社会活动在新兴信息技术影响下物质要素呈现的物理形态中进行,相应的物理形态成为人们开展经济社会活动的依托场所
突现或涌现特征	活动层中的人是具有认知、判断、决策与行动能力的人,人利用物理层中建立和形成的智能应用系统更加高效、合理、明智地开展各类经济社会活动,形成了各类具有智慧形态的经济社会活动
下向因果关系	物理层中的物质要素在活动层中作为"智能应用系统"的重要组成部分而存在,而物质要素结成的物理形态是"智能应用系统"在空间上展开和运作对空间形态的影响下形成的,体现了网络社会背景下活动层中人们的经济社会活动对物质空间的影响和塑造作用

资料来源:笔者整理。

第一,从政府层面来看,政府社会管理与公共服务的效率和水平以及战略决策的科学性大大提高,政府能够更加明智地开展管理、服务、决策等政务活动。

我国政府的主要职能是宏观经济调节、进行社会管理和提供公共服务。在智慧城市中，物联网、云计算、移动互联网、大数据等新一代信息通信技术在政府政务系统中的应用，以及政府内部不同业务部门之间、不同政府部门之间的信息共享、资源整合与业务协同，政府与社会公众之间连接的智能应用系统的建立，都能够大大地提高政府办公、监管、服务、决策的智能化水平，从而使政府的政务处理水平和效率更高，政府监督和管理工作具有更强的精准性和实时响应性，政府能够根据民众需求提供更加个性化、人性化的公共服务，智能决策系统的建立也使政府战略决策的科学水平大大提升。

第二，从企业组织层面来看，企业的生产、经营、服务效率大大提升，办理事务的成本进一步降低，企业将面临更优质的发展环境，企业能够更加明智、高效地开展生产经营活动。从研发创新环节来看，企业与市场和用户的距离更近，企业的研发创意可以更直接地来自于用户的需求，企业产品设计生产周期大大缩短；从生产制造环节来看，新一代信息技术将与企业生产过程深度融合，帮助企业强化生产过程的在线监测、预警、控制和辅助决策，实现柔性和敏捷制造；从流通销售环节来看，企业商品流通和销售的渠道更加多元化，电子商务和网络营销成为企业主要的营销手段，企业销售成本降低；从企业的发展环境来看，政府的政务"一条龙"网上办理工程及不同政府部门的业务协同办理，使企业的办事更加方便，大大节省了企业的时间成本。

第三，从个人层面来看，市民能够更加明智、高效地开展自身的行动计划，并享受便利、高效的公共服务，以及优质便捷的智慧生活。智慧城市建立的随时随地、高速便捷、低价优质的信息网络以及依托信息网络发展的丰富多样的社会网络，使市民能够通过网络便捷地获取所需信息，相关信息为他们有效处理工作、生活、学习中的事务提供了重要的参考价值，使他们能够更加明智地处理和应对自身遇到的各类事务和问题。智慧政务系统的建立和应用，使市民可以足不出户参与和办理公共事务，智慧食品安全、智慧交通、智慧医疗、智慧文教等智慧公共服务应用系统的建立和应用让市民饮食更放心、出行更便捷、就医更方便、学习更轻松，智能家居、智能建筑、智慧社区、智能环境等智慧生活应用系统的建立和应用为市民营造更加舒适、友好的生活环境和人居环境。

5.1.4 智慧城市系统的战略层分析

智慧城市系统的战略层是智慧城市系统的最高层次，也是城市"智慧"的最高体现，它的"智慧"主要体现为科学精明的发展战略对城市系统运行与发展的干预、引领和带动作用。具体而言，战略层作为比活动层更高一级的系统层级，它的涌现特征体现为它超越了具体的人类活动，以人类关于未来城市发展的美好展望为愿景方向，从理念层面、战略高度对人类活动及其依托的物质要素和物质空间进行抽象化，利用人类的理性、逻辑进行分析，并依据人类的洞察和远见制定出符合智慧城市要求的发展战略，为物理层和活动层的互联互通和创新应用提供战略上的引导和支持，通过对城市中的人类活动和物质要素进行系统干预，使其朝人们预想的理想方向发展。

5.1.4.1 城市发展理念与战略规划的发展演变

城市发展理念是城市发展的主要思想观念，城市的发展战略是在发展理念指导下制定的关于城市发展的长远性、整体性、全局性的方案与策略。随着城市的发展和人类实践活动的深入，城市的发展理念也在不断地调整与发展。在城市发展的历史进程中，为了将城市建设成人类理想的居住和生活场所，人们对城市的发展进行了一系列构思和设想，并通过相应的规划方案将其付诸实践，由此城市的发展理念也随着实践的推进而不断演进。人们对城市发展的构思、展望、规划和设计一般是基于当前城市发展中遇到的问题，或者是设计者对未来城市的超前构思，它体现了人们对城市发展前景的美好展望。从城市的发展历程来看，现代城市的发展理念的演进可以分为理想主义时期、功能主义时期、人本主义时期和可持续发展时期四个阶段。城市发展理念经过了从单一注重居住功能到重视城市的综合功能，追求城市经济、社会、环境的可持续发展，并经历了由重"物"到重"人"，由重"功能"到重"本质"的转变，实现了从物质实体领域向社会精神领域的拓展。

与城市发展理念的发展演进相对应，城市的战略规划也从单一的城市空间规划发展为注重城市经济、社会、环境等多方面的平衡协调发展。无论是在西方国家还是在中国，城市战略规划一般由城市空间规划发展而来。城市空间规划主要解决的是城市土地利用和城市空间布局的问题，而随着城市发展中经济活力不足、社会矛盾突出、资源环境恶化、居住质量下降等问题的出现，单纯的空间规划难以适应城市的发展需求，而且随着经济的全球化发展将城市引入市场经济竞争的大潮之中，更能满足城市发展需求的城市战略规划兴起。城市战略规划不仅关注城市的土地利用，立足于区域发展和区域协调，更多地聚焦于城市经济社会行为过程的整合，注重增强城市经济活力和城市竞争力、解决城市生态与可持续发展问题、促进社会公平和谐以及创造良好的人居环境等。自 2000 年以来，以广州市为先导，我国各大城市兴起了一股城市战略研究和战略规划的热潮，城市战略规划的内容涉及了经济、社会、环境等与城市竞争力和城市可持续发展密切相关的主要方面。

5.1.4.2 智慧城市系统战略层的主要内容

在智慧城市系统的战略层，智慧城市理念是"可持续发展阶段"的城市发展理念的一种具体体现，它意味着"智慧城市"这一理念以物联网、云计算、移动互联网等新兴的信息通信技术为基本手段，结合人的理性引导和控制力量，推动城市实现经济、社会、环境的可持续发展。其中，人的理性引导和控制力量，是通过科学的城市发展战略对城市的引导和控制作用体现出来的。因此，智慧城市系统的战略层主要反映了智慧城市如何以及通过怎样的发展战略来对城市系统进行干预，使其发展成为具有"智慧"特征的城市系统。

首先，智慧城市的发展战略通过战略研究、战略规划、战略实施三个组成部分的有机协作来发挥它对城市系统的干预作用。对于智慧城市的发展战略而言，它首先是通过相关的研究在理念上形成智慧城市的发展蓝图，然后通过长期性、全局性、整体性的规划和谋划将其呈现为可以用来指导实践的发展方案，最后将该发展方案付诸实践，以实现对城市系统的控制和干预，推进城市系统的"智慧"转变。战略研究是智慧城市战略规划编制前期的研究工作，它通过基础研究、专题研究、个案研究三种类型的研究分析城市面临的发展环境、城市的资源及优劣势，明确城市的性质、功能和定位，分析智慧城市建设的基本功能领域，并将智慧城市运行与发展的各个功能领域整合起来，形成智慧城市建设的总体方案。战略规划利用特定的规划技术和方法对智慧城市规划建设的主要内容按照特定的秩序进行排列组合，并通过一定的文字和图示形式呈现出来，作为智慧城市建设的依据和方案。战略实施则是依照战略规划的内容对智慧城市真实系统进行干预控制并接收控制反馈，它通过明确实施的主客体，调动参与者的积极性，依托政策、法规、人才、资金、制度等保障措施，通过设计科学合理的运营模式推进智慧城市建设项目的组织和运作，并根据实施的反馈对战略研究进行必要修正，对战略规划进行及时调整，从而使其能够更好地指导实践。

其次，智慧城市的发展战略的"智慧"之处体现在，它具体通过战略愿景、战略目标、战略任务、战略重点、战略执行五大方面的联系与配合，来对活动层中人们的经济社会活动、物理层中物质要素及其物理形态的发展进行引导和控制。结合前文对智慧城市战略系统的分析，战略层中战略研究、战略规划、战略实施的有机协作可以进一步通过战略愿景、战略目标、战略任务、战略重点、战略执行的联系与配合体现出来。战略愿景与智慧城市的发展理念相对应，它以为人类创造更美好的生存环境为宗旨，以人的"洞察、远见"将城市的持续、健康发展作为智慧城市发展的基本努力方向，是人类智慧在智慧城市系统中的最高体现。与此同时，人的智慧不仅体现在人的分析、判断、远见等方面，更体现在人的主观能动性方面，即人类能够将自己的理性判断付诸实践，用来改造现实世界。在战略层，这种改造现实世界的能力通过"战略愿景、战略目标、战略任务、战略重点、战略执行五大方面的联系与配合"来实现。"战略目标、战略任务、战略重点"与"战略愿景"一脉相承，是人类改造现实世界，构建一个智慧城市的基本实施方案，它们的基本内容涉及两个方面：一是活动层中促进人们经济社会活动向智慧形态发展的相关发展方案与措施，二是物理层中推进物质要素的相互联系和物理形态的流动化转变相关的信息技术、信息基础设施以及智能化应用系统的建设与发展方案。"战略执行"与"战略目标、战略任务、战略重点"形成的实施方案相对应，是具体实施与操作方面的支持和保障措施，它的基本内容与活动层和物理层中的主要内容密切相关。

5.1.4.3 智慧城市系统战略层与活动层、物理层之间的关系

战略层是智慧城市系统的最高层，具有最高的复杂程度，它的涌现特征是智慧城市中人的"智慧"的最高体现，也是智慧城市能够成为一个具有"智慧"特征的城市的关键所在。由上文分析可知，智慧城市系统的战略层与活动层、物理层之间的关系具体如表 5.7 所示。由该表可知，上向因果关系揭示了物理层和活动层的主要内容都包含于战略层中，下向因果关系揭示了包含于战略层中的物理层和活动层在战略层的约束与控制下具有了新的特征，突现或涌现特征揭示了与低一层次的活动层相比，战略层具有了活动层所不具有的新的特质，主要体现为战略层推动城市系统向智慧城市系统转变的能力。

表 5.7 智慧城市系统的战略层与活动层、物理层之间的关系

基本关系	主要内容
上向因果关系	物理层和活动层的相关内容具体体现在战略层中：战略层中战略研究、战略规划、战略实施的内容和对象是"物理层中的物质要素及其物理形态、活动层中人们的经济社会活动"，相应地，战略愿景、战略目标、战略任务、战略重点、战略执行中的主要内容也是围绕"物理层中的物质要素及其物理形态、活动层中人们的经济社会活动"而具体展开的

续表

基本关系	主要内容
突现或涌现特征	人以其"洞察、远见、明智应对"形成关于城市"智慧"发展的美好展望,并通过充分发挥人的主观能动性将这种美好展望积极付诸实践,形成智慧城市建设和发展的战略规划和执行方案,推动城市系统向"智慧"的城市系统转变
下向因果关系	战略层对活动层和物理层的发展进行约束与控制:战略层以其"战略愿景、战略目标、战略任务、战略重点、战略执行"有针对性地对活动层中人们的经济社会活动进行引导和控制,并通过活动层中人的活动对物理层中物质要素及其物质形态的发展进行规划与建设

资料来源:笔者整理。

5.2 智慧城市的系统模型构建

模型是研究系统最重要也是最基本的工具。为了表达实体某一方面的特征、性质或运动规律,模型把实体某一层次上的特征抽象出来,以一定的结构形式表达出来,从而帮助人们更好地认识对象的特性、预测变化、控制运行或进行结构设计。而系统模型则是对一个系统某一方面本质属性的描述,它以某种确定的形式(如文字、符号、图表、数学公式)提供关于系统的知识。系统模型是对现实系统的描述、模仿和抽象,它由反映系统本质或特征的主要因素构成,它集中体现了这些主要因素之间的关系(郭齐胜等,2006)。本部分将以复杂系统的相关理论为基础,结合前文对智慧城市系统要素与结构的分析构建智慧城市的系统模型。

5.2.1 基于复杂开放系统通信与控制规律的智慧城市系统

由上文分析可知,智慧城市系统是由战略系统、社会系统、经济系统、支撑系统和空间系统五大子系统,以及战略层、活动层、物理层三大层次组成的。从系统的层次性来看,五大子系统具有着不同的复杂程度,五大子系统与三大层次的对应关系如图 5.5 所示。由此图可知,从结构层面来看,智慧城市系统是由复杂层级中由低到高的物理层、活动层、战略层三大层次组成,从要素层面来看,智慧城市系统的支撑系统、空间系统位于物理层,社会系统、经济系统位于活动层，战略系统位于战略层。

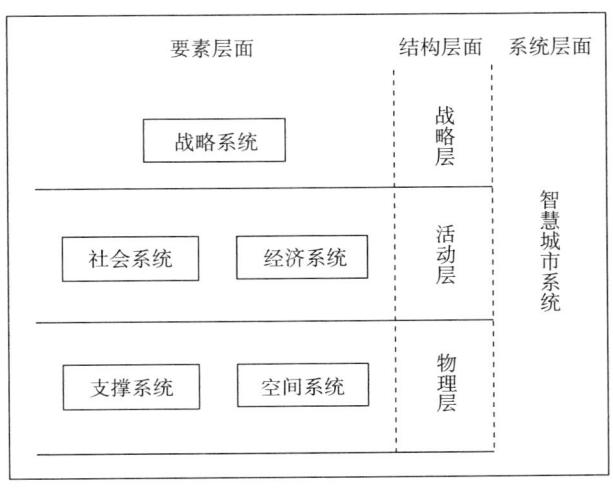

图 5.5 智慧城市系统的要素与结构示意图

在智慧城市系统中，战略层、活动层与物理层三大层次之间，以及战略系统、社会系统、经济系统、支撑系统和空间系统五大子系统之间是如何组织联系起来的？

系统的通信与控制规则是维持复杂开放系统经受环境冲击的重要机制。在复杂系统理论中，与系统的分类和层级同等重要的另一组概念是系统的通信和控制，即系统等级的维持需要一系列有为着调节或控制而进行的信息交换的过程，进一步来讲，如果系统想要经受住由环境支配的冲击，由开放系统所构成的等级体就必定需要通信和控制过程。在复杂系统中，控制是施控主体对受控客体的一种能动作用，施控主体通过获取、加工或使用信息，使受控客体根据施控主体的预定目的而动作，并把客体导向预定目的。在复杂系统的控制理论中，根据爱什比的必要多样性法则，控制者的多样性必须等于或大于被控制者的多样性，即施控主体所进行的"组织管理"的多样性和复杂性必须要等于或大于施控主体为了实现目的而进行的"操作活动"，而"操作"的多样性和复杂性又必须要等于或大于受控客体所代表的"客观环境"（迈克尔·C. 杰克逊，2005）。

对应于智慧城市系统，为了实现智慧城市建设者构筑一个智慧城市的目的，建设者（施控主体）所制定的发展战略及其执行措施的复杂和高级程度必须大于智慧城市系统中人的活动和物质环境，同样，人的活动的复杂和高级程度又必须大于智慧城市系统所面临的物质环境,这样才能有效地实现对物质环境的改造。同时,为了应对环境多样变化,活动层的人类活动也需要以一定的自治方式发挥最大的能动作用,如果战略层对活动层中人们活动的多样性限制过多,则会使智慧城市系统难以适应环境的变化,如果控制不力,则又会使系统发展随波逐流,达不到智慧城市建设的目标。基于上文分析,智慧城市系统三大层次与复杂系统控制与通信的对应关系如图 5.6 所示。

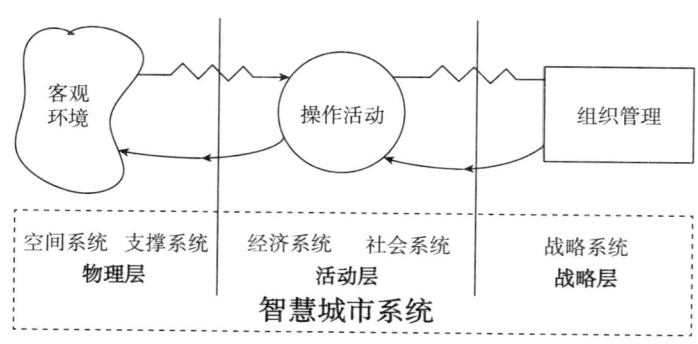

图 5.6　智慧城市系统要素和结构与复杂系统通信控制的对应关系

5.2.2　基于有生命力系统模型的智慧城市系统

智慧城市系统三大层次和五大子系统之间的通信与控制关系可以利用有生命力的系统模型(Viable System Model,VSM)进一步剖析。

为了进一步理解支配复杂组织行为的生存原理,比尔(Stafford Beer)建立了一个由五个子系统按照一定的通信与控制规律连接起来而形成的有生命力系统模型。该模型通过一个信息与控制环的合成物将五个子系统连接起来,五个子系统的内容和作用如表 5.8 所示,五个子系统通过相互联系、相互作用组成的生存系统模型展现了支撑一个复杂系统良性运作所必不可缺的各种控制规律和原则。

表 5.8　有生命力系统模型的五个子系统

系统类型	内容与作用
系统 1(实施系统)	直接涉及实施,它吸收环境多样性的绝大部分,通过发挥一定的自治能力来执行直接与目的相关的任务
系统 2(协调系统)	通过制定一些规则和条例来对"系统 1"的各个组成部分及其活动进行协调

第 5 章 智慧城市系统的结构与模型分析

续表

系统类型	内容与作用
系统 3（操作系统）	保证"系统 5"的政策得到贯彻实施，并向"系统 1"分配资源，它发挥维持内部稳定性的控制职能，保证整个组织的日常运作
系统 4（开发系统）	发挥情报收集/汇报职能，为组织获取和提供整个环境的所有信息，根据信息的重要程度自下而上或自上而下地传递环境信息
系统 5（政策系统）	负责政策制定，对从系统 1、2、3、4 的各种"过滤器"传递过来的重要信号进行响应，对有时出现的、分别由系统 3 和系统 4 体现出的内外部需求之间的冲突进行仲裁，对整个组织的整体方向负责，并表达整个组织的特征和目的，表现出"整个系统"作为其所属"更大系统"的一个部分的本质属性

资料来源：基于参考文献罗伯特·L. 弗勒德等（2008）自行整理。

在智慧城市系统中，有生命力系统模型揭示了智慧城市系统不同子系统以及不同系统层次的通信控制规律，智慧城市系统的五大子系统以及三大层次之间的相互作用关系可以用有生命力的系统模型来描绘，如图 5.7 所示。

在图 5.7 中，智慧城市系统的五大子系统以及三大层次与有生命力的系统模型的五个子系统以及五个子系统所作用的环境之间具有特定的对应关系，具体体现在：

（1）有生命力的系统模型中的"系统 1"所作用的外部环境对应了智慧城市系统的物理层。物理层中的"整体环境"是智慧城市的空间系统，是人们进行各类活动的容纳场所，具有一定的物理形态特征，在智慧城市中体现为一个智能化的流动空间。物理层中的"局部环境"是智慧城市的支撑系统，它在一定的空间范围中，以新兴信息通信技术和信息基础设施在城市的不同职能领域构建相应的智能应用系统。在智慧城市中，这些智能应用系统成为人们进行各类智慧形态的经济社会活动所依托的物质和技术载体。同时，在物理层中，正是由于支撑系统中建立的大量智能应用系统的广泛应用，才使得空间系统中原有的物质形态的"整体环境"开始变得智能化、流动化，形成了智能化的流动空间，带来了城市空间物理形态的分散化、网络化发展。

（2）有生命力系统模型中的"系统 1"，以及与"系统 1"本身的实施操作活动相联系的"系统 2"的调节活动和"系统 3"的管理和稽核活动，都对应了智慧城市系统的活动层。在智慧城市中，根据人们活动类型的不同，"系统 1"的实施操作活动主要可以分为社会文化活动、公共行政活动、社会交往活动、生产活动、流通活动、消费活动、创新活动七大类型的活动，这些不同类型的活动

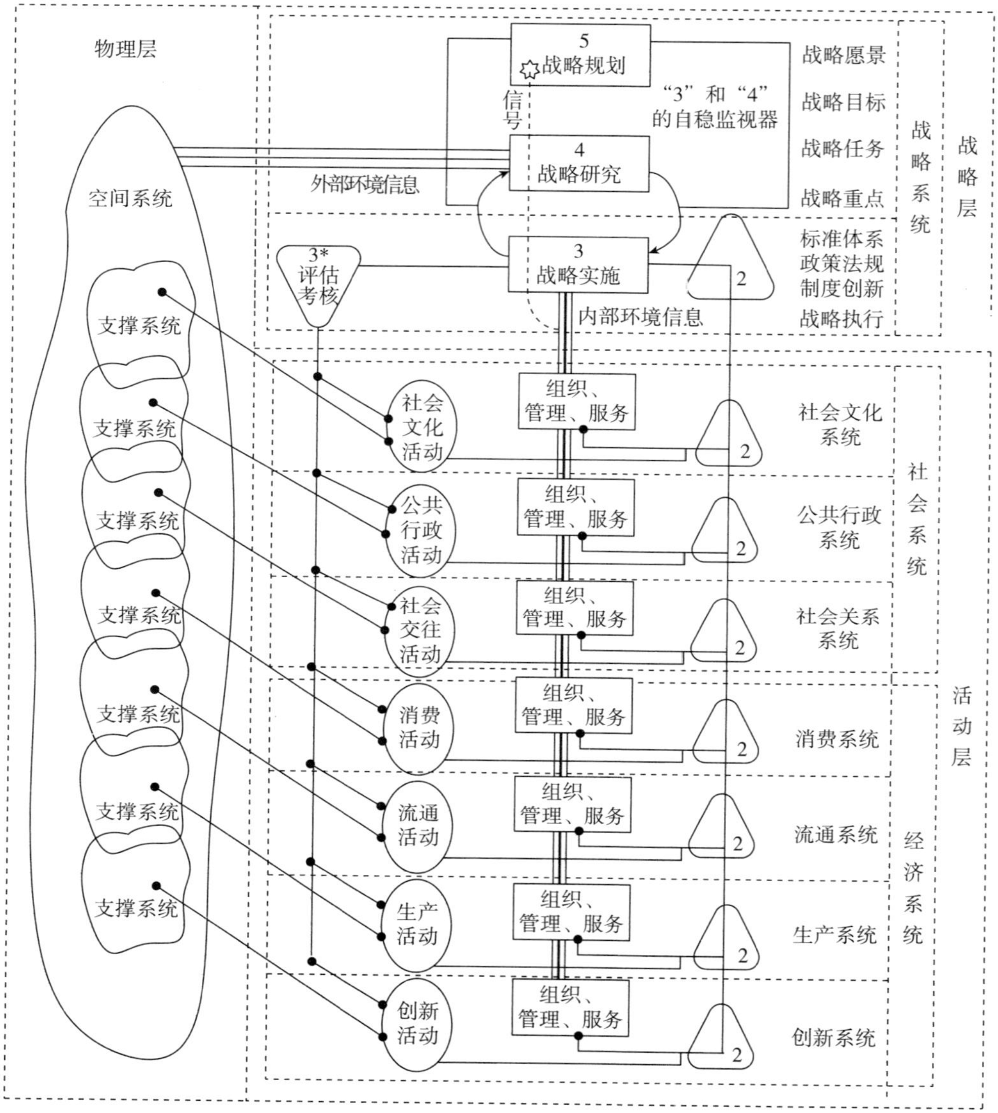

图 5.7 有生命力系统模型的智慧城市系统

受到来自战略层对应的战略执行和实施方面的引导、约束和控制。战略层的战略执行和实施，一方面按照战略规划的方案和内容，结合资金、人才等相关资源，对以上七大方面活动的开展进行组织管理，提供必要的服务，并定期进行考核评估，以核查不同类型活动的智慧发展程度；另一方面，它通过战略规划执行中配套的政策法规、技术标准规范、信息安全要求以及制度创新规则对人们各类经济社会活动进行调节和约束，从而保证各类活动的协调进行。以上社会文化活动等七大类型的活动与来自战略执行和实施方面的引导、约束和控制相融合，形成了社会文化系统、公共行政系统、社会关系系统、生产系统、流通系统、消费系统、创新系统等对应的经济社会子系统，对应的子系统进一步复合形成了社会系统和经济系统。

（3）有生命力系统模型中的"系统2""系统3""系统4"和"系统5"，共同对应了智慧城市系统的战略层。其中，"系统2"和"系统3"对应了智慧城市系统战略层的"战略实施"，"系统4"对应了智慧城市系统战略层的"战略研究"，"系统5"对应了智慧城市系统战略层的"战略规划"。发挥"系统3"控制功能的战略实施一方面与"系统5"所对应的战略规划相连接，接受和解释战略规划中关于智慧城市发展的基本方案，另一方面与活动层中人们的经济社会活动相连接，按照战略规划的要求对人们的经济社会活动进行引导、控制和约束。"系统2"也属于战略实施的组成部分，如上文所述，它按照支持和保障战略规划实施的政策法规、技术标准规范、信息安全要求以及制度创新规则对人们的经济社会活动进行调节，与"系统3"共同保证战略规划的贯彻落实。发挥"系统4"开发功能的战略研究通过相关的基础研究、专题研究和个案研究充分分析智慧城市系统发展面临的内外部环境，为智慧城市的战略规划和战略实施提供必要的信息支持。发挥"系统5"政策功能的战略规划通过描绘智慧城市发展的战略愿景、制定智慧城市建设的战略目标和战略任务、明确智慧城市建设的战略重点，为智慧城市系统的发展指明前进的方向和路径，从而保证智慧城市系统能够发展成为一个具有"智慧"特征的城市系统。由此可见，战略层和战略系统是智慧城市系统的核心，它建立了整个智慧城市系统的通信和控制机制，推动城市系统不断向"智慧"的城市系统迈进。

由此可见，有生命力系统模型通过适当的信息流和沟通链实现了组织各个不同部分以及整个组织按各自目标运行，智慧城市系统的运行与发展同样遵循了这一通信控制规律。

5.2.3 智慧城市的系统模型描述

5.2.3.1 智慧城市系统的要素、结构与智慧城市系统概念内涵的对应关系

智慧城市系统是由信息技术的人工智能和人的智慧与城市系统的耦合与作用

共同形成的具有"智慧"特征的城市系统。由前文对智慧城市系统概念内涵的分析可知，在智慧城市系统的形成和运行过程中，首先，是新兴信息技术与城市子系统相结合，构建智能化的城市子系统；其次，人的智慧与智能化的城市子系统相结合，形成智慧的城市子系统；最后，人的智慧与各类智能化的城市子系统、智慧的城市子系统相结合，构建一个智慧的城市系统。同时，由前文分析可知，智慧城市系统是由战略系统、社会系统、经济系统、支撑系统、空间系统五大子系统构成的，它们是如何体现智慧城市系统中人的智慧、智能化的城市子系统以及智慧的城市子系统之间的联系与组合的。

由智慧城市系统的要素与结构的相关分析可知，智慧城市系统是由战略层、活动层和物理层三大层次，以及战略系统、社会系统、经济系统、支撑系统、空间系统五个子系统相互联系、相互作用，共同构筑一个具有"智慧"特征的智慧城市系统。在智慧城市系统中，支撑系统和空间系统位于物理层，是新兴信息通信技术对原有城市物质要素和物质形态进行智能化改造的结果，它们都是以智能应用系统为核心的智能化的城市子系统。因此，支撑系统和空间系统对应智慧城市系统中智能化的城市子系统。社会系统和经济系统位于活动层，主要体现了人们经济社会活动的智慧形态，它们是在支撑系统和空间系统的支撑下，具有"认知、判断、分析、行动"能力的人利用信息技术构造的智能化应用系统开展的各种活动形态，相关活动集结成了智慧的城市子系统。因此，社会系统和经济系统对应智慧城市系统中智慧的城市子系统。战略系统位于战略层，它以人的"洞察、远见、明智应对"制定智慧的战略规划，并对智能化城市子系统的建设以及智慧的城市子系统的发展进行规划、组织、引导和协调，进而使整个智慧城市系统涌现出更加科学、合理的发展模式，实现整个城市的"智慧"发展。因此，战略系统对应了智慧城市系统中人的智慧、智能化城市子系统和智慧的城市子系统的良好结合。

5.2.3.2 智慧城市的系统模型设计

智慧城市的系统模型是对智慧城市系统的描述、模仿和抽象，它以某种确定的结构形式描述智慧城市系统要素之间的关系。根据智慧城市系统结构的三大层次，以及五个子系统之间的相互关系，本部分构建了如图 5.8 所示的智慧城市系统模型。由此图可知，智慧城市的系统模型是由战略层、活动层、物理层三大层次，以及战略系统、社会系统、经济系统、支撑系统、空间系统五大子系统构成的，其中战略系统位于战略层，战略层位于智慧城市系统的最高层，社会系统和经济系统位于活动层,活动层位于智慧城市系统的中间层,支撑系统和空间系统位于物理层,物理层位于智慧城市系统的最底层。同时,战略系统、社会系统、经济系统、支撑系统、空间系统之间存在着相互联系、相互作用、相互依存的关系。

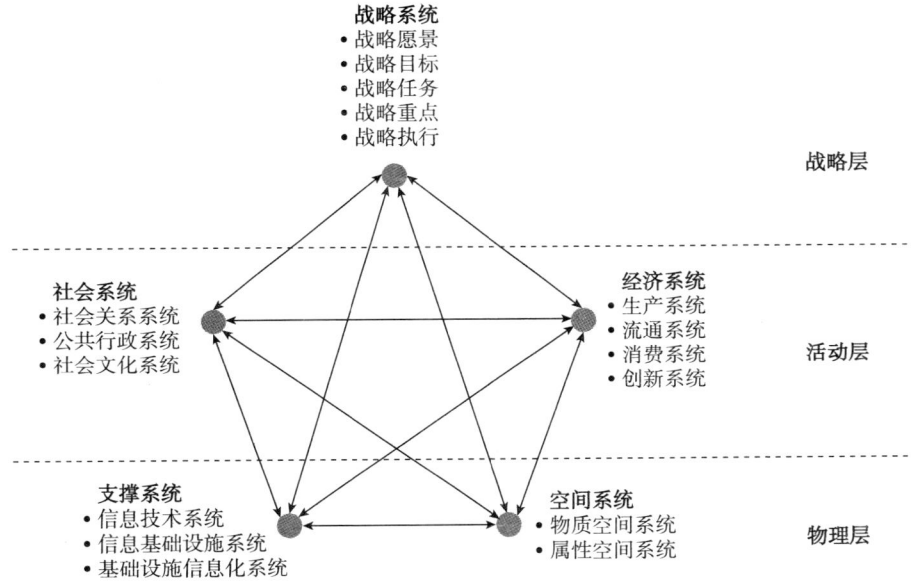

图 5.8 智慧城市的系统模型示意图

5.2.3.3 智慧城市系统模型的具体展开

为了更加详细地展示智慧城市系统模型中不同子系统中的相关内容以及它们之间的相互关系,本部分结合智慧城市战略系统、社会系统、经济系统、支撑系统、空间系统中的具体内容,对图 5.8 中智慧城市的系统模型进行了进一步展开,如图 5.9 所示。

图 5.9 通过战略层、活动层、物理层三大层次中的战略系统、社会系统、经济系统、支撑系统、空间系统五个子系统之间的相互联系、相互作用,揭示了智慧城市系统形成、运行和发展的内在机制。具体而言,智慧城市系统的形成、运行和发展是由复杂程度由高到低的战略系统、社会系统和经济系统、支撑系统和空间系统相互之间的联系和作用而实现的。其中,战略系统是推动整个智慧城市

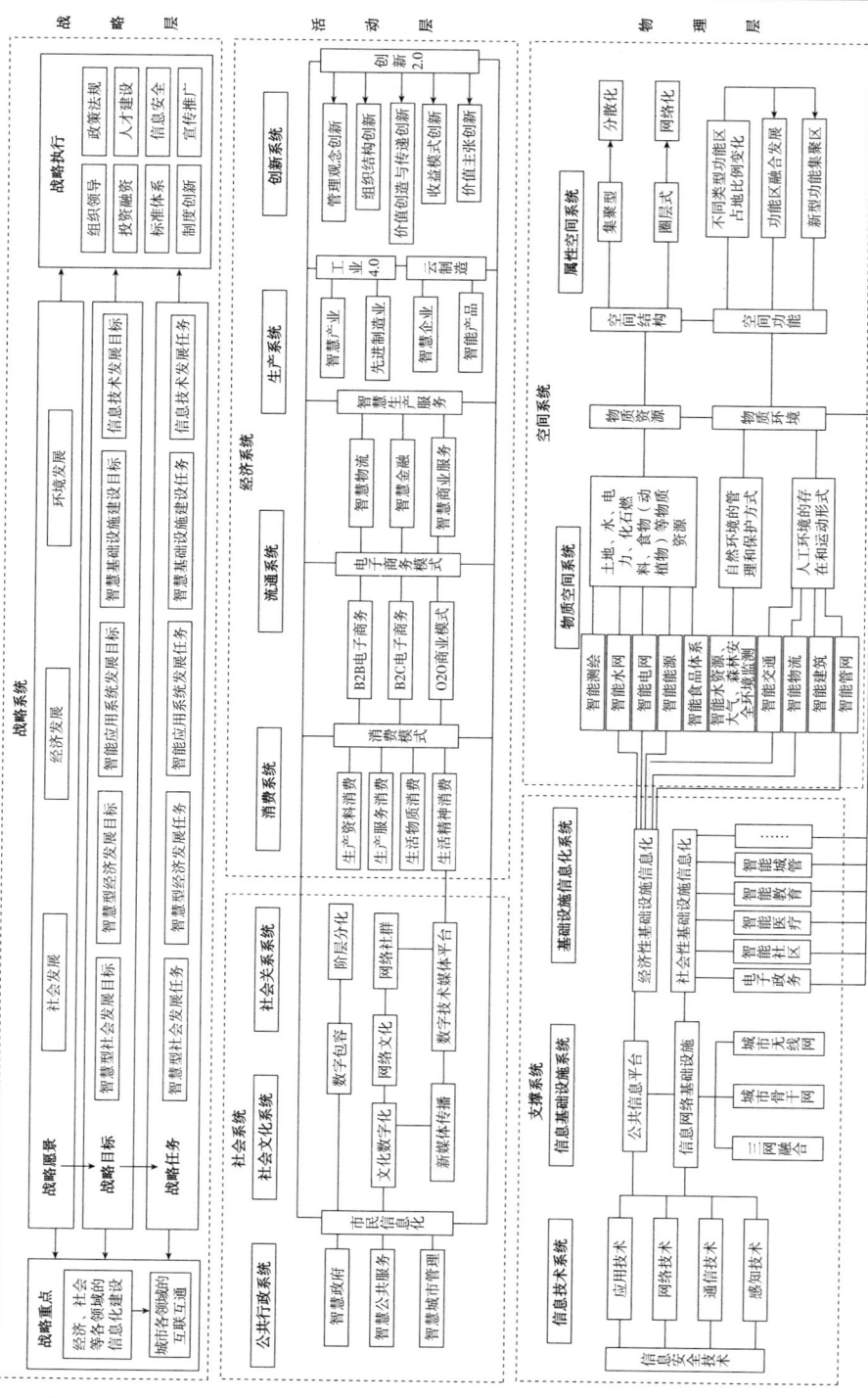

图5.9 智慧城市系统模型具体展开示意图

系统呈现"智慧"的灵魂与核心,它通过发挥一种强大的他组织力量,以明确的愿景方向、科学的规划方案、有力的执行措施:一方面推动支撑系统中信息网络基础设施、智能应用系统、公共信息平台的建设,空间系统中高度智能化的流动空间和科学合理的空间发展格局的形成,社会系统中更符合现代人生存和发展需要的社会环境和条件的形成,经济系统中更加高效、科学以及符合人性化需求的经济运行模式的形成;另一方面战略系统通过其约束、控制和调节作用实现社会系统、经济系统、支撑系统、空间系统的协调、平衡发展,进而推动整个城市系统的不断优化。社会系统和经济系统与人的活动密切相关,它们是智慧城市系统中最有活力和创造力的系统组成部分,在战略系统的引导和调节下,以及支撑系统和空间系统的支持下,社会系统通过创造良好的社会环境与条件促进人的全面发展,经济系统通过创造更加多样化、丰富的物质生活条件与环境为人的全面发展奠定坚实的物质基础,由此可见,社会系统和经济系统共同在城市中打造更加符合现代人的发展需求的社会经济环境。支撑系统和空间系统与城市中的物质要素密切相关,它们在战略系统的部署和实施中形成,并为智慧城市中人们的经济社会活动提供物质基础和依托场所,其中,支撑体系为人们各类经济社会活动提供技术和物质支持,空间系统为人们的经济社会活动提供资源环境和依托场所,由此可见,支撑系统和空间系统共同构建更加符合现代城市运行发展需求的基础条件。

如图5.9所示,在智慧城市的系统模型中,战略系统、社会系统、经济系统、支撑系统、空间系统的主要内容为:

(1)战略系统主要包括战略愿景、战略目标、战略任务、战略重点和战略执行五个组成部分。战略愿景是依据智慧城市发展相关的多种因素概括和凝练而形成的概念系统,它描绘了智慧城市发展的美好前景。战略目标是对战略愿景的展开和细化,它明确了智慧城市建设的阶段性发展水平。战略任务是对战略目标所做的进一步分解,它明确了智慧城市建设需要完成的基本任务,它是实现战略目标的基本路径。战略重点是战略任务中具有决定性意义的组成部分,它是关系到战略目标能否实现的关键环节。战略执行是为了实现战略愿景和战略目标,以及完成战略任务而应该部署的一系列措施。从抽象到具体,从理念到行动,从现在到未来,战略系统以人类智慧的强大力量推动整个城市系统的"智慧"转型。

(2)社会系统主要包括社会关系系统、公共行政系统和社会文化系统中的相关内容。社会系统中市民信息化程度的提高为政府管理与服务的智慧化发展奠定了社会基础,同时,随着数字技术媒体和新媒体传播的发展,市民信息化保障了市民在社交网络的广泛参与，推动了网络社群的发展、网络文化的兴起以及文化资源的数字化发展。与具有信息优势的从业者的社会经济地位升高相对应，市民中由于各种原因没有能够接入网络服务中的人成为数字弱势群体，实现数字包容和社会公平成为社会系统发展的重要目标和任务。

（3）经济系统主要包括生产系统、流通系统、消费系统和创新系统中的相关内容。在经济系统中，Web 2.0背景下创新2.0的出现使企业的知识创新、技术创新、管理创新和商业模式创新都有了新的发展形态，知识网络、大众创新、开放创新、竞争理念转变、组织结构的扁平化和网络化、收费和支付模式创新等，都成为创新2.0模式下企业创新的发展方向。与创新2.0相对应，智慧城市中的产业发展进入"工业4.0"时代，对应的产业业态为智慧产业、先进制造业等，与此同时，企业的生产制造呈现云制造模式，对应的企业和产品形态为智慧企业和智能产品。为生产提供服务的生产服务业呈现了智慧生产服务的发展形态，智慧金融、智慧物流、智慧商业服务成为生产和流通环节中资金流、物流、信息流等流动的新模式。对应于生产和服务的智慧化发展，它们下游的流通和消费环节也呈现了智慧的发展形态，主要体现为电子商务的兴起与发展，包括B2B、B2C电子商务模式，以及新兴的O2O商业模式。同时，受新兴信息技术的影响，人们的生产消费和生活消费、物质消费和精神消费的内容也都有了新的变化。

（4）支撑系统主要包括信息技术系统、信息基础设施系统和基础设施信息化系统中的相关内容。公共信息平台是连接智慧城市系统物理层与活动层的核心，它以信息技术为技术支撑，以信息网络基础设施和基础设施的信息化建设为物质支持，将城市的物质实体空间和网络虚拟空间连接起来，为人们开展各类经济社会活动提供便利。公共信息平台的运作需要依托感知技术、通信技术、网络技术、应用技术和信息安全技术在技术层面上实现数据和信息的感应、传输、存储、计算和分析，依托城市骨干网、城市无线网和三网融合等信息网络基础设施，以及经济性和社会性基础设施的信息化，在物质层面上实现数据信息的采集、传输、分析和应用。公共信息平台依托各类信息技术实现不同应用领域数据信息的整合与共享，是实现智慧城市互联互通的核心与关键。

（5）空间系统主要包括物质空间系统和属性空间系统的相关内容。物质空间中的物质要素主要体现为物质资源和物质环境，智慧城市中土地、水、电、能源、食物（动植物）等物质资源的获取和使用方式呈现了智能测绘、智能水网、智能电网、智能能源、智能食品体系等智能化运作形态；同时，智慧城市中水、大气、森林环境等自然环境的管理和保护方式呈现了智能水资源环境、智能大气环境和智能森林生态安全监测等智能化运作形态,交通、物流、建筑、管网等人工物质环境设施的存在和运动形式呈现出智能交通、智能物流、智能建筑、智能管网等智能化运作形态。物质空间中的物质要素在空间场所上的投影呈现为属性空间,物质要素在空间的分布和布局形态形成了属性空间的结构形态,智慧城市的空间结构呈现了从集聚型向分散化、从圈层式到网络化的发展变化趋势。物质空间中物质要素按照特定的联系方式在空间上的集结和组合形成了属性空间的功能形态。在智慧城市中生产、生活、工作、服务等功能空间具有了新的发展趋势,不同类型功能空间的占地比例具有了变化,不同类型功能空间呈现了融合发展的趋势,新型的融合不同功能的功能集聚区逐渐形成并渐渐增多。

5.3 智慧城市系统模型的结构关系分析

智慧城市的系统模型揭示了智慧城市系统要素之间的结构关系。在智慧城市系统模型中,战略系统、社会系统、经济系统、支撑系统、空间系统五大子系统之间的结构关系至关重要,它决定了不同的系统要素如何构成一个完整的系统,进而发挥系统的整体功能。本部分重点分析五大子系统之间的结构关系。

5.3.1 战略系统视角的结构关系

就战略系统视角而言,战略系统通过设定战略愿景和战略目标拟定社会系统、经济系统、支撑系统、空间系统的发展方向与目标,并通过战略任务的执行来促进四大子系统中相关内容的建设与发展,最终促进战略目标的达成,进一步推进智慧城市战略愿景的实现(见图5.10)。具体而言,一方面,战略系统依据战略愿景拟定智慧城市系统发展的战略目标,并依据战略目标制定智慧城市建设与发展的战略任务。其中,智慧型社会发展、信息基础设施建设与信息技术发展、智能化系统建设、智慧型经济发展四大方面的战略任务,分别对应了社会系统、支撑系统、空间系统、经济系统中的相关内容,战略任务的执行和推进促进了支撑系统和空间系统中相关内容的智能化发展,以及经济社会活动的智慧化发展。另一方面,随着战略任务的执行与推进,社会系统等四大子系统中相关内容的智能化、智慧化发展使城市总体上逐步向智慧城市建设与发展的战略目标迈进，进而在社会、经济、环境、基础设施等方面实现智慧城市发展的战略愿景。

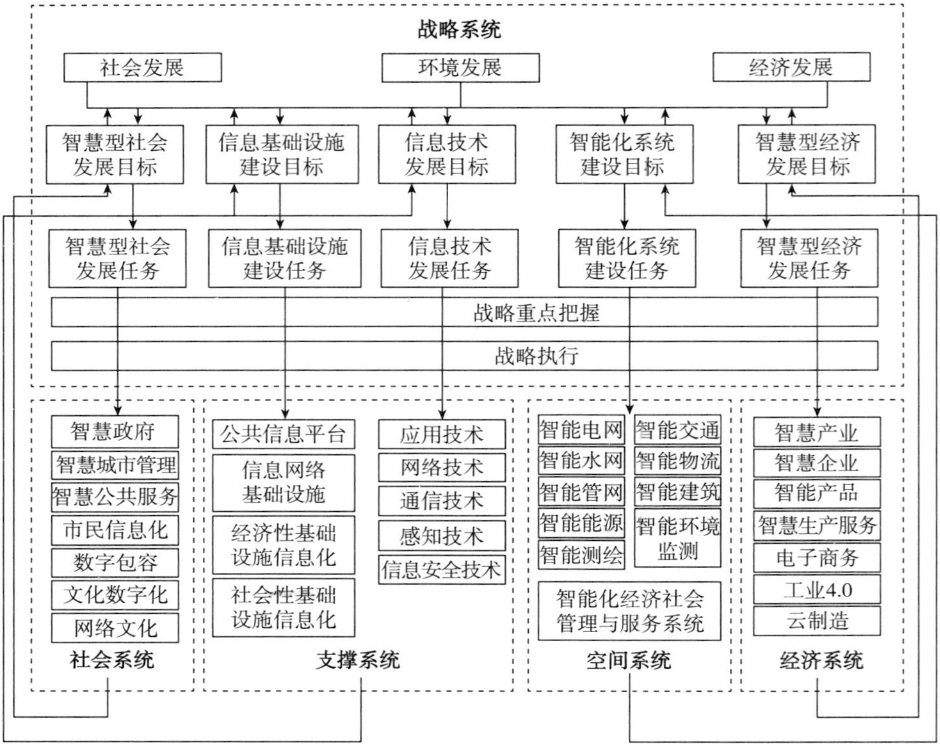

图 5.10　战略系统视角的结构关系示意图

5.3.2　社会系统视角的结构关系

社会系统与其他四大子系统之间各有不同的影响与作用关系，本部分将从以下四个方面分别分析对应的相互关系：

第一，社会系统与战略系统的关系体现为，战略系统中智慧型社会的发展任务明确了社会系统的公共行政系统、社会文化系统、社会关系系统中相关内容的建设与发展任务，随着建设任务的执行与推进，人们的社会活动逐渐呈现智慧化形态，推进了智慧型社会发展目标的达成，以及智慧城市社会发展愿景的实现。

第二，社会系统与经济系统的关系体现为：①社会系统中网络社群的发展推动了经济活动中创新2.0模式的出现与发展,大众创新、开放式创新、企业社交商务、知识网络等新的创新形态不断涌现。②社会系统中数字技术平台和数字技术媒体的发展大大地拓展了人与人之间的社会网络,网络化的社交媒体成为人们建立联系和沟通交流的重要平台;对应地,电子商务成为联系买家和卖家,促成人们交易的重要平台。同时,无论是人们的生产消费还是生活消费,其消费的物质内容、精神内容、服务内容,都深深地打上了数字技术和数字媒体的烙印。③经济系统中的智能产品是推进和实现市民信息化的工具与手段。④经济系统中智慧产业及智慧企业的发展提高了从事信息相关行业的人的社会经济地位,伴随着没有接入信息网络的人成为社会弱势群体,社会活动体系中的社会阶层出现了一定的分化现象。

第三,社会系统与支撑系统的关系体现为:①支撑系统中的公共信息平台融合相关信息技术和基础设施,为社会系统中智慧的行政管理、智慧的城市管理和智慧的公共服务活动提供必要支撑。一方面,公共信息平台通过数据信息的整合共享以及专业的应用服务支撑智慧政府、智慧城市管理和智慧公共服务等智慧化应用;另一方面,通过公共信息平台的支持,政府管理与服务等智慧化应用能够更加高效、精准地实现对城市基础设施的管理、监测、控制和使用。②社会系统中市民信息化的发展,以及数字技术媒体和新媒体传播的广泛应用,都依托于支撑系统中相关信息通信技术和信息基础设施提供技术和物质支持。

第四,社会系统与空间系统的关系体现为:①通过接入公共信息平台,空间系统中智能化的物质资源和环境,为社会系统中智慧化的政府管理与服务活动创造了相适应的智能化环境,与此同时,智慧化的政府管理与服务在公共信息平台的支持下,能够更高效地实现对物质资源与环境的保护、利用与管理。②空间系统中的网络虚拟空间在社会系统中映射和具体体现为网络社会群体。③在社会系统中,随着市民信息化程度的不断提高,越来越多的人接入网络社群,依托各类数字技术媒体进行社交、购物及消费活动,由此带来了空间体系中居住、工作和生活服务空间的流动化发展。

基于以上分析,社会系统与其他四大子系统之间的相互关系具体如图5.11所示。

5.3.3 经济系统视角的结构关系

经济系统与其他四大子系统之间也具有各不相同的影响与作用关系,本部分将从以下四个方面分别分析对应的相互关系:

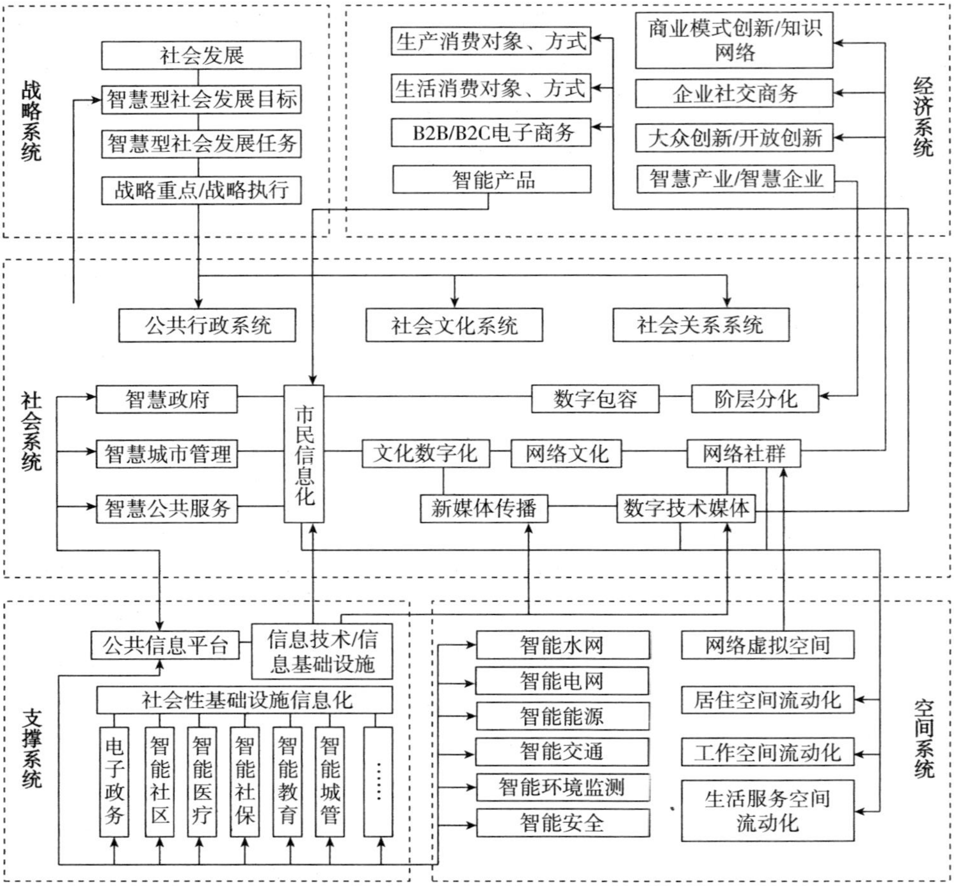

图 5.11 社会系统视角的结构关系示意图

第一,经济系统与战略系统的关系为:①战略系统中智慧型经济的发展任务明确了经济系统的创新系统、生产系统、流通系统和消费系统中相关内容的建设与发展任务,并通过相关执行措施推进实施。②经济系统中智慧形态的经济活动的发展与演进不断向战略系统中战略目标拟定的智慧型经济发展的目标迈进,促进智慧型经济发展目标的达成,以及经济发展愿景的实现。

第二,经济系统与社会系统的关系为:①社会系统中数字技术媒体、网络社群以及网络文化的发展推进了经济系统中企业组织的创新与变革,基于社交平台的知识网络、开放创新、大众创新、社交商务等创新 2.0 范式都成为企业创新运作的新模式。与此同时,数字技术媒体、网络社群以及网络文化的发展改变了人们的交互方式和生活方式，进而对经济系统中人们的交易和消费模式产生了重要影响，B2B、B2C 以及 O2O 等电子商务模式通过提供平台成为买卖双方建立联系、达成交易的重要方式，对应的生产消费和生活消费的内容具有了更多的信息技术含量。②社会系统中市民信息化和数字包容的发展使更多的人能够接入和使用网络信息平台，发展成为网络用户，网络用户的广泛参与是经济系统中电子商务模式出现和运作的社会基础。③经济系统中智慧产业重要地位的不断凸显以及智慧产业的发展壮大，推动了它的从业者经济社会地位的提升，促进了社会系统中社会阶层的分化。

第三，经济系统与支撑系统的关系为：①经济系统中智慧生产制造（工业4.0 和云制造）、智慧生产服务、电子商务与消费、创新 2.0 等智慧形态的经济活动的开展，需要通过支撑系统中的公共信息平台来实现各类经济主体的互联互通和信息共享，从而为各类智慧形态的经济活动的开展提供技术、信息和平台支持。②支撑系统中公共信息平台的另一端连接城市基础设施，它一方面实现基础设施系统内部以及不同领域、不同类型基础设施系统之间的互联互通和信息共享，支持人们更加高效、便捷、明智地开展各类经济活动，形成智慧形态的经济活动。另一方面，智慧制造、智慧生产服务、电子商务等智慧形态的经济活动的开展伴随商流、物流、信息流、资金流、技术流及人流的大规模流动，对城市基础设施提出了较高的要求，高速、宽带、泛在、安全成为信息网络基础设施不断发展的重点方向，城市中交通、能源、电力、水资源、港口、物流等基础设施的运作效率和承载水平成为衡量城市基础设施有效性的重要标准，它们的数字化、智能化改造成为城市经济性基础设施信息化改造的重点内容。

第四，经济系统与空间系统的主要关系体现为：①经济系统中生产性服务业的智慧化发展使得很多生产服务能够依托信息系统和网络平台来高效、快捷地完成，生产服务的空间呈现分散和集聚并存的分布模式，生产服务空间变得流动化。②智慧产业、智慧企业以及代表性的工业 4.0 和云制造的发展，使企业的生产过程变得智能化、社会化，生产过程分散到不同区位的同时又通过电子通信将其重新整合为一体，形成了一种新型的工业生产方式和工业区位分布模式——新工业空间，对应的空间系统中工业的生产空间以及人们的工作空间都呈现出了流动化的发展趋势。③空间系统中网络虚拟空间的形成和发展促使企业内部及其与外部的组织联系方式发生了变化，在此基础上，应用于企业组织运作过程不同环节和领域的创新 2.0 模式出现和发展起来。④空间系统中智能化形态的物质空间（流动空间）通过公共信息平台与经济系统中智慧形态的经济活动相连接，经济系统中的活动主体——人，能够通过公共信息平台更好地了解和掌握物质空间的存在和运动状况，进而依据自身经济活动的需要，利用先进的信息技术工具，借助于人的分析和判断能力，大大提高了人类对物质资源的获取和使用水平，以及对自然环境的保护和管理水平，使城市的基础设施能够更好地服务于人的经济活动。

基于以上分析，经济系统与其他四大子系统之间的相互关系具体如图5.12所示。

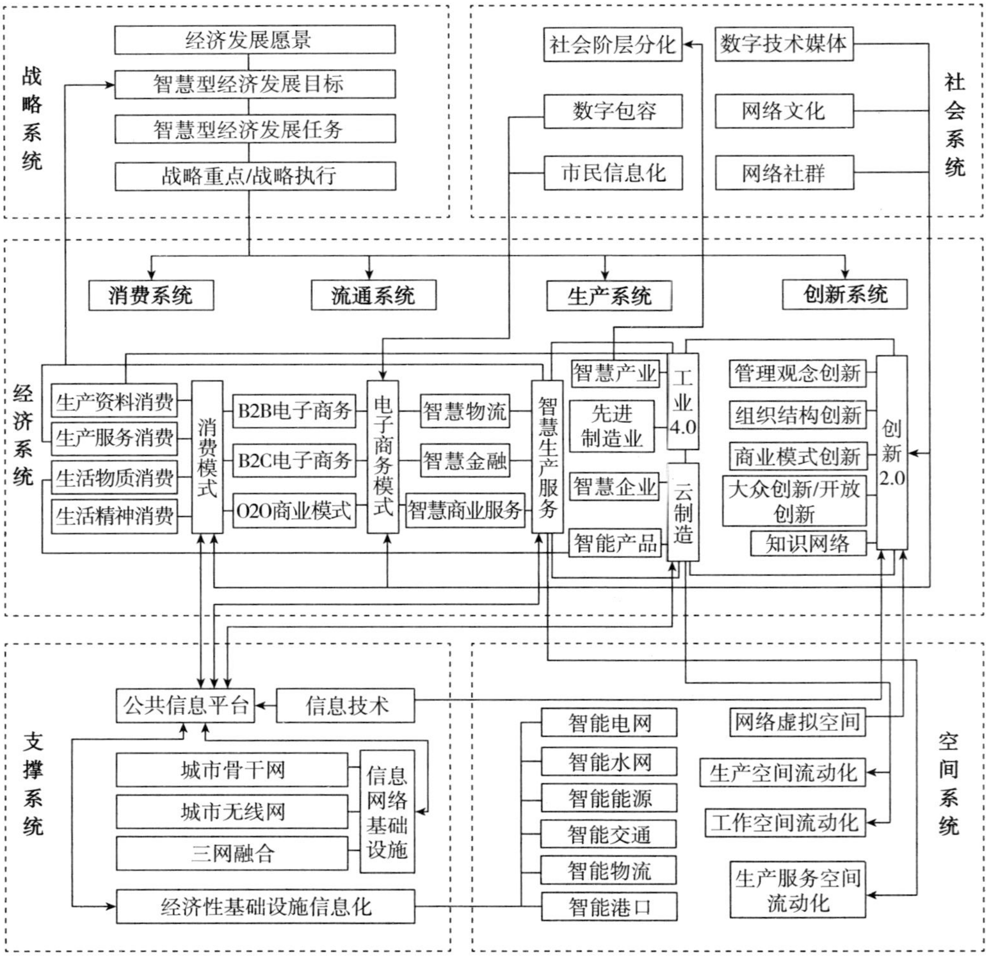

图 5.12　经济系统视角的结构关系示意图

5.3.4 支撑系统视角的结构关系

支撑系统与其他四大子系统之间具有不同的影响和作用关系，本部分将从以下三个方面分别分析对应的相互关系：

第一，支撑系统与战略系统之间的关系为：战略系统通过拟定战略任务中信息技术的发展任务和信息基础设施的建设任务明确支撑系统的信息技术系统、信息基础设施系统、基础设施信息化系统中相关内容的建设与发展任务，与此同时，通过战略执行与实施，支撑体系的建立和完善促进信息技术发展目标和基础设施建设目标的达成，进而实现城市的环境发展愿景。

第二，支撑系统与经济系统和社会系统的关系主要体现为，支撑系统为经济系统和社会活动系统中的经济社会活动提供技术、设施和平台支持。首先，社会系统和经济系统中经济社会活动的智慧化发展，需要为支撑系统中信息技术、信息网络基础设施以及基础设施的信息化提供技术和设施支持，它们是推动经济社会活动向数字化、网络化、智能化形态演变的基础。其次，经济系统和社会系统中经济社会活动能够实现"智能化"到"智慧化"的跨越主要是通过公共信息平台来实现的。公共信息平台通过数据与信息的整合与共享，实现了不同活动主体之间以及城市物质空间和网络虚拟空间之间的互联互通，推进了不同领域的协同运作和创新应用。同时，公共信息平台通过其数据分析与挖掘技术提供的专业应用服务为人们更加明智、高效地开展经济社会活动提供了重要依据。因此，公共信息平台支撑下的"信息共享""协同运作"和"明智决策"成为经济社会活动实现智慧化演变的关键因素。

第三，从支撑系统角度来看，支撑系统与空间系统之间的关系体现为：①空间系统中网络虚拟空间的存在和运作是依托支撑系统中的信息技术及信息基础设施来实现的，网络虚拟空间和城市物质空间的融合带动了城市物质空间的流动化发展，因此，支撑系统中的信息技术及信息基础设施，是支持空间系统中网络虚拟空间运行以及物质空间流动化发展的基石。②空间系统中智能化的物质资源与环境系统的建立与发展，成为支撑系统中经济性基础设施信息化改造的主要组成部分。

基于以上分析，支撑系统与其他四大子系统之间的相互关系具体如图 5.13 所示。

5.3.5 空间系统视角的结构关系

空间系统与其他四大子系统之间具有不同的影响和作用关系，本部分将从以

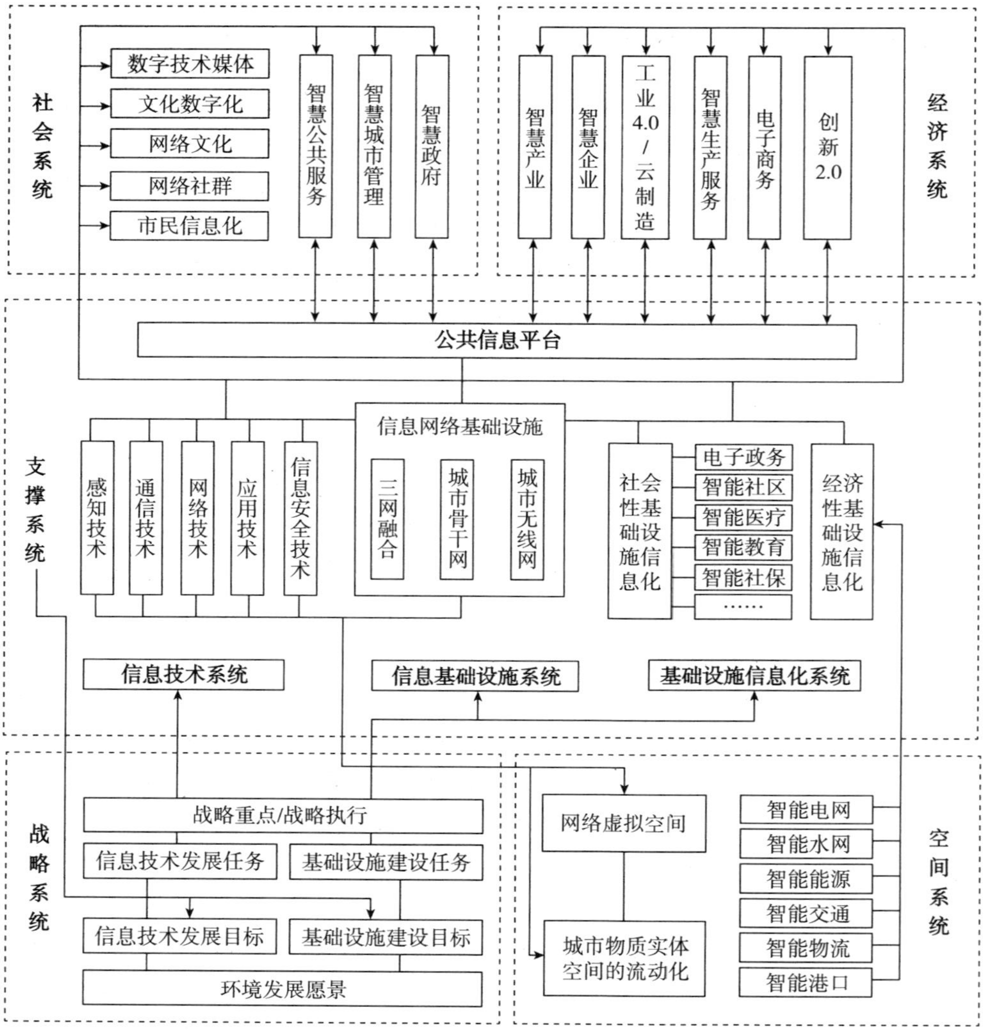

图 5.13 支撑系统视角的结构关系示意图

下三个方面分别分析对应的相互关系:

第一,空间系统与战略系统之间的关系体现为:战略系统中智能应用系统建设任务明确了空间系统中物质资源与环境智能化发展的任务,通过战略执行与实施,空间系统中与物质资源和环境相关的智能化系统得以逐步建立和不断完善,促进战略系统中智能应用系统发展目标的达成,进一步推进城市环境发展愿景的实现。

第二,空间系统与社会系统和经济系统之间的关系主要体现为:①社会系统和经济系统中智慧形态的经济社会活动的开展,引致了空间系统中不同功能空间的流动化发展。具体而言,智慧政府、智慧公共服务、智慧生产服务的发展导致了城市服务空间的流动化发展,生产和生活服务都呈现了实体服务空间和虚拟服务空间并存的发展状态。对应地,数字技术媒体的发展和市民信息化程度的提高使远程办公发展起来,人们的办公空间具有了更多的灵活性,人们的工作空间呈现了流动化发展趋势。数字技术媒体的发展、市民信息化程度的提高、网络社群的出现与发展、电子商务的兴起与发展、网络文化的形成及新的消费模式的出现,都大大地改变了人们的交互和生活方式,与信息技术相关的智能产品以及依附于互联网技术的行动模式在人们的日常生活中日益普遍,由此建立起来的新的生活方式推动了人们居住和生活空间的流动化发展。智慧产业及"工业4.0"模式、智慧企业及云制造模式的发展,使社会化的、分散区位布局的、通过电子信息技术整合为一体的生产过程和生产模式越来越普遍。工业生产空间在地理上存在不连续性,但它能够依据信息流同时汇聚和分散地域性因素,成为地域性的生产复合体,推动了生产空间的流动化发展。②空间系统中城市空间结构的分散化和网络化布局深刻地影响了社会系统和经济系统中人们经济社会活动的开展,它使人们的经济社会活动对信息技术的要求和依赖性更高,对应的生产、生活、工作、服务功能空间内部以及不同功能空间之间主要通过信息技术建立连接和联系,信息技术在人们的经济社会活动中发挥着越来越重要的作用,进一步推动了人们的经济社会活动向智慧形态演变。

第三,从空间系统角度来看,空间系统与支撑系统之间的关系体现为:①空间系统中智能化的物质资源与环境系统的建立和运行,需要信息技术、信息基础设施、基础设施信息化以及公共信息平台提供技术、设施及平台支持。②空间系统中智能化的物质资源与环境系统的建设也是支撑系统中基础设施信息化建设的重要组成部分。

基于以上分析,空间系统与其他四大子系统之间的相互关系具体如图5.14所示。

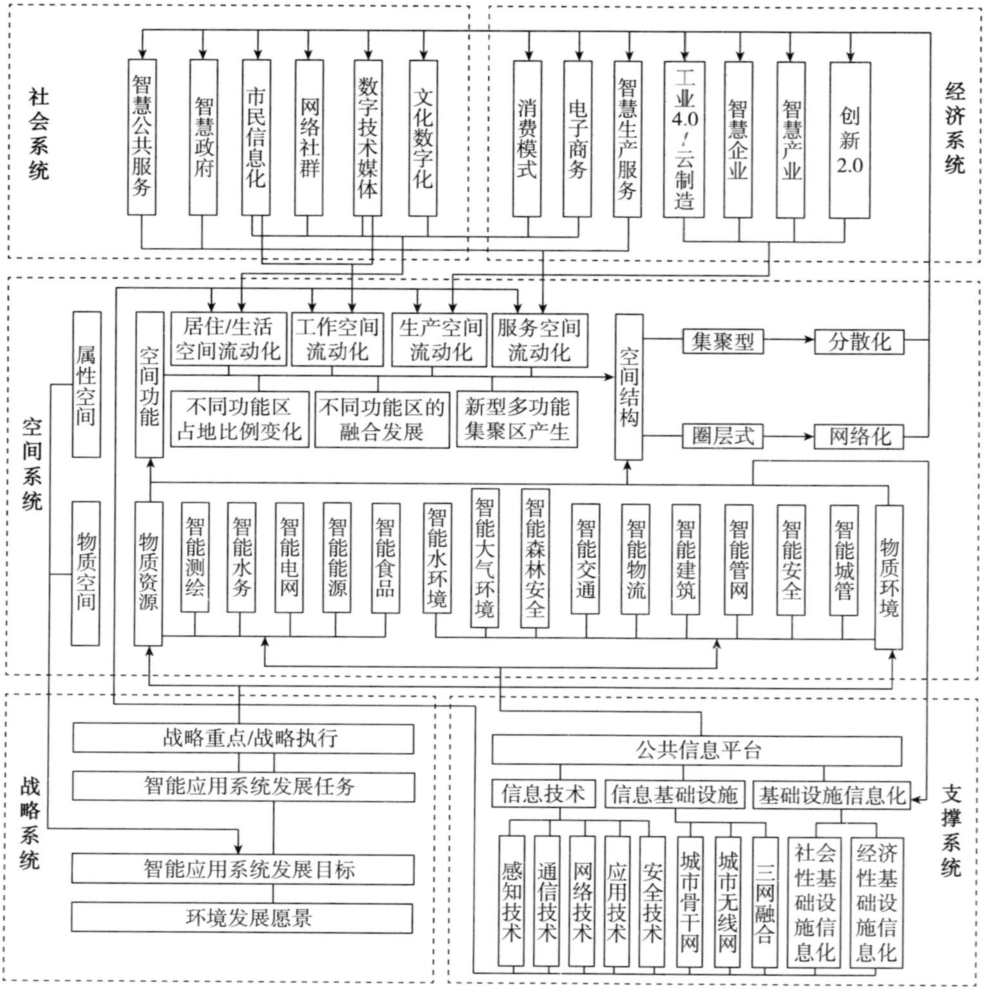

图 5.14 空间系统视角的结构关系示意图

第 6 章 广州智慧城市系统分析

智慧城市系统的要素、结构及模型揭示了智慧城市系统是由相互联系、相互作用的战略系统、社会系统、经济系统、支撑系统和空间系统五个子系统复合而成，五大子系统分别位于复杂程度由高到低的战略层、活动层、物理层三大层次之中，智慧城市的系统模型按照特定的联系和控制机制描绘了智慧城市系统的三大层次和五大子系统之间的连接和作用关系。为了使本书对智慧城市系统要素、结构及模型的理论分析更具现实有效性，本章以广州市为例，结合广州的智慧城市建设实践对广州智慧城市系统的要素、结构及模型进行分析，并结合相关理论为广州智慧城市建设提出对策建议。

6.1 广州智慧城市建设的背景分析

6.1.1 广州智慧城市建设的基础和条件

6.1.1.1 广州市发展的现状与条件

广州是我国华南地区的中心城市、核心城市，它在经济发展和现代化建设取得巨大成就的同时，也面临着城市转型发展的迫切任务。经过改革开放以来的高速发展，广州的综合经济实力在国内城市中一直名列前茅，近十年来广州的 GDP 总量一直处于全国第三的重要位置，成为了全国公认的一线城市。与此同时，广州的城市化发展也达到了较高水平，2018 年广州市的城市化率已经达到了 86.38%，达到了发达国家的水平。在广州市经济建设取得的巨大成就的同时，它也遇到了与我国很多大型综合性城市进一步发展所面临的共性难题,主要体现为传统的发展模式难以为继、社会管理任务繁重、公共服务需求增长、转型发展动力减弱、旧的体制机制束缚等,也面临着从初级的"人口转移型城市化"向"结构转换型城市化"转变的重要任务。因此,全方位地推进城市的创新发展,成为广州进一步发展的迫切任务。

6.1.1.2 广州推进智慧城市建设所具备的基础条件

从城市发展的基础来看,广州市具有较好的建设智慧城市的基础条件。早在"十一五"期间,广州就已经开始了"信息广州"的建设,取得了显著的成效。如信息化综合发展指数达到0.946,达到中等发达国家水平,以及互联网普及率为72.9%,达到亚洲先进城市水平等,2015年,广州荣获中国智慧城市发展应用评估创新奖。在2017年11月,广州荣获了中国智慧城市建设领先奖。对于建设智慧广州而言,广州市建成了具有国际水平的现代信息基础设施,电子商务、电子政务等信息化应用水平较高,市民的信息化普及程度较高,信息产业的发展也较快,信息化发展的政策环境也日益完善,为广州市进行智慧城市建设奠定了良好基础。

6.1.1.3 广州智慧城市建设的思想准备

从城市发展的思想准备来看,广州市推进智慧城市建设具有明确的发展方向,它将智慧广州建设作为强化其国家中心城市地位的重大举措。国家中心城市最初是2005年中国住房和城乡建设部在编制《全国城镇体系规划》时提出的概念,它是一国城市发展的最高水平的代表,对内发挥着重要的集聚、引领、辐射和带动作用,对外代表本国参与国际竞争。在国家相关的发展规划中,广州成为五大国家中心城市之一,广州市也较为重视国家中心城市这一战略定位,在《广州市国民经济和社会发展第十二个五年规划纲要》和《广州城市总体规划(2011—2020)》中都将"全面建设和实现国家中心城市"作为广州发展的重大战略目标。

在智慧城市进入人们视野之后,广州市将智慧城市建设作为强化其国家中心城市功能的必然选择:①建设智慧广州将利用物联网技术和智能化手段全面提升广州市发展、规划、运营、管理和服务的智能化水平。②建设智慧广州将促进社会管理和人们生活方式变革,构建智能化公共服务体系,促进绿色低碳生活方式的普及。③建设智慧广州将更大范围、更深层次推动新技术融合创新,催生基于数据和知识的新工业、新服务、新产业和新市场,推动战略性主导产业向智能化、

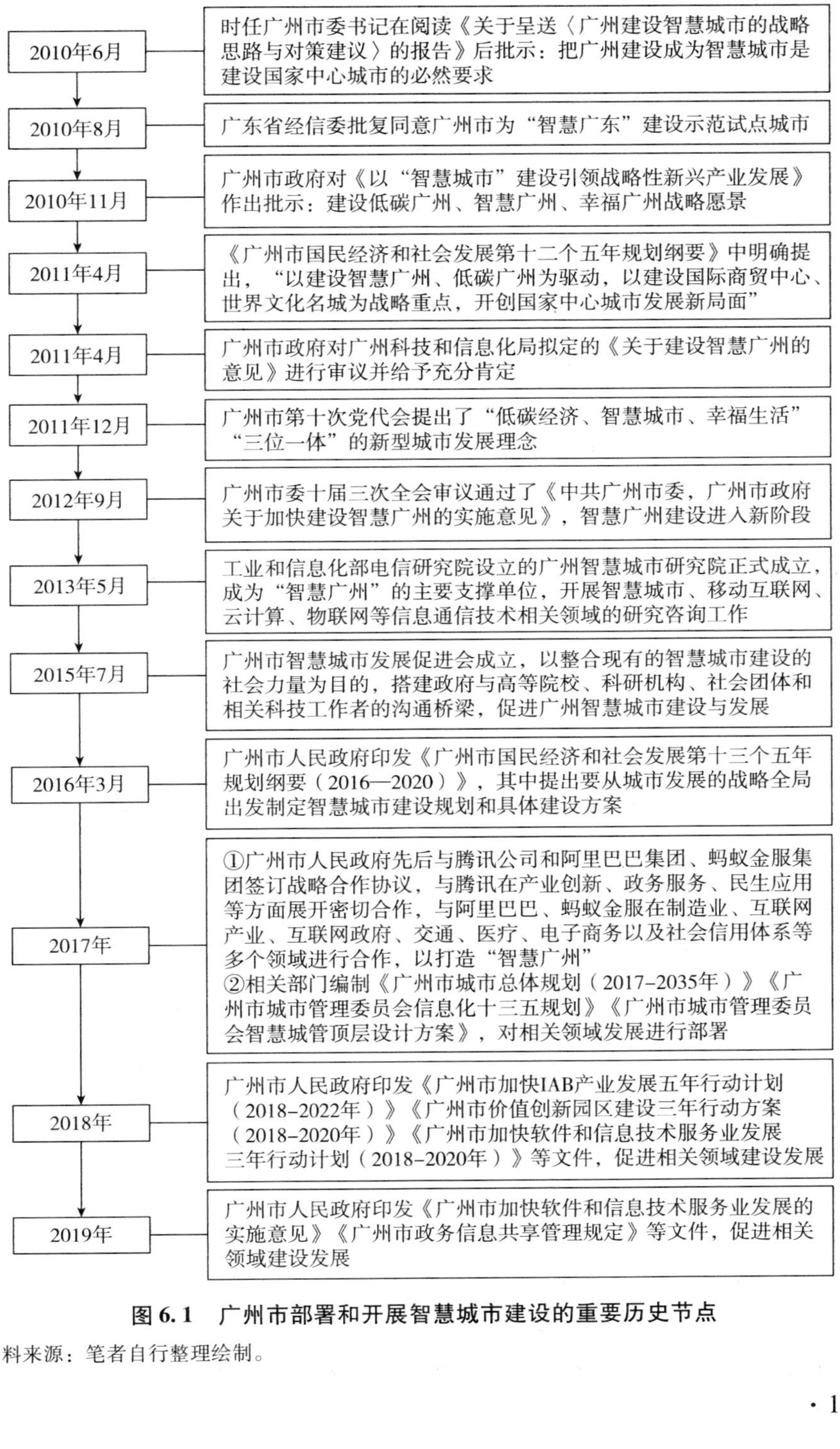

第6章 广州智慧城市系统分析

时间	事件
2010年6月	时任广州市委书记在阅读《关于呈送〈广州建设智慧城市的战略思路与对策建议〉的报告》后批示：把广州建设成为智慧城市是建设国家中心城市的必然要求
2010年8月	广东省经信委批复同意广州市为"智慧广东"建设示范试点城市
2010年11月	广州市政府对《以"智慧城市"建设引领战略性新兴产业发展》作出批示：建设低碳广州、智慧广州、幸福广州战略愿景
2011年4月	《广州市国民经济和社会发展第十二个五年规划纲要》中明确提出，"以建设智慧广州、低碳广州为驱动，以建设国际商贸中心、世界文化名城为战略重点，开创国家中心城市发展新局面"
2011年4月	广州市政府对广州科技和信息化局拟定的《关于建设智慧广州的意见》进行审议并给予充分肯定
2011年12月	广州市第十次党代会提出了"低碳经济、智慧城市、幸福生活""三位一体"的新型城市发展理念
2012年9月	广州市委十届三次全会审议通过了《中共广州市委，广州市政府关于加快建设智慧广州的实施意见》，智慧广州建设进入新阶段
2013年5月	工业和信息化部电信研究院设立的广州智慧城市研究院正式成立，成为"智慧广州"的主要支撑单位，开展智慧城市、移动互联网、云计算、物联网等信息通信技术相关领域的研究咨询工作
2015年7月	广州市智慧城市发展促进会成立，以整合现有的智慧城市建设的社会力量为目的，搭建政府与高等院校、科研机构、社会团体和相关科技工作者的沟通桥梁，促进广州智慧城市建设与发展
2016年3月	广州市人民政府印发《广州市国民经济和社会发展第十三个五年规划纲要（2016—2020）》，其中提出要从城市发展的战略全局出发制定智慧城市建设规划和具体建设方案
2017年	①广州市人民政府先后与腾讯公司和阿里巴巴集团、蚂蚁金服集团签订战略合作协议，与腾讯在产业创新、政务服务、民生应用等方面展开密切合作，与阿里巴巴、蚂蚁金服在制造业、互联网产业、互联网政府、交通、医疗、电子商务以及社会信用体系等多个领域进行合作，以打造"智慧广州" ②相关部门编制《广州市城市总体规划（2017-2035年）》《广州市城市管理委员会信息化十三五规划》《广州市城市管理委员会智慧城管顶层设计方案》，对相关领域发展进行部署
2018年	广州市人民政府印发《广州市加快IAB产业发展五年行动计划（2018-2022年）》《广州市价值创新园区建设三年行动方案（2018-2020年）》《广州市加快软件和信息技术服务业发展三年行动计划（2018-2020年）》等文件，促进相关领域建设发展
2019年	广州市人民政府印发《广州市加快软件和信息技术服务业发展的实施意见》《广州市政务信息共享管理规定》等文件，促进相关领域建设发展

图6.1 广州市部署和开展智慧城市建设的重要历史节点

资料来源：笔者自行整理绘制。

· 197 ·

高端化发展，建立国际领先的智慧型战略性发展平台，从而增强广州市核心竞争优势。④建设智慧广州将构建高效智能的城市基础设施，增强城市战略资源和高端要素的集聚和服务能力（谢学宁，2013）。所以，推进和强化国家中心城市建设成为广州智慧城市建设的重要方向。

6.1.2　广州智慧城市建设的发展历程

广州市较为重视智慧城市建设，将"智慧城市"建设确立为城市发展的重大战略，并深入地研究和积极地探索智慧城市的建设。从 2010 年 6 月至今，广州市部署和开展智慧城市建设的重要历史节点如图 6.1 所示。在智慧广州建设的发展历程中，广州市政府在 2012 年发布的文件《中共广州市委广州市人民政府关于建设智慧广州的实施意见》是指导广州智慧城市建设的纲领性文件，它从信息技术、信息基础设施、智能化管理和服务系统、智慧产业发展、市民信息化、保障体系等几个重要方面对广州智慧城市建设进行了规划和部署，成为广州智慧城市建设的重要依据。在随后的发展中，广州市依据城市总体战略规划的调整及不同领域的发展程度，结合技术领域的最新发展趋势分别拟定经济、社会、空间、基础设施等不同领域的智慧化发展规划和方案。

6.2　广州智慧城市系统的要素分析

6.2.1　广州智慧城市的战略系统分析

广州市在战略愿景、战略目标、战略任务、保障体系等方面拟定了智慧广州建设的基本方案，是广州智慧城市战略系统的主要内容，为广州智慧城市的建设与发展指明了努力的方向、方法和路径。

6.2.1.1　战略愿景

智慧广州建设的战略愿景为广州市未来的发展愿景。作为未来城市的必然发展趋势和基本特征，智慧城市建设为广州未来发展愿景的实现提供路径和支撑。依据《广州市城市总体规划（2017 - 2035 年）》可知，广州市未来的发展愿景为"美丽宜居花城、活力全球城市"，逐步建设成为"中国特色社会主义引领型全

第6章 广州智慧城市系统分析

球城市"。其中,至2020年,高质量高水平全面建成小康社会,成为兼具实力、活力、魅力的美丽宜居花城。至2035年,建成社会主义现代化先行区,成为经济实力、科技实力、宜居水平达到世界一流城市水平的活力全球城市。至2050年,全面建成中国特色社会主义引领型全球城市,成为向世界展示中国特色社会主义制度巨大优越性、富裕文明、安定和谐、令人向往的美丽宜居花城、活力全球城市。围绕这一重要的愿景目标,广州未来发展愿景可以从经济发展、社会发展、环境发展三个方面来概括,如表6.1所示。

表6.1 广州市未来发展愿景

愿景层面	具体内容
经济发展	建设国际商贸中心、区域金融中心,建立具有国际竞争力的现代产业体系,具有世界影响力的科技创新中心,帮助企业获得低成本、便捷实惠的发展环境
社会发展	建设世界文化名城、区域文化教育中心,使政府在行政管理、城市管理等方面取得效能显著的管理成效,使市民随时随地享受高速便捷、低价质优的公共服务
环境发展	具有接近或达到世界先进水平的环境发展质量,为市民营造智慧的生活环境和生态友好的人居环境;充分发挥空港、海港、信息港、铁路枢纽等基础设施优势,强化陆海空协作网络体系建设,成为国家信息通信枢纽和国际综合交通枢纽中心

资料来源:根据相关资料自行整理。

6.2.1.2 战略目标与战略任务

广州智慧城市建设的战略目标与战略任务是一脉相承的,都从信息技术、智慧基础设施、智能应用系统、智慧产业、智慧民生五个方面进行了谋划,对实现国家中心城市和智慧广州建设的战略愿景形成了有效支撑。

对于智慧城市建设的发展目标,因为信息通信技术更新变化的速度较快,并且由于城市管理及业务模式的不断创新与变革会带来信息应用系统的改造与重建,智慧城市建设的战略目标一般以3~5年为宜。2012年广州市政府发布的《中共广州市委广州市人民政府关于建设智慧广州的实施意见》拟定了2012~2015年的智慧城市建设发展目标,即到2015年,建成以信息网络广泛覆盖、智能技术高度集中、智能经济高端发展、智能服务高效便民为主要特征的智慧城市建设先行示范城市,并分别从智慧基础设施、新一代信息技术、智慧新产业、智慧新应用、智慧新生活五个方面拟定了具体分项目标。围绕以上战略目标,智慧广州建设的战略任务也从以上五个方面展开,如表6.2所示。

表6.2 广州智慧城市建设的战略目标和战略任务

战略目标	具体目标	战略任务
建成一批战略性智慧基础设施	建成新一代宽带网络、国家级超级计算中心、若干个云计算中心和城市大数据信息资源库。互联网普及率达到80%以上,企业平均接入带宽达到100兆位每秒,家庭平均接入带宽达到30兆位每秒,无线局域网接入点超过30万个	①推进智慧型信息基础设施建设,建设国家级超级计算中心、城市大数据信息资源库、一批国际云计算中心和数据中心,推进光纤到户、无线城市、新一代宽带移动通信网络等宽带网络工程,提升广州信息通信枢纽功能;②推进城市重要设施的智能化改造升级,重点实施智能交通、智能港区、智能空港、智能电网、智能水网、智能气网、智能供气等城市重要基础设施智能化
突破一批新一代信息技术	在物联网、云计算、新一代通信网络、高端软件、智能终端、智能处理等领域的核心技术攻关取得重大突破,相关发明专利申请和技术标准超过200项	组织研发核心芯片技术和新一代网络核心技术,推动传感器技术、超级计算和智能处理技术的研发和产业化,在物联网、云计算、新一代通信网络、移动互联网、高端软件、智能终端、海量信息处理、高性能计算等前沿领域进行核心共性技术攻关,拥有一批国际水平的自主知识产权
建成一批智能化管理和服务系统	市、区(县级市)政府部门普遍实现信息共享和业务协同,80%以上的居民和企业拥有个性化政府服务网页,90%以上的行政许可审批事项实现网上办理。集聚3~5个年交易额500亿元以上的电子商务平台,上市电商企业达到10家	①推动政府网上行政审批,建设政府智能化办公决策平台,打造高效便民的电子政务;②推进城市管理的智能化,包括建设城市智能化管控中心和智能化视频监控体系,在社会治安、安全生产、食品药品监管等领域实施公共安全智能化工程,推进城市规划和地下管线管网智能化,建立管理、执法、监督和社会公众参与四位一体的城市综合管理体系
发展一批智慧型产业	以高端电子和智能产品占主导的电子信息产品制造业年营业收入达到3000亿元,软件和信息服务业年营业收入达到3000亿元,上市企业达到10家	①重点培育发展以下一代互联网、新一代移动通信、物联网、云计算等为代表的新一代电子信息产业,实施企业扶大做强行动计划,培育发展一批名牌智能产品;②大力推动传统优势产业智能化,实现工业研发设计、生产过程、管理营销服务智能化,发展智能装备、电子商务、智能物流、智慧金融
提升市民信息化应用水平	建成市民综合学习平台。中小学生基本掌握信息技术基础知识和技能,90%以上的市民能通过网络享受工作、生活、学习等服务,全民信息技术应用水平不断提升	①发展智慧民生服务,重点推进智慧人文教育、智慧医疗、智慧社保、智慧人才等工程;②营造智能化生活环境,重点建设生态环境感知监控、智能家居、智慧社区等;③推进天河智慧城等五个智慧广州示范区建设

资料来源:根据《中共广州市委广州市人民政府关于建设智慧广州的实施意见》整理所得。

6.2.1.3 战略重点

在广州智慧城市建设过程中，广州市也高度重视不同领域的信息化建设及各领域之间的互联互通。由上文可知，在战略任务中，广州市从信息技术、信息基础设施、智慧管理和服务系统、智慧产业、智慧民生几个方面对于推进广州经济、社会、环境等各方面的信息化建设进行了详细部署。

为了推进不同领域之间的互联互通和资源共享，广州市也进行了部署和探索。首先，广州市提出要开展智慧城市顶层设计，统筹协调城市不同领域的信息基础设施和重大项目建设。其次，广州市提出要探索建立适应高度协同发展的信息化，不断出台促进互联互通和信息共享的政策文件，推进数据资源的开放和共享。2016 年出台了《政务信息资源共享管理机制，推行首席暂行办法》，2017 年又相继发布了《政务信息官制度》（Chief Information Officer，CIO），试点先行，分配推进，建立双重管理或集中派驻的政府首席系统整合共享实施方案》和《加快推进落实〈政务信息系统整合共享实施方案〉工作方案》等文件。2019 年 4 月，广州市人民政府发布了《广州市政务信息共享管理规定》，为进一步规范政务信息共享，促进政务信息官的运作机制有效利用，提高信息资源整合和协同能力、行政效能，提升社会管理和服务水平提供了保障。最后，在贯彻执行方面，为了保证跨领域、跨部门项目的顺利实施，提出由市领导牵头负责市政府确定的跨部门重大项目。以上三个方面对于加强和促进不同信息化领域之间的互联互通提供了实施依据和组织保障。

6.2.1.4 战略执行

为了切实有效地推进智慧广州建设，广州市从加强统筹规划、建立推进机制、理顺管理体制、制定标准规范、加强技术攻关应用以及加强培训宣传等方面部署了相关保障措施，本部分对相关内容从政策法规、组织领导、信息安全、标准规范、人才建设、宣传推广等方面进行了归纳和整理，如图 6.2 所示。

6.2.2 广州智慧城市的社会系统分析

下面从社会关系系统、公共行政系统、社会文化系统三个方面分析智慧广州系统的社会系统的基本发展现状。

6.2.2.1 社会关系系统

在社会关系系统中，社会阶层的分化、网络社群的发展以及数字技术媒体的广泛应用都与市民信息化有着直接的密切联系,市民的信息化程度直接决定和影响了社会关系系统的发展程度,推进市民的信息化建设是智慧广州建设的重要任务。经过多年的建设和发展,广州市民的信息化普及程度具有了较高的水平,广泛的网络接入有效地保证了市民参与到网络社会中,充分享受网络社会为个人发展带来的机会和便利,为人的全面发展创造了有利的条件。

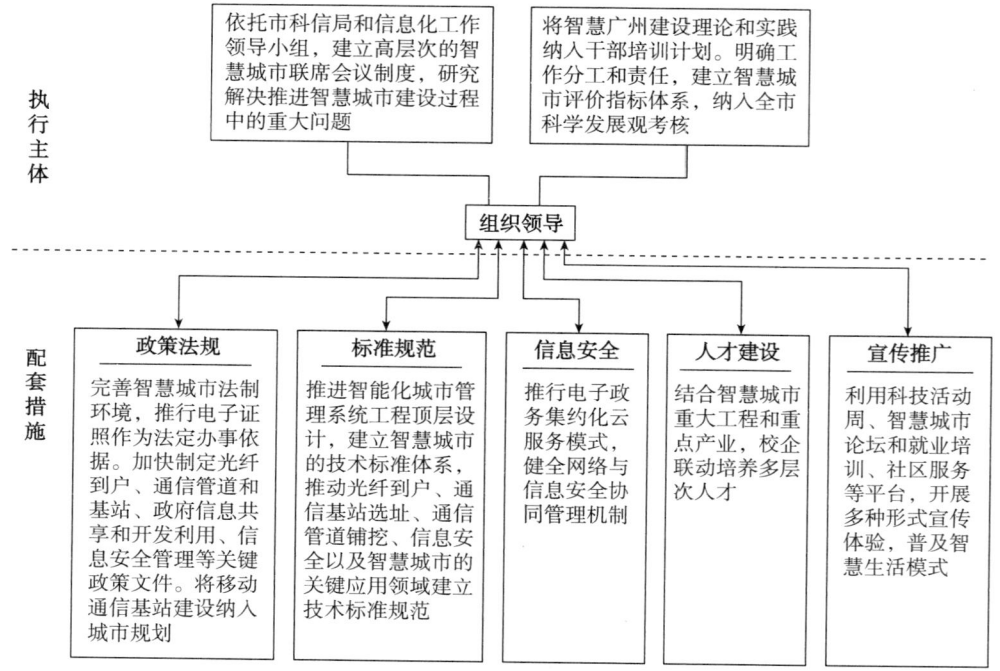

图 6.2　智慧广州建设的战略执行

资料来源:根据相关资料自行整理绘制。

广州市民的信息化程度可以从两个层面来看。一是个人、家庭和企业层面,主要反映不同类型社会主体的信息化程度。广州市的移动电话和固定电话普及率为 230.7%,互联网普及率为 80%,百户家庭电脑拥有量为 125 台,家庭上网率为 88.2%,智能交通卡"羊城通"发行量超过 2500 万张,社保卡申领登记人数达 990 万,市民邮箱用户达 667.7 万人(个人约 228 万),覆盖 95% 以上纳税企业,市民网页个人用户超过 700 万。截至 2018 年,为个人提供全方位出行查询服务的"行讯通"已经有 730 多万次下载量,提供智能交通信息服务,如路况信息、实时公交、停车服务、出租车查询、出行规划、地铁信息、航空信息、水运信息等。二是社区层面,主要反映社区这一类基层组织的整体信息化水平。广州

第6章 广州智慧城市系统分析

市全市80%的街道和1182个社区接入了网络，社区联网覆盖面约为50%，社区组织开发了统一的综合应用平台，制定了相应的接入标准规范，在12个区、128个街道进行推广。

广州市的很多市民信息化指标在国内具有较高的水平，如广州的移动电话和固定电话的普及率高于深圳（224.5%）、北京（171.9%）、上海（171.6%）、武汉（155.3%）等其他城市，智能交通卡"羊城通"也是国内规模最大的交通应用系统和最成功的小额支付公交"一卡通"系统之一，市民网上购物渗透率高于全国平均水平9个百分点，市民网上购物消费额也在全国城市前五位。广州市在社区信息化方面也做了较多努力，在全市范围内建成了联通市、区、街、社区的电子政务信息网络，在市区之间实现了千兆互连，并组织开发了统一的综合应用平台，为市民方便、快捷地接入高速网络提供了保障。

6.2.2.2 公共行政系统

在公共行政系统中，广州的智慧政府、智慧城市管理及智慧公共服务建设都取得了较好的进展和成效，社会效益明显。

在智慧政府方面，广州积极发展电子政务，其内容涉及政务公开、公共服务、政民互动、网上办公、业务管理等多个领域（见表6.3），并已进入了信息化深入应用、资源整合的阶段，目前广州99.5%的行政审批事项及91.15%的社会服务事项可通过市网办大厅办理。

表6.3 广州智慧政府应用的发展现状

应用项目	发展现状
网上行政审批	新版网上办事大厅已进驻47个市直部门，设立12个区（县级市）分厅，571项政务实现网上办理，行政许可网上办理率达90%，共发布6577个事项。市直部门和区（县级市）行政审批事项达到三级办事深度比例分别为55.83%、39.5%。截至2019年3月，广州"智慧政务"平台累计办理项目2420个，涉及审批业务4181笔，其中施工许可证业务902笔，平均办理时长为3个工作日。水、电、气等公共服务统一纳入审批平台后，已办理水电气业务174宗
信息资源共享公开	完成了对市财政、教育等83个部门1157个信息系统3520个信息资源的登记注册工作。自2016年7月1日起，《广州市政府信息共享管理规定实施细则》正式实施，明确了包括户籍、婚姻、出生死亡、企业和个体户等16类基础信息将纳入政府信息共享范畴，行政机关可以依法通过信息共享程序获得信息。市政府信息资源共享平台有信息资源主题1051个，累计交换数据192.2亿条，汇集数据超68亿条，并与广东省数据中心实现互通，为广州社会治理政府公共服务平台、城市社区网格化服务管理、综合治税等30多个专项应用提供了有效支撑。建立了广州政府数据统一开放平台，目前数据由68个部门提供，共有1307个数据集在线，并有81418次的下载量

续表

应用项目	发展现状
电子政务云服务工程	云实验平台已部署市纪委公务车系统、市城管委门户网站及业务系统等26个重要业务系统，支撑各类测试系统33个，节约财政资金超过400万元。采用"统采分签"的电子政务云服务模式，大力推广电子化公文交换模式，推广视频会议模式，全年召开各类视频会议超过100多次
反腐倡廉智能化工程	建设了廉政风险排查系统、综合电子监察系统等六大信息系统，其中，廉政风险排查系统已集成59个单位的廉政风险库，排查出38955个风险点，综合电子监察系统已建成行政执法电子监察系统、政府采购电子监察系统等若干子系统，初步形成了廉政风险智能防控体系
数字证书	累计发行数字证书近25万张，全市企业通过数字证书进行网上税费申报83.8万户次、网上发票认证742.8万份、网上缴纳税款达753.56亿元。2000多家企业网上申办工商年检业务，5000多家机构在网上办理信息工程招投标8万余次
市民网页	市民网页实现了九大类民生账单订阅查询服务、571项政府服务事项办理以及8个部门合计10个业务系统"E站通"（一次登录、多网通行），并全新推出手机客户端。累计访问量超过230万人次，完成近300万社保卡用户市民网页账号配发工作

资料来源：根据调研所得资料自行整理。

在智慧城市管理方面，广州积极开展智能化城市管理建设，如表6.4所示。从顶层设计，到设备设施的感知布设，到智能化城市管理系统建设，再到综合性城市管理平台建设，广州智慧城市管理建设取得了较好的成效。在公共饮食安全领域，广州市积极搭建覆盖公共饮食环境的饮食安全职能监控系统试验平台及监控端，截至2016年，广州共3117家学校（含幼托机构）食堂安装了食品安全视频监控系统，基本实现学校食堂的全覆盖，成为全省唯一一个中小学、幼托机构食堂视频监控全覆盖的城市。在城市应急管理智能化领域，广州市通过建设和完善区级政府综合应急平台建设，实现800M应急指挥信号地铁覆盖，市教育局已完成局属13所学校的《校园应急管理》建设工作。

表6.4 广州智慧城市管理与服务建设发展现状

发展领域	发展现状
智能化城市管理规划及顶层设计方案	出台了《广州市城市管理委员会信息化十三五规划》，完成了《广州市城市管理委员会智慧城管顶层设计方案》

第 6 章　广州智慧城市系统分析

续表

发展领域	发展现状
智能化城市管理建设项目	广州市城市管理委员会对"广州市城市管理委员会 2018 年度信息化建设"进行公开招标采购，项目预算为 1043 万元。项目建设内容涵盖整合余泥综合管理系统、深化城管综合执法系统、建设城管综合评价系统、升级广州市垃圾处理智能监管系统等，旨在提升城管智能化监管水平，有效支撑领导智能决策，改善城管公众服务水平
智能化城市管理系统与平台建设	①整合共享与平台搭建方面：升级完善数字化城市管理系统，全面实现了市区平台对接互联互通；整合接入全市近 8 万路高清视频，推进水上保洁、燃气、流动商贩、垃圾堆放等视频监控智能分析应用；全面完善户外广告、余泥渣土、燃气、生活垃圾终端处理、环卫工人、环卫车辆等系统功能，打通管理与执法接口，实现了城市管理业务的全过程监管。②系统建设与开发方面：创新开发电子联单系统，在全市在建工地以及码头、消纳场所、循环利用点共安装 295 个电子联单终端设备，发放建筑废弃物车辆 IC 卡 2482 张，开发余泥渣土巡查执法 APP，定期巡查定期通报，在微信公众号设置余泥渣土在线投诉功能，市民可"随手拍"对余泥渣土问题进行投诉，形成了建筑废弃物运输全流程监管新模式；开发餐饮垃圾智能监管系统，实现餐饮垃圾收运实时智能监管；结合无人机航拍技术，开发在建查违控违监控平台，有效遏制新增违法建设蔓延趋势；研发智慧党建 APP，开设"书记在线""支部空间""党建考核""网络培训"等栏目，实现在线教育培训、学习测试、"两学一做"常态化

资料来源：根据调研所得资料自行整理。

在智慧公共服务方面（见表 6.5），广州市积极推进数字化民生服务建设，涉及了教育、医疗、社保、人事管理、社区等领域，有效地提升了广州公共服务的效率和水平。如越秀区的智慧社区工程，利用 WiFi、3G、移动互联网、物联网、云计算、二维码等技术，拓展了网上大厅、大厅窗口、自主终端、手机短信、热线电话等多种渠道为社区居民提供各种类型的服务，较为有效地缓解了公共服务分布不均的问题。

表 6.5　广州智慧城市管理与服务建设发展现状

发展领域	发展现状
智慧医疗	以区域卫生信息化、公共卫生信息化和基层卫生信息化为重点，建立了广州市区域卫生信息平台，全市共建立了 1065 万份居民电子健康档案，75% 的区域完成了区域卫生信息化建设规划，50% 以上的区域已经开始建设并形成了区级卫生信息平台。其中，广州市妇女儿童医疗中心、广东省第二人民医院等成为典型的智慧医院

续表

发展领域	发展现状
智慧社保	对全市各区的社会保险信息进行整合，建立了立体化的社保服务网络，社保服务网点数量达134家，定点医院接入数量达到586家，定点药店接入数量达到687家，社会保险总参保人数已达488万，开通了12333专用公益服务电话号码
智慧人才管理	人事人才信息化建设实现了包括高校毕业生、人才引进、公务员管理等390多项人事人才业务的网上办理，每年为380个人事户头、650多个区县级市和区属单位主管部门、1500多个公务员机关单位、670000多个法人单位开展网上人事人才业务服务
智慧社区	在白云区，石门街红星村建成的城市配网储能装置可自动"充电"，在用电低谷时可以储能，用电高负荷时可以自行释放电能。嘉禾街西岭社区建立了租户信息库，实时监控让出租屋管理不再难。白云湖街建立了智慧指挥中心，各类社会问题处置实现快速感知、快速调度、快速处置。在越秀区，依托"粤省事"政务服务平台和省市政务服务网，居民可线上预约12项（含52个子项目）上门服务。人民街打造了共建共治共享社区暨"邻里共享e社区"创新项目，开发社区经济，实现企业组织收益率上升，并按比例转移支付物业管理费，实现居民物业管理零收费。在番禺区，桥南街番奥社区有党建网络服务平台、有党建展馆、智慧图书馆等智能化服务，通过这些平台为社区居民服务。在黄埔区，2017年建成南方五省区内首个"四网"融合智能小区"'互联网+'智慧用能综合示范小区"，为用户提供综合用能解决方案，帮助用户打造智慧用电生活

资料来源：根据调研所得资料自行整理。

6.2.2.3 社会文化系统

社会文化系统中广州通过社区文化建设、粤港澳城市群智慧卡等工程项目推进数字化文化的发展与传播，如表6.6所示。建设世界文化名城是智慧广州发展的重要愿景目标，广州市文化资源丰富、文化底蕴深厚、本地文化消费需求旺盛、知名文化品牌日益增多，具有建设世界文化名城的优越条件和基础。随着数字化技术越来越广泛、深入地融入人们的工作、生活、休闲娱乐中，建立健全数字化公共文化服务体系，利用新媒体技术推进数字文化的发展与传播，成为广州建设世界文化名城的重要路径。

6.2.3 广州智慧城市的经济系统分析

下面从生产系统、流通系统、消费系统、创新系统四个方面分析广州智慧城

第 6 章　广州智慧城市系统分析

市经济系统的基本发展现状。

表 6.6　广州数字化文化工程建设与发展现状

工程项目	主要内容
社区文化建设	在多个社区建立了 24 小时自助图书馆设备和服务，如康城幸福社区建立运用现代影音技术的智慧化社区文化团队，与社区居民互动，发挥居民文化创意，制作小电影、动漫，全面提高社区文化层次和社区居民对智慧天河建设工作的参与
粤港澳城市群智慧卡	推进粤港澳城市群智慧卡项目，实现粤港澳的"一卡双芯三地通"（公交一卡通、消费一卡通），促进三地居民的交流和往来。在促进居民跨区域出行和消费的同时，增加粤港澳三地居民的文化了解和交流，促进粤港澳的经济与文化联系
智慧家居工程	研发智能家居系统广泛应用于户内外智能控制领域，大力推进数字家庭（番禺）示范区内数字家庭建设，设立数字家庭体验中心向市民展示数字家庭产品和服务，举办"广州国际建筑电气技术展览会"，吸引了 40 多家智能家居企业参展
三网融合工程	全市广播电视网络数字化双向高清建设全面铺开，中心城区已发展双向高清互动用户 17 万户，宽带用户 15.5 万户，高清互动信号在城区的楼盘覆盖率已达 100%，中国电信广州分公司的 IPTV 能承载百万级用户同时在线，用户已达 40 万

资料来源：根据调研所得资料自行整理。

6.2.3.1　生产系统

经过改革开放以来多年的发展，广州经济建设取得了显著成效，但也同时面临着旧的经济增长动力减弱与新的增长动力形成不足，低端传统产业亟待转型升级，高端及新兴产业正处于培育中，新的经济增长点尚未有效发挥作用，整体经济增速放缓等问题（沈奎，2012）。智慧城市建设为广州市建立现代产业体系，增强经济发展动力带来了新的发展机遇，大力发展智慧产业，推进传统产业的转型升级，促进智慧企业的发展壮大，推进智能产品的发展及应用，成为智慧广州建设的重要任务。

（1）智慧产业及传统产业的智慧化改造。

在智慧产业方面，广州的智慧产业发展较快，正在形成新的竞争优势。广州市积极推进电子信息制造、物联网、互联网以及软件和信息服务、卫星导航等产业的发展。2018 年，广州市电子信息制造业工业投资同比增长 169.7%，电子信息产业在全市战略支柱产业的地位日益凸显。在物联网的研究和应用方面，广州

·207·

南沙区加强与国家发改委合作，引进了国家级平台"物联网标识管理公共服务平台"落户，为物联网产业的基础研究和产业化应用奠定了坚实的基础。同时，打造了物联网核心产业发展平台，在技术研发、产业化、市场应用、人才资源、新产业培育等方面拥有一定的先行和集聚优势。在移动互联网发展方面，互动娱乐、数字音乐、网络游戏等行业发展领先全国，年产值超亿元的移动互联网企业超过50家，涌现了网易、阿里UC、腾讯微信等一批移动互联网龙头企业。广州积极推进工业互联网的发展。截至2018年，广州培育推广工业互联网标杆、试点示范及创新应用36个，居全国首位，成立广州工业互联网产业联盟，发布工业互联网产业投资基金，揭牌了首家工业互联网企业，国家级和省级"两化"融合试点企业达365家。广州市是国家工信部授予的"中国软件名城"，培育了新型显示板、互联网、软件和信息服务等一批千亿级产业，海格通信、广电运通等17家企业被认定为国家规划布局内重点软件企业，占全省22家的77%（不含深圳），有3家企业名列全国软件百强，41家企业入选软件和集成电路设计100强培育计划，共认定了互联网、数字家庭、电子商务、云计算、物联网、集成电路设计等10多个专业园区。近几年，"中国软件名城"建设取得显著成效，培育了新型显示板、互联网、软件和信息服务等一批千亿级产业，2017年全年软件和信息服务业产值突破300亿元。广州的卫星导航产业成为全国的"领头羊"，汇集了全国20%的卫星导航企业，集聚了海格通信、中海达、南方测绘、广州北斗导航、广州润芯等一批领先北斗导航企业。

为了进一步提升城市吸引力、创造力、竞争力，广州实施了"IAB"计划（即发展新一代信息技术、人工智能、生物医药等战略性新兴产业），并于2018年8月印发了《广州市加快IAB产业发展五年行动计划（2018—2022年)》，通过设计专项产业发展资金和产业基金，培育包括人工智能、互联网在内的六个千亿级产业集群，打造包括海珠琶洲互联网价值创新园、天河软件价值创新园、番禺智慧城市价值创新园、南沙国家人工智能价值创新园在内的十大价值创新园区。其中"IAB"计划中的新一代信息技术产业包括新型显示、集成电路、新一代信息通信、基础硬件、工业互联网、物联网及车联网、云计算及大数据、互联网及软件服务、新一代信息技术服务业以及量子通信、区块链、太赫兹等。人工智能产业包括智能软硬件、智能机器人、智能运载工具、智能终端等智能产业，以及智能工厂、"人工智能+"制造等应用服务。

在传统产业发展方面，近年来广州制造业的主导行业已经从纺织服装、食品饮料、建筑材料等传统行业逐步向电子信息、电气机械、石化等新兴行业转变。

随着工业化和信息化融合的推进,广州在制造业信息化和转型升级方面实现了重要突破,10家企业纳入国家"两化"融合贯标试点,企业信息化水平显著提高,信息化对制造业发展的促进作用明显增强。与此同时,广州在商贸流通和物流等服务业也较好地实现了信息化、智能化改造。广州市制造业、商贸流通业和物流服务业的信息化改造情况如表6.7所示。

表6.7 广州传统优势产业的智慧化升级发展状况

改造领域	主要内容
制造业信息化改造	"十二五"期末,广州数字化研发设计工具普及率达到65%,重点行业关键工序数控化率达到58%,重点制造企业的电子商务普及率达70%以上。建成了广州智能装备研究院等一批国家级智能制造研究机构,建立了黄埔区省级智能制造示范基地,国内首个专业化机器人孵化基地、中外合作打造的机器人研究院与智能制造产业基地相继落户广州。2015年,全市智能装备及机器人产业规模达近400亿元。对接《广州制造2025战略规划》,广州市重点发展智能成套设备、机器人、智能模块及关键零部件、智能装备系统集成等领域,推进电子信息、物流、医药、汽车、船舶与海工装备等领域的智能化应用
商贸业电子商务应用	塑料、钢铁、化工等生产资料市场建立了大宗商品电子交易市场,龙头百货企业和大型购物中心纷纷设立网上商城,已拥有一大批国内领先的电子商务骨干企业,综合竞争力显著提升。广州电子商务始终走在全国前列,2015年全市电子商务交易额超1.5万亿元,限额以上批发和零售业网上零售额576.9亿元,唯品会等一批电商企业跨境电子商务进出口额达到67.5亿元,进出口总量在全国跨境贸易电子商务试点城市中位列第一。2017年,网上商店消费786.68亿元,同比增长19.3%,新模式跨境电子商务进出口227.7亿元,同比增长55.1%,继续位居全国第一
物流业信息化发展	广州物流公共信息平台新版上线运行,已在全市20家重点物流企业、100多家中小物流企业推广应用,平台访问和使用超过2.7万人次,累计发布车源、货源信息超过20多万条

资料来源:根据调研所得资料自行整理。

(2)智慧企业。

智慧企业是生产经营过程中智能化水平较高的企业。广州市目前已涌现出一批支撑智慧城市建设的龙头企业,如唯品会、欢聚时代、环球市场、广电运通、广州数控、广晟微电子、优视动景等。广州市智慧企业的发展模式主要有两化融合、电子商务应用、上市融资、商务模式创新等,如表6.8所示。

(3)智能产品。

智能产品是智慧产业和智慧企业发展的最终归宿点,它是智慧城市中人们生

表6.8 广州市智慧企业的典型发展模式

发展模式	具体措施及典型代表
企业信息化与两化融合	全市有75%的企业建立了企业内部信息网络,90%的企业接入了互联网,60%以上的大中型企业实施了企业资源计划(ERP)、供应链管理等综合信息系统。其中广电运通、广州数控成为国家两化深度融合示范项目
电子商务应用	实施中小企业电子商务应用扶持工程,引导2306家中小企业创新经营模式。全市超过72%的企业开展不同形式的电子商务活动,应用电子商务的企业73.4%改善了销售收入,62.6%降低了采购成本,13家成为首批广东省电子商务示范企业
企业上市融资	唯品会、欢聚时代、环球市场等企业在纽约和伦敦证券市场上市,在美国股市出现了"广州年"现象
商务模式创新	广晟微电子、优视动景(UC)、林安物流等一批掌握核心技术和引领商务模式创新的企业得到了快速成长

资料来源:根据调研所得资料自行整理。

产和生活消费对象的重要组成部分。广州在智能产品发展方面实现了重大突破,培育发展了一批具有核心竞争力的智能产品,较为典型的包括电子标签、卫星导航、二维码、软件应用产品等几类,如表6.9所示。2016年广州市人民政府印发的《广州制造2025战略规划》以及2018年印发的《广州市建设"中国制造2025"试点示范城市实施方案》,分别提到了2016~2035年的"十大重点发展领域"以及2017~2019年的"八大重点发展领域",其中涉及的智能产品主要包括智能化农机产品、航空传感器及无人机、智能网联汽车、智能健康管理系统及设备、智能家居、智能化灯光音响、智能穿戴设备、智能数据终端等智能电子产品。

表6.9 广州市智能产品的发展现状

智能产品类型	主要内容及发展现状
电子标签	①中大微电子的射频识别中央处理器(RFID CPU)智能卡芯片,它是国内少有的同时通过IC卡芯片和读写终端PBOC2.0认证的芯片之一,在大学城一卡通、广州百货、白云机场投入使用,在广州社保卡中开展应用试点; ②安凯微电子的应用处理器芯片广泛应用于移动多媒体和移动互联网终端市场; ③广东新岸线多用途计算机系统芯片技术水平居全国前列,它的多用途移动计算芯片Nusmart系列产品率先在智慧教育投入使用并已进入全面产业化阶段

续表

智能产品类型	主要内容及发展现状
卫星导航	①海格电子的全球定位系统（GPS）/北斗终端成功应用于广州市公务车管理系统，成为中国北斗系统首个大规模民用系统； ②中海达、南方测绘的高精度卫星导航系统市场份额占全国的50%以上； ③润芯信息技术有限公司设计出国内第一块北斗导航射频芯片和第一块具有收发功能的北斗导航芯片，国内市场份额位居第一
二维码	在食品药品追溯管理、出租屋和外来人员管理、电子商务方面得到应用，以广州市具有自主知识产权的真知码构建的"闪购"手机购物平台开创了拍码购物的新模式
软件应用产品	广州市拥有全球最大的电信计费软件系统（从兴电子）、全球首创大型语音互动社交平台（YY语音）、技术全国领先的UC浏览器（优视动景）、全球最大的竞技游戏平台（唯思）等

资料来源：根据调研所得资料自行整理。

6.2.3.2 流通系统

在流通系统中，广州流通业的智慧化发展主要体现在电子商务、智慧物流、智慧金融方面，如表6.10所示，分别代表了商流、物流和资金流的智能化发展形态。在智慧流通业的发展中，广州电子商务的发展迅猛，最为引人注目，在其全省以及国家都名列前茅。广州涌现了唯品会、梦芭莎、中经汇通、环球市场网和中国汽车用品网等业绩卓著的电商企业，在2017~2018年度，广州有24家企业入选广东省电子商务示范企业，居广东省首位。广州电子商务的迅猛发展也使广州市不断获得国家层面的城市奖项，如表6.11所示。

表6.10　广州市智慧流通的发展现状

主要领域	发展现状
商流：电子商务平台发展	广州市的电子商务交易发展很快，广交会电子商务中心、广东省贵金属交易中心、南方联合产权交易中心等电子交易平台年交易额达1万亿元，电商企业交易额超过1万亿元。广州获评国家电子商务示范城市，全市超过72%的企业开展不同形式的电子商务活动
物流：智慧物流	广州商贸物流企业应用普及条码、智能标签、无线射频识别等自动识别和标识技术、电子数据交换技术、可视化技术、货物跟踪技术等，建立商品来源可追溯、去向可查询、物流流程可视化的智慧物流运作体系

续表

主要领域	发展现状
资金流：智慧金融	广州地区各银行机构有序地推进信息系统建设和信息化资源整合，并实行"银—银"合作的建设模式，提高银行机构的信息化效率。大力推广和发行金融IC卡，符合PBOC 2.0标准的金融IC卡、加载金融功能的社会保障卡、大学城金融联名IC卡发行量持续提高，银行卡产业健康发展

资料来源：根据调研所得资料自行整理。

表6.11 广州市在电子商务城市方面获得的荣誉

年份	所获奖项、荣誉
2008	国家移动电子商务试点示范城市
2009	中国电子商务应用示范城市
2010	中国电子商务最具创新活动城市奖
2011	中国电子商务示范城市
2013	第二名入选电子商务百佳城市
2014	第二名入选电子商务百佳城市
2016	第三名入选电子商务百佳城市

资料来源：根据调研所得资料自行整理。

6.2.3.3 消费系统

在消费系统中，智能家居是广州生产和生活消费内容数字化、信息化、智能化的重要和突出领域。依托广州市番禺区的国家数字家庭应用示范基地，从智能家居技术的研发和产品的市场化，到不同智能家居应用方案的设计，从生产消费到生活消费，智能家居成为消费现代化的典型应用领域。2017年建成的中新知识城的"互联网+智慧用能综合示范小区"，基于四网融合提供的通信通道、三表集抄提供的数据采集，令智能家居渗透入用户生活中。住户可以通过手机、电视、iPad对家用电器远程控制，查询其用电信息，设置指定电器的运行时间，进行家庭和家用电器用电分析，并可为单个电器设备设置用电计划或功率阈值报警。在2016年广州市人民政府印发的《广州制造2025战略规划》中，在十大重点发展领域的"都市消费工业"中，重点指出了要发展智能家居，主要涉及智能油烟机、智能灶具、电动窗帘、智能冰箱、智能热水器、智能空调、视频监控等智能家居产品。同时，鼓励家居行业探索利用网络设计平台和虚拟现实技术提供个性化定制服务的模式创新。

除了智能家居之外，智慧广州的生产消费和生活消费内容的数字化、智能化发展还体现在其他一些重要领域。在生产消费领域，表6.10中所示的电子标签、卫星导航、二维码、软件应用等智能芯片和产品都是智慧广州生产消费内容的重要组成部分，同时，在全国市场份额名列前茅的广电运通金融电子公司生产的自动柜员机、广州数控设备有限公司的数控机床产品也是广州地区生产消费数字化、智能化的重要内容。在生活消费方面，广州居民生活消费内容的数字化、智能化转变还体现在智慧社区、智慧旅游、智慧餐饮等方面，如表6.12所示。

表6.12 广州市居民生活消费相关的智慧应用发展现状

应用领域	主要内容
智慧社区	越秀区社区内建立了"智慧公告栏""智慧图书机""电子阅报栏""智慧金融服务"等为社区居民提供服务。天河区中海康城社区将智慧社区建设与居民精神需求相结合，以智慧化手段提高社区文化活动的现代化和影响力
智慧旅游	广州市是全国智慧旅游试点城市，"云游广州"（广州旅游官方微信号）、"广州一日游"触摸屏自助报名系统、"沃游通"手机客户端系统、"玩转广州塔"智能导览系统及广州智慧旅游公共服务平台五个智慧旅游应用产品项目正式上线，岭南印象园的营销管理系统、华南植物园的微信导览系统、白云山风景区实时监控系统、珠江夜游"Pad"、国游公司会务机等智慧应用系统也纷纷投入使用，推动了广州旅游业的升级发展
智慧餐饮	广州市在餐饮业推广和采用无线PAD点餐、触摸屏自主点餐、微信点菜等信息化服务，推进传统餐饮业向现代经营方式转型

资料来源：根据调研所得资料自行整理。

6.2.3.4 创新系统

智慧广州创新系统的发展主要体现在创新型企业的培育和发展方面。从概念和定义上来看，创新型企业是指拥有自主知识产权的核心技术、知名品牌、具有较强的研发能力和良好的创新管理文化、整体技术水平在同行业具有先进地位，在市场竞争中具有优势和持续发展能力的企业。广州市的创新型企业在知识和技术创新、管理创新、商业模式创新等方面进行了一系列探索，如表6.13所示。

6.2.4 广州智慧城市的支撑系统分析

下面从信息技术、信息基础设施、基础设施信息化三个方面分析广州智慧城市支撑系统的基本发展现状。

表 6.13 广州市创新型企业的创新发展模式

创新维度	创新模式	典型代表
知识和技术创新	知识网络/开放式创新	①广州迪森热能技术股份有限公司以企业科研平台（"一站一院两中心"）为依托，推进科技文献、科技信息、专家库、资料等基础性科技资源的联网共享，同时，开放新能源研究院、国家博士后科研工作站、工程中心、省企业技术中心、中试基地、大型公共仪器设备和技术标准测评机构，构建科技资源共享信息平台 ②广州无线电集团有限公司通过项目联合开发、共建研发机构、共建战略联盟、国际合作等方式与清华、浙大、南通院等高等院校、科研院所开展了广泛的产学研合作，并将部分研发机构设于高校中 ③广汽集团与腾讯在车联网服务、智能驾驶等领域合作，发布 iSPACE 智联电动概念车，与科大讯飞在人机交互技术、车载智能化领域展开合作 ④广电运通通过融合区块链跨机构积分交易平台，推出国内第一台智能共享柜台机，综合实力全球第四
管理创新	文化理念创新/组织结构创新	①广州白云山和记黄埔中药有限公司通过创建集白云山和黄网站、"神农草堂"中医药博物馆、《白云山和黄中药》、《赢销》、"神农"艺术团等为一体的立体式创新文化宣传平台 ②广州数控设备有限公司构建学习创新型组织，其建设的内部图书馆共拥有图书（含电子版）3000多册，期刊 50 多种，设立制度每年固定投资数万元购买、更新图书和期刊资料，营造学习氛围 ③广州达意隆包装机械有限公司综合采用产学研合作、企业联盟、产业链合作等方式，同广东工业大学自动化学院、华南理工大学汽车与装备学院、国防科技大学等高校开展长期产学研合作，与供应商 SEW–传动、恒星制冷、东一堂等公司开展零部件研发合作，与下游企业可口可乐、宝洁等研发灌装设备，实现了企业内部以及企业组织之间组织联系方式的创新运作 ④广钢集团运用"品牌+"和"互联网+"思维，从传统制造企业向建筑钢材资源整合者和运营商转型，专注品牌运营、设计开发和市场推广等高附加值业务

第6章 广州智慧城市系统分析

续表

创新维度	创新模式	典型代表
商业模式创新	价值主张创新（客户关系、客户需求管理模式创新）	①广州迪森热能技术股份有限公司建立了 OA 协同办公系统、ERP 办公软件、PDM 设计制造系统，建设了一个安全、可靠、开放、高效的信息网络和办公自动化、信息管理电子化系统，实现了客户关系管理的信息化和自动化，有效地提升了对客户需求响应的速度 ②瑞松科技为客户提供一整套柔性化、智能化系统整体解决方案，其控股的瑞松北斗汽车装备公司是国内最具规规模的汽车智能装备技术研发制造商 ③广州威创视讯科技公司在产品开发管理上采用集成产品开发 IPD 模式，以市场和客户需求为产品开发的驱动力，并由产品管理团队和产品开发团队分工合作，高效完成新产品规划和开发 ④嘉诚物流主推"嵌入式"联动服务，将物流服务嵌入制造企业生产经营流程中，为松下电器等世界五百强大企业及大型制造业提供全流程物流服务，成为广州首个主板上市的物流企业

资料来源：根据调研所得资料自行整理。

6.2.4.1 信息技术系统

信息技术是智慧广州建设的核心支持力量。广州市较为重视新一代信息技术的发展，通过设立科技项目的方式拨付经费支持信息技术的研发，同时，广州市信息技术的研发也得到了省级、国家级项目经费的大力支持，较为有效地支持了智慧广州的感知、通信、网络和应用等技术的发展，如图6.3所示。

6.2.4.2 信息基础设施系统

信息基础设施建设主要包括信息网络基础设施和公共信息平台建设。

在信息网络基础设施建设方面，广州市积极推动光纤宽带网络、城市无线网、三网融合的建设，广州的信息基础设施快速发展，具体发展现状如表6.14所示。

在公共信息平台建设方面，围绕城市公共信息平台的基础设施、资源数据中心、应用服务系统三个层面，积极推进广州超级计算中心、政府数据库和城市管理数据库、信息资源目录体系、电子政务云平台的建设，如表6.15所示。广州市的公共信息平台在政府行政管理、城市管理等领域得到了较好应用。

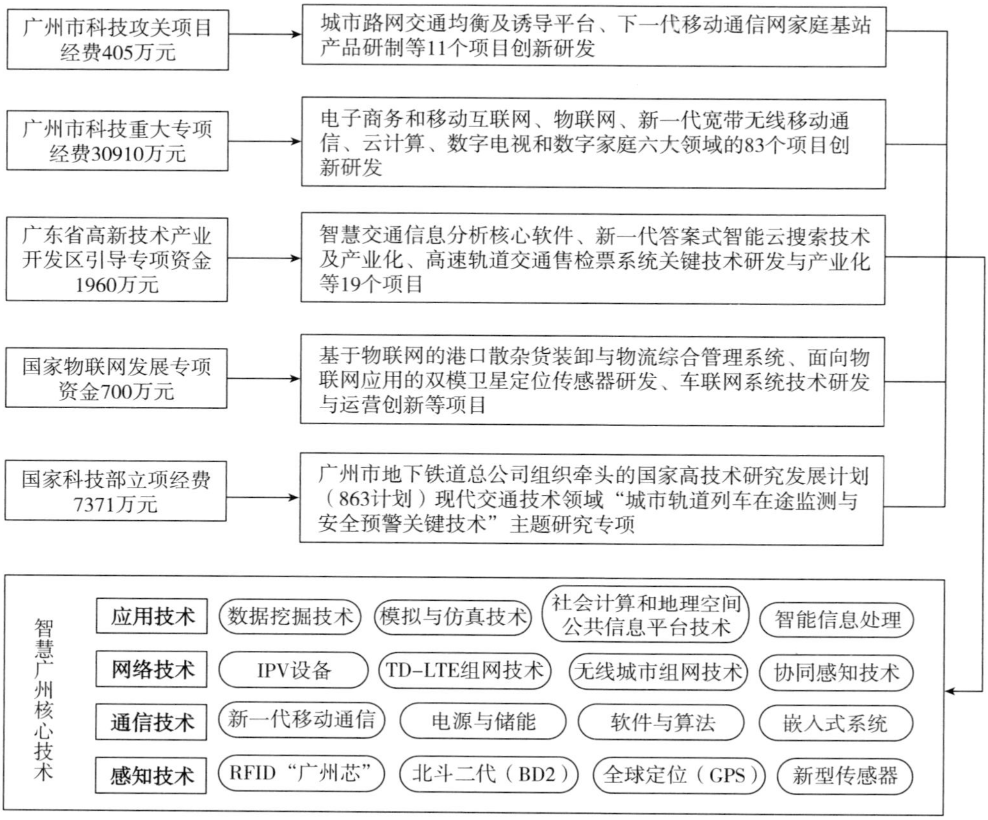

```
┌─────────────────┐    ┌──────────────────────────────────────────┐
│ 广州市科技攻关项目 │───▶│ 城市路网交通均衡及诱导平台、下一代移动通信网家庭基站 │
│   经费405万元    │    │ 产品研制等11个项目创新研发                │
└─────────────────┘    └──────────────────────────────────────────┘

┌─────────────────┐    ┌──────────────────────────────────────────┐
│ 广州市科技重大专项│───▶│ 电子商务和移动互联网、物联网、新一代宽带无线移动通 │
│  经费30910万元   │    │ 信、云计算、数字电视和数字家庭六大领域的83个项目创 │
│                 │    │ 新研发                                    │
└─────────────────┘    └──────────────────────────────────────────┘

┌─────────────────┐    ┌──────────────────────────────────────────┐
│ 广东省高新技术产业│───▶│ 智慧交通信息分析核心软件、新一代答案式智能云搜索技术│
│ 开发区引导专项资金│    │ 及产业化、高速轨道交通售检票系统关键技术研发与产业化 │
│   1960万元      │    │ 等19个项目                                │
└─────────────────┘    └──────────────────────────────────────────┘

┌─────────────────┐    ┌──────────────────────────────────────────┐
│ 国家物联网发展专项│───▶│ 基于物联网的港口散杂货装卸与物流综合管理系统、面向物│
│   资金700万元    │    │ 联网应用的双模卫星定位传感器研发、车联网系统技术研发│
│                 │    │ 与运营创新等项目                          │
└─────────────────┘    └──────────────────────────────────────────┘

┌─────────────────┐    ┌──────────────────────────────────────────┐
│ 国家科技部立项经费│───▶│ 广州市地下铁道总公司组织牵头的国家高技术研究发展计划│
│   7371万元      │    │ （863计划）现代交通技术领域"城市轨道列车在途监测与 │
│                 │    │ 安全预警关键技术"主题研究专项              │
└─────────────────┘    └──────────────────────────────────────────┘
```

```
┌──────┬────────┬──────────────────────────────────────────────────┐
│智     │应用技术│ 数据挖掘技术 │ 模拟与仿真技术 │社会计算和地理空间│ 智能信息处理 │
│慧     │        │              │                │公共信息平台技术  │              │
│广     ├────────┼──────────────┼────────────────┼──────────────────┼──────────────┤
│州     │网络技术│  IPV设备     │ TD-LTE组网技术 │  无线城市组网技术 │ 协同感知技术 │
│核     ├────────┼──────────────┼────────────────┼──────────────────┼──────────────┤
│心     │通信技术│ 新一代移动通信│  电源与储能    │   软件与算法     │  嵌入式系统  │
│技     ├────────┼──────────────┼────────────────┼──────────────────┼──────────────┤
│术     │感知技术│RFID "广州芯" │ 北斗二代（BD2）│  全球定位（GPS） │  新型传感器  │
└──────┴────────┴──────────────┴────────────────┴──────────────────┴──────────────┘
```

图 6.3 智慧广州核心技术组成及其科技攻关发展现状

资料来源：根据调研所得资料自行整理绘制。

表 6.14 广州市信息网络基础设施发展现状

工程领域	发展现状
光纤宽带建设	广州已实现全市超过 2800 个楼盘（含商业楼宇）和小区光纤覆盖，覆盖用户达到 500 万户，平均接入带宽速率达到 6M 以上，处于全国前列。截至 2018 年，广州全市固定宽带接入用户新增 39.1 万户，达 548.3 万户。其中，光纤接入用户新增 151.2 万户，达 493.9 万户，全市光纤接入用户占比从 67.3% 提升至 90.1%。已实现 100% 的行政村通达光缆，推进了光纤网络的城乡一体化。国际出口带宽超 2000GB/s，国际局电路可直达 70 多个国家和地区，基本形成通达全球的网络架构。开展城中村宽带光纤化网络改造，成功推行"村社自建、电信运营企业和第三方投资建设相结合"模式
城市无线网建设	广州已基本实现城区和所有行政村 4G 网络的全覆盖。截至 2018 年，广州市 4G 基站达 6.7 万座，城区 4G 覆盖率达 97%，4G 用户约为 915.8 万，规模位居全国第一，已开通 5G 基站 5000 座。广州已实现在 99 个主要公共场所为市民提供免费无线上网服务

续表

工程领域	发展现状
三网融合建设	广州广播电视网络数字化双向高清建设正全面铺开，中心城区已发展双向高清互动用户17万户，宽带用户15.5万户，高清互动信号在广州城区的楼盘覆盖率基本达到了100%。其中，中国电信广州分公司光纤端口覆盖250万户，家庭宽带用户达230万户，无线宽带网络覆盖大99.5%，目前IPTV用户达到40万

资料来源：根据调研所得资料自行整理。

表6.15 广州市公共信息平台发展现状

发展领域	建设内容
城市公共信息应用服务平台	电子政务云平台：整合了近50个电子政务业务系统，承载了包括检察院、规划局、工商局、城管委、发改委、国土局、体育局、气象局、经济贸易信息中心在内的70多家委局120多个业务系统的运行 城市综合管理平台：构建了综合管理、执法、监督和社会参与的"四位一体"城市综合管理平台
城市公共信息应用服务平台	信息资源目录体系：采用纵向逐层分类整合、横向统一规划、共享互通互用的原则，建成了以行业基础数据、分类数据、对外服务特制数据等为主体的信息资源目录体系，拥有数据主题596个，建成了包括1800万自然人、120万个机构和个体法人的基础信息库，以及包括80多个专题图层的地理信息空间基础数据库，也已建成了接入68家单位，交换数据超过25亿条，支撑近20个跨部门专项应用的电子政务数据中心
城市公共信息资源数据平台	政府信息数据平台：广州市政府信息共享平台接入113家单位并与省数据中心互联互通。接入单位含1个省级政府部门，广州市全部11个区级政府、68个市级政府部门和33家银行企业，自然人基本信息库已涵盖1843万人的基本信息，法人基本信息已涵盖174万家企事业单位和个体户。截至2017年，广州市信息共享平台进入快速发展阶段，已归集51个部门405个主题约17.6亿条数据，建立了企业、个人、事业单位、公共组织和政府五类信用主体约5.4亿条数据的信用主体库
	城市管理数据库：建设了城市管理网格数据库、三维实景影像库。初步建成了城市管理基础数据库，完成近800平方公里的数据采集入库，共计存储近100类、366万余个城市管理部件

续表

发展领域	建设内容
城市公共信息平台基础设施	①广州市电子政务中心通过公开招标方式，择优选定了2家基础资源服务提供商，服务提供商按照广州市电子政务云平台的整体设计思路，负责云平台的软硬件系统集成建设工作 ②建成了覆盖市中心主次干道、重点客运站周边、治超站的交通视频实时监控网络，建成了高密度平安城市视频监控平台。搭建了城市管理信息网络硬件平台，共部署近30台服务、存储及网络设备，实现了各级各部门互联互通 ③建成了广州超算中心、亚太信息引擎、中国电信沙溪云计算中心、广州云谷南沙数据中心、中国移动（广州）数据中心等一批云计算、大数据中心

资料来源：根据调研所得资料自行整理。

6.2.4.3 基础设施信息化系统

信息通信技术在城市基础设施中的渗透和应用推动了城市基础设施的信息化、智能化发展。推进城市基础设施的信息化、智能化改造也是城市基础设施实现全面感知、精细管控、协调运作，从而为人们的经济社会活动提供有效支持的必然要求。智慧广州经济性基础设施的信息化建设体现在电网、水网、交通、港口、空港、燃气供气等方面，社会性基础设施的信息化建设体现在政务、教育、医疗、社保、社区、安全等方面。广州基础设施的信息化建设取得了较好的进展，基础设施的智能化程度稳步提升，如表6.16所示。2017年3月，广州建成了南方五省区内首个四网融合智能小区项目，中新（广州）知识城建设"互联网+智慧用能综合示范小区"，整合了电、水、气三表一体化（集抄系统、智能小区综合管理系统、智能家居、分布式能源、充电设施等关键元素），实现了能源与信息的深度融合，为用户打造智慧用电生活。

表6.16 广州市基础设施信息化发展现状

类型	应用领域	发展现状
经济性基础设施信息化	智能电网	广州供电局和中新（广州）知识城管委会签署《智能电网建设合作协议》，探索智能电网建设。2013年5月中新（广州）知识城内位于萝岗区九龙工业园的首张100千伏的智能电网投入运行，2017年12月，随着220千伏知识城变电站3台主变的通电并网，220千伏知识城输变电工程正式宣告竣工投产，启动了基于大数据分析的输变电状态评估系统

续表

类型	应用领域	发展现状
经济性基础设施信息化	智能水网	广州市水务局启动了对中心城区河涌湖泊水库的智能水网感知系统建设。广州市自来水公司搭建了全市统一的网络硬件平台，建成了以用户用水数据、管网设施数据为主的数据库，建设了以营抄系统、供水管网 GIS 系统、96968 供水热线系统为核心的三大应用系统
	智能供气	广州市城管委建立智能气网监控调度和应急指挥平台，积极引导管道燃气企业开展智能抄表技术试点。从 2016 年开始，在全市推广使用物联网智能燃气表，一方面抄表员无须人工入户抄表，燃气表表端数据通过专用网络实时传送到数据中心，另一方面居民则可通过微信公众号、网上营业厅、支付宝或办理银行自动划扣服务方式缴纳燃气费，居民还可以预付费。预计 2022 年实现广州物联网智能燃气表全覆盖
	智能交通	信息化系统覆盖了城市公交、出租、地铁、公路客运、货运、站场等相关专业领域，目前已实现全市 10000 多台公交车、20000 台出租车、近 4000 辆危险货物运输车、2600 多辆散体物料车、38900 多台重点车辆的动态感知，启用了公交客流分析系统，升级推广全国首个综合交通信息服务系统"行讯通"
	智能港口	广州港务局先后建设了港航基础业务支撑平台和港航综合信息管理平台，建设了公众信息网、行政业务网上申报、危险货物作业监督、港航行政综合业务管理、引航调度等公共服务系统。试点区开展了基于物联网的港口散杂货装卸与物流综合管理，人力成本降低了 60%，货物提运效率提升了 30%。2017 年，广州港的"互联网+港口物流智能服务示范工程"入选为全国 13 个智慧港口示范工程项目之一
	智能空港	建设了南方现代物流公共信息平台中的"空港物流子平台"和"广州白云机场综合保税区信息系统"，并逐步实现了机场服务手段的智能化。白云机场民航协同决策系统、南航运行控制系统等有序推进，花都区空港物流公共信息化平台主体已完成建设，正在推广与试运行。白云机场海关通过升级完善空运物流智能化监管系统，大大提高了进口空运货物的物流速度，仅鲜活货物日均监管量一项就达 100 吨
社会性基础设施信息化	电子政务	广州电子政务的信息化已经渗透到政务公开、公共服务、网上办公、业务管理等领域，"五横两纵"电子政务公共平台框架基本形成。政府网上行政审批、市民网页、市民邮箱、数字证书、电子签名、电子政务云等都是广州电子政务的重要应用
	智慧教育	依托智慧阅读工程、教育集群工程、AI+创新工程、教育大数据平台工程、智慧培训工程、智慧评价工程、协同创新工程七大工程，推进新型技术与教育融合创新，推动广州市智慧教育创新发展，广州市入选教育部 2019 年度全国"智慧教育示范区"

续表

类型	应用领域	发展现状
社会性基础设施信息化	智慧社保	建立了"一体化，e社保"系统，构建了"一个平台、两级管理、三级经办、多点服务"的经办管理服务格局。建立了广州智慧社保"1+N"财会管控服务平台，集社保征收、待遇发放、电子记账、资金管控和决策分析等功能为一体，实现了业务流、信息流与资金流的"三流合一"，年处理待遇发放业务总量2303万笔、发放资金量527亿元。广州社会保险信息化建设同时对老八区和两市的社会保险系统进行整合，建立了市级统筹的社会保险信息系统和集中管理，实现了广佛同城社保关系无障碍转移和广佛肇异地就医即时结算，开通了12333专用公益服务号码
	智慧医疗	以区域卫生信息化、公共卫生信息化和基层卫生信息化为建设重点，以居民电子健康档案和电子病历为核心。建立了广州市区域卫生信息平台，统一全市医疗机构诊疗卡，建立居民电子健康档案。在二三级医院基本完成了以收费为核心的亿元信息系统建设，建立了疾病预防和卫生监督信息系统
	智能社区	出台《关于社会管理创新的社区信息化方案》，在全市推广社区网格化服务管理经验。截至2018年，广州集聚了云丛科技、机智云、云智易、千家智客等一批专业平台为广州智慧社区建设提供工具、软件、解决方案；同时，房地产商、物业公司、金融机构也在社区开展一系列应用创新，使广州的智慧社区创新与应用走在全国先列
	智能安全	广州市公共安全信息化建设包括采用第四代移动通信（TD－LTE）技术开展社会治安与城市管理智能化高清视频建设，深化数字城管社会治安视频监控应用，搭建覆盖公共饮食环境的饮食安全职能监控系统试验平台及监控端，建设市政府综合应急平台二期工程，建设和完善区级政府综合应急平台

资料来源：根据调研所得资料自行整理。

6.2.5 广州智慧城市的空间系统分析

下面从物质空间系统和属性空间系统两个方面分析智慧广州系统的空间系统的基本发展现状。

6.2.5.1 物质空间系统

智慧广州支撑系统中经济性基础设施和社会性基础设施的信息化建设，实现了城市中水、电、能源、交通、物流以及其他城市基础设施的数字化、信息化、智能化发展，也推动了城市物质环境中物质资源与环境的智能化、流动化发展，促使广州的城市物质空间向智慧广州流动空间转化（见表 6.17）。

表 6.17 广州市智能生态环境感知监控系统建设与发展现状

涉及领域	发展现状
智能排污监控	广州市已部署近 4000 个监控点，实现了对 60 家国控重点污染源、71 个水排放口、41 个气排放口的基于物联网技术的实时监控，每日接收到的实施监控数据超过 70 万条，并已在部分区域通过环保电子地图和环境综合管理系统相结合实现排污可视化监控，有效地提高了排污监察效率和环境应急指挥效率
智能餐饮业油烟监控	在全市启动了餐饮业油烟综合整治试点工作，越秀、荔湾、海珠、番禺已实现了对 2000 多家餐饮企业油烟治理设施运行状况的实时监控
智能机动车排气监测	广州市积极开展对机动车排气状况的监测，通过信息技术实现了对全市 54 家机动车排气监测站、234 条检测线车辆的实时监控，现在每天检测到的车辆数目为 5000 多台，已接收到的实时检测记录过百万条
智能节能	作为全国首批节约型校园建设示范单位，华南理工大学通过应用节能控制平台，达到超过 30% 的节能效果，年节约能源超过 700 万元，成为全国首家通过住房和城乡建设部、教育部验收单位

资料来源：根据调研所得资料自行整理。

除此之外，为了不断改善和提升环境空间中自然环境和人工环境的发展质量，广州积极发展智能生态环境感知监控，取得了较大成效。为了强化环境保护能力，广州市进行了环境感知监控管理平台及信息资源数据库项目的立项，并随后实现了作为该项目主要组成部分的"2014 年广州市环境保护局信息化建设项目"的正式立项，逐步建立起空气、水、辐射、噪声等环境质量智能监测预警体系。通过智能化生态环境感知监测建设，广州市推进了城市物质环境的智能化、流动化发展，有效地实现了对水、空气等环境的保护和能源的节约。

6.2.5.2 属性空间系统

在属性空间系统，广州的空间结构逐渐形成了"多中心、组团式、网络化"的城市空间发展格局，通过智慧功能区的示范和规划建设，广州积极推进五大功能区向集聚生产、服务、工作、居住等多种功能的智能化流动空间转化。

（1）空间结构。

在长期快速的城市化发展过程中，广州市形成了圈层式的空间布局形态，近年来通过产业调整和空间布局规划，广州市逐渐向"多中心、网络化"的城市空间发展格局迈进。

随着城市空间拓展的快速发展，广州初步形成了"服务业—工业—农业"由内向外的圈层布局。在城市化的快速推进过程中，广州的城市空间不断拓展，全市建设用地面积由2000年的1236.15平方千米扩张至2010年的2167.88平方千米，建设用地的快速扩张，为广州的城市化和工业化发展提供了广阔的空间。广州空间拓展模式为"外溢—回波"式，工业产业主要分布在萝岗区、黄浦区、番禺区、白云区、花都区等中心城区的外围各区，而商业、金融、商务、信息咨询等现代服务业主要分布在中心城区的天河区、越秀区、荔湾区等区，特别是天河商务中心（CBD）和越秀商业中心（梁桂全，2012）。这种"服务业—工业—农业"由内向外的圈层式空间布局结构，使广州出现了工业向外拓展、服务业向中心集聚的情况，第三产业没有跟随城市居住空间向外拓展，留在了天河区、越秀区等市中心地方，导致了就业岗位的集中布局，形成了就业和居住的空间分异，出现了严重的"职住不平衡"问题，城市交通压力较大。同时，由于中心城区的外围各区是由产业带动的空间拓展区，尚处于建设时期，公共服务设施缺失，公共服务体系尚不健全，也没有形成相对独立的功能复合区，导致了大量外围地区居住人群的公共服务需求需要回到市中心才能满足，使得市中心承担了城市的多重功能，也给城市交通带来了巨大的负担（梁桂全，2012）。城市空间结构的失衡影响了城市功能的有效发挥。

智慧广州建设与发展水平的提高有赖于城市空间拓展模式的转变与城市空间结构的优化，随着近些年广州市大力推进产业转移和空间布局规划，广州市逐渐向"一个都会区、两个新城区、三个副中心"的"多中心、组团式、网络化"的空间发展格局迈进。通过"退二进三""腾笼换鸟"，广州市将效益低下、产能落后的产业功能逐步移出了市区，将市区内的化工、啤酒、纺织等行业的生产基地外迁，只将总部留在了广州，将市区腾出的土地大力发展商贸、中介、会展、金融、信息、时尚艺术、创意设计、市场艺术、产品展示等现代服务业，在城市中心区重点发展高端服务业。比如，海珠区将电子厂、摩托车厂、造纸厂外迁，在原址规划建设了广州联合交易中心、购物中心和会展场馆，进一步增强了广州在生产资料和消费品领域的价格风向标地位。通过产业转移和有效规划，逐步形成了越秀区、海珠区、白云区、天河区、荔湾区、黄埔区六个中心城区重点发展现代服务业，东部山水新城、南沙滨海新城两大新城区和花都副中心、增城副中心、从化副中心三大副中心区发展战略性新兴产业、先进制造业和生产服务业的"一个都会区、两个新城区、三个副中心"的城市空间发展格局，如图6.4所示。

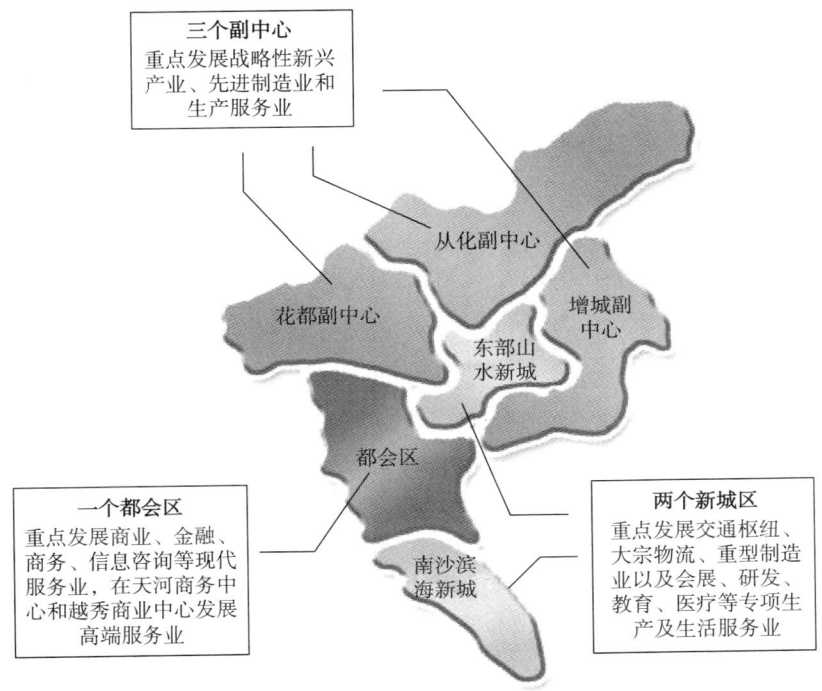

图 6.4 广州市"一个都会区、两个新城区、三个副中心"的新城市格局示意图

注：新的城市格局中整个行政区划分为25个功能团组，各组团集中建设，就近布局居住和就业，促进多中心基于网络的协作分工功能体系，形成均衡的多中心、网络型城市空间结构。

资料来源：根据2012年广州市《城市功能布局规划》整理。

随着国家"一带一路"倡议和粤港澳大湾区战略的分别推出与实施，新的时代和新的征程赋予了广州新的责任和使命。作为"丝绸之路经济带"和"海上丝绸之路"的重要枢纽，以及粤港澳大湾区中的核心城市，广州具有了新的发展定位。《广州市城市总体规划（2017—2035年）》（以下简称《规划》）将广州的城市性质确立为广东省省会，国家重要中心城市、历史文化名城，国际综合交通枢纽、商贸中心、交往中心、科技产业创新中心，逐步建设成为中国特色社会主义引领型全球城市。与此相对应，广州的城市空间结构更加突出广州在粤港澳大湾区、国内以及国际中的枢纽地位，《规划》中提出要构建枢纽型网络城市空间结构。《规划》中还提出要聚焦航空、航运和科技创新三大国际战略枢纽，强化多点支撑,优化完善生态、交通、生产生活、信息数据多层次网络布局,形成"主城区—副中心—外围城区—新型城镇—乡村"的城乡空间网络体系。与"一个都会区、两个新城区、三个副中心"的城市空间发展格局相比,结合广州城市战略定位的调整,一方面更加突出强调南沙的副中心作用,由于南沙是广州面向粤港澳大湾区重要的门户,新的规划明确提出南沙是广州的副中心与功能完整的滨海新城,要使其发展成为高水平对外开放的门户枢纽、绿色智慧宜居城市副中心、粤港澳大湾区综合服务功能核心区和共享发展区;另一方面更加强调广州的枢纽地位以及全方位、多层次地构筑广州的网络型空间格局,即通过交通设施的互联互通和市政基础设施的衔接共享,全方位实现广州城市内部各区域之间,广州与香港、澳门、佛山、清远、深圳、东莞、肇庆等粤港澳大湾区城市之间,以及广州与东南亚、南亚、南太平洋国家和地区之间的互联互通。

(2)空间功能。

在智慧城市中,人们的居住、工作、生产、服务活动发生了变化,城市的功能空间呈现出流动化的发展趋势,智能化的流动空间更好地适应了信息时代城市功能空间的发展需求。为了更好地推进城市功能空间的流动化发展,广州市将智慧功能区建设作为智慧城市建设的突破口和切入点,取得了较好的效果。根据2012年9月发布的《中共广州市委广州市人民政府关于建设智慧广州的实施意见》,智慧广州主要建设天河智慧城、南沙智慧岛、中新广州知识城、番禺数字家庭示范区、黄埔智慧港五大智慧功能区,分别分布在天河区、南沙区、萝岗区(2014年并入黄埔区)、番禺区、黄埔区。广州通过智慧能功能区的建设将功能区打造成为智慧型产业发达、公共服务完善、生态环境良好、智慧社区先进的集居住、工作、生产、服务等多种功能于一体的智能化流动空间,并以此带动整个城市空间向智能化流动空间演化。经过几年的努力,五大智慧功能区的建设与发展都取得了较为显著的成效,集聚生产、服务、生活、居住等多种功能为一体的智能化流动空间初见雏形。

为加快推进"中国制造2025"试点示范城市建设,贯彻落实《广州市加快IAB产业发展五年行动计划(2018—2022年)》,2018年6月,广州市人民政府办公厅印发了《广州市价值创新园区建设三年行动方案(2018—2020年)》(以下简称《行动方案》),提出要构建十大价值创新园区。在十大价值创新园中,除广州国际生物岛价值创新园、黄埔生物科技价值创新园外,其他八个均是与智慧城市密切相关的智慧功能区,如表6.18所示。可以看出,八大价值创新园中,天河软件价值创新园、番禺智慧城市价值创新园、南沙国际人工智能价值创新园、黄埔智能装备价值创新园的前身分别是天河智慧城、番禺数字家庭示范区、南沙智慧岛、中新知识城,另外又分别在海珠、番禺、增城、花都各增加一个智慧城市相关的价值创新园,由此形成了分别位于广州七大区的八个智慧园区。《行动方案》指出,要将价值创新园区打造成"产业龙头+主导产业链+产业创新中心+产业资金+产业服务平台+产业社区"六位一体融合发展的价值创新园区,促进生产、生活、生态的协调统一,并将其打造成为产城融合发展新示范。可见八大价值创新园区将成为未来广州以高端产业发展为主导,同时融合生活和生态功能的多种功能的智慧园区和示范区。

表6.18 广州市八大价值创新园区

园区	发展目标
海珠琶洲互联网价值创新园	到2020年,琶洲"互联网+"总部示范区主营业务收入达到1000亿元,新增就业岗位3万人,到2025年,主营业务收入达到2000亿元,新增就业岗位6.6万人,带动琶洲西区主营业务收入突破5000亿元,新增就业10万人
增城新型显示价值创新园	2018年确保超视堺第10.5代薄膜晶体管液晶显示器生产线项目主体工程基本建成,力争2019年6月开始试产,同年9月投产,基本形成高清面板生产、智能电视制造及销售的全产业链条;2020年力促项目达产,实现年产值1000亿元,实现15000名面板产业相关高技术人员就业,全力打造成为全国新型平板显示产业研发制造基地
天河软件价值创新园	到2020年,价值创新园区及周边载体主导产业收入达到400亿元
番禺智慧城市价值创新园	逐步建成思科在美国以外的最大创新业务总部和研发中心,打造成为智慧产业生态新枢纽、产城融合新标杆、全球智慧工业新高地
花都军民融合价值创新园	着力培育以智能制造、新一代电子信息产业和军民融合产业为主导的千亿级智能电子产业集群,成为华南地区最具影响力的电子信息产业基地和国家级军民融合创新示范园区
南沙国际人工智能价值创新园	建设成为全国一流的"AI+"(人工智能)智能城市示范区和全球领先的人工智能产业核心聚集区
黄埔智能装备价值创新园	以全国智能装备关键设备、技术供应和研发创新中心为定位,重点发展装备集成、先进控制器、传感器等智能制造核心部件及工业机器人的技术研发和生产
番禺智能网联新能源汽车价值创新园	逐步建成智能网联新能源汽车研发和制造能力行业领先、动力电池等关键系统产业化水平国内领先、自主掌握自动驾驶总体技术等领先技术,智能网联新能源汽车产业集聚配套、售后服务建设与产业规模相匹配的智能网联新能源汽车制造基地和华南汽车文化中心

资料来源:根据《广州市价值创新园区建设三年行动方案(2018—2020年)》整理所得。

6.3 广州智慧城市系统的结构分析

6.3.1 广州智慧城市系统的物理层分析

物理层主要反映了智慧城市中物质要素的存在形式、联系方式、运动形式及其呈现的物理形态出现的新的变化发展趋势。

在物质要素层面,广州智能应用系统及公共信息平台的建设在一定程度上实现了智慧广州系统中物质要素之间的互联互通,如图6.5所示。信息技术与信息基础设施以及经过智能化改造的基础设施相结合,形成了基于信息网络建成的智能应用系统,改变了原有的物质要素之间封闭、分散、孤立的状况。同时,公共信息平台又将不同领域的智能应用系统连接到统一的平台上,使各类不同的物质要素实现更为广泛、深入的互联互通。在广州智慧城市系统中,各类智能应用系统以及公共信息平台的建设和发展也使广州在物质要素层面上实现了数字化、网络化、智能化。

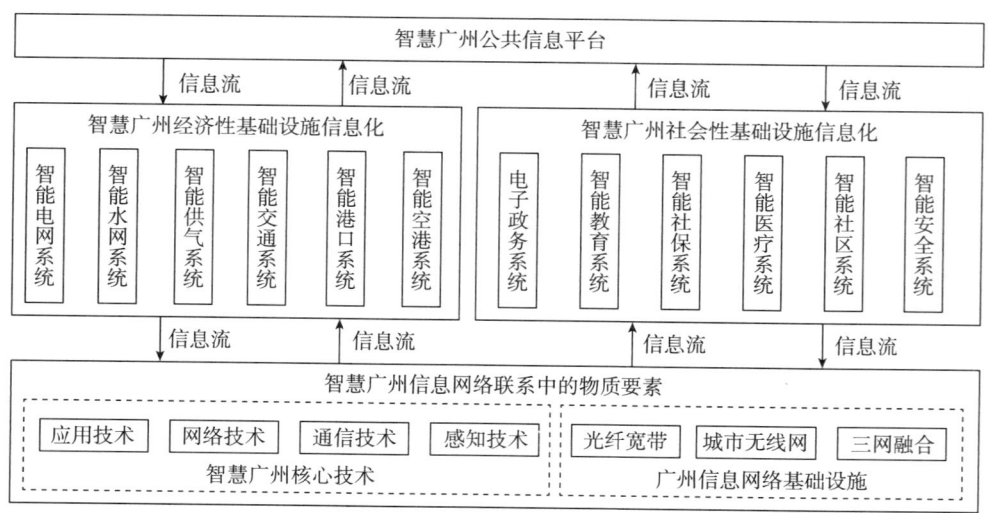

图6.5 广州智慧城市系统物理层中物质要素的互联互通机制

第 6 章 广州智慧城市系统分析

在物理形态层面,广州的城市空间出现了流动化特征,集聚多功能的智能化流动空间也在不断形成中,城市的物理形态呈现出多中心、网络化的发展趋势。在物理层,随着城市中物质要素数字化、信息化、网络化、智能化程度的提高,各类智能应用系统(如智能社区、电子商务、智能医疗等)在居住、工作、生产、服务领域中的应用使人们的活动具有了更多的选择性和灵活性,很多人们活动中有形的物质流动可以由无形的信息流动代替,所以城市空间的流动特征渐趋明显。随着城市空间流动趋势的日益发展以及城市空间结构的逐渐调整,顺应这一趋势,广州市将智慧功能区建设作为打造城市流动空间的重要举措,并确立了"一个都会区、两个新城区、三个副中心"的城市空间发展格局,体现了广州拟构建"多中心、组团式"空间格局。随着国家"一带一路"倡议及粤港澳大湾区战略的实施,广州的城市性质及定位进行了调整,体现在城市空间层面,广州致力于打造枢纽型网络空间。这一新的战略更加强调广州的"网络化"空间结构,一方面是广州城市内部依托交通线路和信息网络实现的互联互通形成的网络化结构,另一方面是广州作为一个枢纽,实现与粤港澳大湾区以及"一带一路"倡议中其他的国家、城市及地区之间的互联互通而形成的网络化结构。在智能功能区发展方面,天河智慧城、南沙智慧岛、中新广州知识城、番禺数字家庭示范区、黄埔智慧港是广州五大智慧功能区,而后在此基础上广州又提出天河软件价值创新园、番禺智慧城市价值创新园、海珠琶洲互联网价值创新园、增城新型显示价值创新园等十大创新园区,其中八个为智慧广州密切相关的智慧功能区,并致力于将其打造为集聚生产、服务、生活、居住等多种功能为一体的智能化空间。由此可见,广州的城市空间结构将逐渐走向"多中心、组团式、网络化"的空间发展格局。

6.3.2 广州智慧城市系统的活动层分析

活动层主要反映了智慧城市中人类活动所呈现的智慧新形态。物理层实现了物与物、人与物之间的互联互通,活动层在物理层基础上实现了更加广泛的人与人之间的互联互通,并推动人类经济社会活动演绎出各种智慧新形态。

随着广州信息化建设的不断推进,广州城市系统的数字化、信息化、智能化程度不断提高,各类智能应用系统的建立和发展为人们借助于先进的信息技术开展经济社会活动提供了强有力的支持,对应地,人们的经济社会活动也涌现出了各类智慧形态。结合上文对广州智慧城市社会系统和经济系统的分析,如图 6.6 所示,本章以创新网络系统、智能生产系统、智能流通系统、智能消费系统、智能管理系统、智能服务系统、数字文化系统七大类智能应用系统为基础，总结和归纳了目前广州城市运行中较为典型的人们经济社会活动呈现的智慧运作形态。

智慧城市系统中活动层比物理层涌现的"智慧"特征体现为，人们能够更加科学、高效、合理地开展各类活动，主要体现在社会活动领域和经济活动领域。

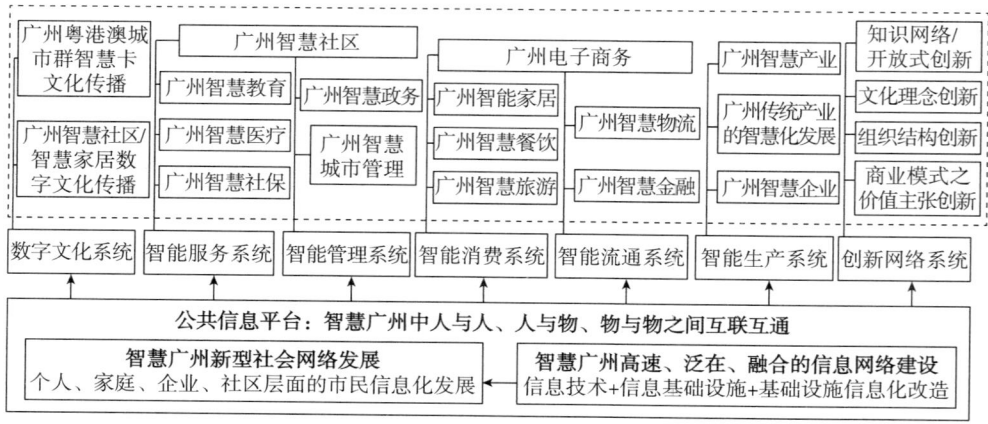

图6.6　广州智慧城市系统活动层中人们经济社会活动的智慧形态

在社会活动领域，智慧政务、智慧城市管理、智慧公共服务等智慧应用的发展产生了较好的社会效益。如广州智慧政务的建设，大大地节省了政府的行政成本，提升了政府的行政管理效能。仅至2012年，政府服务的网上办理累计减少市民和企业上门办事次数4162万次，节省时间1.2亿小时，节约社会成本1.6亿元。企业通过数字证书进行网上缴税已占到全市缴税入库税额的49.72%，减少上门次数650万户次，减少纸张1500万张，视频会议的快速增长和有效利用也有力地减少了相关人员的交通和时间成本。在智慧城市管理领域，2016年广州公安机关利用视频协助破获刑事案件19028宗，视频破案率从2011年的10.51%跃升至2016年的70.96%。仅在2017年"两会"期间，广州警方通过视频监控系统及时发现有价值线索共1824条，协助破获刑事案件423宗，抓获涉案人员704人。在智慧人才管理领域，每年有65万多各类用户通过系统办理相关人事人才业务750多万人次，网上年业务办理量为463万件，减少出门办理次数867万次。在政府以"智慧政务"平台服务市场方面，根据南都大数据研究院于2018年12月发布的《2018广州市营商环境调研报告》显示，企业对2018年

第 6 章　广州智慧城市系统分析

度广州营商环境的总体满意度（非常满意+比较满意）为 75%。从各事项满意度来看，开办企业工商登记满意度最高，为 80.88%，工程类建设项目审批满意度为 70.60%、供水供电服务满意度为 78.08%、知识产权保护满意度为 71.04%、跨境贸易满意度为 73.64%。

在经济活动领域，智慧产业、智慧物流、电子商务、创新型企业创新发展等智慧经济活动形态的发展产生了较好的经济发展效益。广州的智慧产业增长较快，成为经济增长的新引擎。数据显示，2013 年，广州软件和信息服务业收入 2275 亿元，其中软件业务收入 1604.9 万元，同比增长 20.45%，电子信息制造业产值 2201.2 亿元，同比增长 16.6%，增长速度居三大支柱产业之首。在智慧物流方面，广州物流公共信息平台新版已上线运行，已在全市 20 家重点物流企业、100 多家中小物流企业推广应用，平台访问和使用超过 2.7 万人次，累计发布车源、货源信息 20 多万条，大大提升了广州物流运转的效率和服务水平。在电子商务方面，广州在塑料、钢铁、化工等生产资料市场建立了大宗商品电子交易市场，龙头百货企业和大型购物中心纷纷设立网上商城，85% 以上的品牌专卖店开展了网络零售，超过七成的重点企业开展了不同程度的电子商务活动，广交会电子商务中心、广东省贵金属交易中心、南方联合产权交易中心等电子交易平台年交易额合计达 1 万亿元，电商企业交易额超 1 万亿元，电子商务平台已经成为广州商流、物流、信息流、资金流集聚和流散的重要中心。在创新型企业发展方面，2017 年，广州新增科技创新企业 4 万家，总数达到 16.9 万家，新增高技术企业超过 4000 家，增量居全国第二位，总数达到 8700 家，是 2015 年的 4.5 倍。在 2017 年中国德勤评选的高科技高成长 50 强企业中，广州占 13 席，数量位列全国城市第一。

6.3.3　广州智慧城市系统的战略层分析

战略层体现了智慧城市中科学的发展战略对城市系统运行与发展的干预、引领和带动作用，它利用人类的洞察和远见制定出智慧城市的发展战略，通过对活动层中人类活动和物理层中物质要素及其物理形态的发展进行系统干预，使其朝人类预想的理想方向发展。

广州城市发展具有明确的愿景方向，并在智慧城市建设与发展方面出台了一系列规划、方案与措施，形成了广州城市系统"智慧"发展的重要干预机制。《中共广州市委广州市人民政府关于建设智慧广州的实施意见》（2012 年印发）是广州智慧城市建设的核心文件，它拟定了广州智慧城市建设的发展目标、建设任务及相关保障措施,智慧广州建设也依照这一方案展开。由广州智慧城市的战略系统的分析可知,广州市未来发展愿景为"美丽宜居花城、活力全球城市"。在《中共广州市委广州市人民政府关于建设智慧广州的实施意见》中,广州市制定了智慧广州发展的战略目标、战略任务,并部署了相应的组织领导机制和保障措施。为了更好地促进广州智慧城市的建设与发展,广州市也不断健全和完善智慧城市发展战略的研究、规划和实施机制。在战略研究方面,广州市在2013年成立了由工业和信息化部电信研究院、广州市科技和信息化局、广州市越秀区政府合作建设的专业研究机构——广州智慧城市研究院,主要从事智慧城市的政策研究、规划设计、管理咨询、技术及应用研究。同时广州市也提出建立高层次的智慧城市联席会议制度,研究解决智慧城市建设过程中的重大问题。在战略规划方面,2012年9月,广州市委第十三次全会上审议通过了《中共广州市委广州市人民政府关于建设智慧广州的实施意见》,成为智慧广州建设的基本行动纲领。在战略实施方面,广州市科技与信息化局(以下简称"广州科信局")是广州智慧城市建设的主管部门,广州科信局成立了专门的工作领导小组,负责推进广州智慧城市建设。为了保证建设的推进,广州市提出由市领导牵头负责市政府确定的跨部门重大项目,并拟定推行首席信息官制度,保证信息资源的整合和协同。如图6.7所示,广州智慧城市发展战略的研究、规划和实施与广州智慧城市建设的战略愿景、目标、任务、重点和执行相结合,共同形成了广州智慧城市系统战略层的系统干预机制。

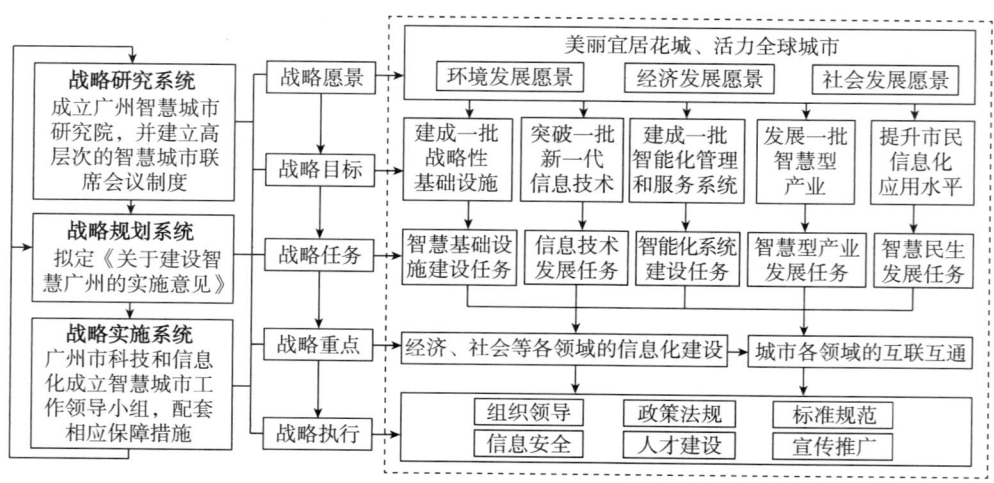

图 6.7　广州智慧城市系统战略层的主要内容与结构

广州智慧城市系统战略层的涌现特征和"智慧"之处主要体现为,广州市在智慧城市发展战略方面形成的思路、方案、措施和机制体现了广州政府决策高层通过其决策理性、洞察和远见对广州的智慧发展进行的谋划、规划和行动。这些理性决策超越了活动层面具体的管理和决策事务,是对整个城市科学发展的行动规划,为广州智慧城市系统的形成和发展提供了充分的准备,智慧广州建设也取得了显著的阶段性成效。2012 年,"智慧广州战略与实践"荣获巴塞罗那世界智慧城市奖。根据 2013 年和 2014 年中国智慧城市发展水平评估结果,在全国评估的 60 多个城市中,广州市分别获得了第 8、第 7 名的成绩,并获得了智慧城市示范领先奖。根据 2014 年 11 月广州市政府发布的资料显示,广州已建成国家超算中心,天河二号等一批智慧的新设施,智慧新产业快速发展,智能交通、智能港口、电子政府、城市的智能化管理等智慧新应用取得了长足的进步,城市化经济水平不断提升,智慧城市建设阶段性成果已惠及全市 1600 万的市民,为广州与世界先进城市接轨,逐步向国际化都市和世界城市迈进奠定了良好基础。2017 年,广州获评中国新型智慧城市惠民服务优秀城市(服务类)奖。

随后,广州市陆续出台了一系列规划及政策方针以全面推进智慧城市建设及城市发展。如《广州制造 2025 战略规划》(2016 年印发)、《广州市城市总体规划(2017-2035 年)》(2018 年印发)、《广州市加快 IAB 产业发展五年行动计划(2018-2022 年)》(2018 年印发)、《广州市政务信息共享管理规定》(2019 年印发)等。2012 年印发的《中共广州市委广州市人民政府关于建设智慧广州的实施意见》是推进广州智慧城市建设的核心文件,但广州智慧城市建设是为了实现广州城市发展的愿景而服务的。《广州市城市总体规划(2017-2035 年)》指出广州城市发展的愿景为"美丽宜居花城、活力全球城市",逐步建设成为"中国特色社会主义引领型全球城市"。未来广州的智慧城市建设将在《中共广州市委广州市人民政府关于建设智慧广州的实施意见》的基础上,以《广州市城市总体规划(2017-2035 年)》拟定的未来发展方向和战略重点为基本依据,以经济、社会、文化、生态、空间等多个领域的智慧化建设为重要路径,进一步构筑以"美丽宜居花城、活力全球城市"为愿景的智慧广州。

6.4 广州智慧城市的系统模型分析

根据上文对智慧城市系统要素和结构的分析,智慧广州的系统模型如图 6.8

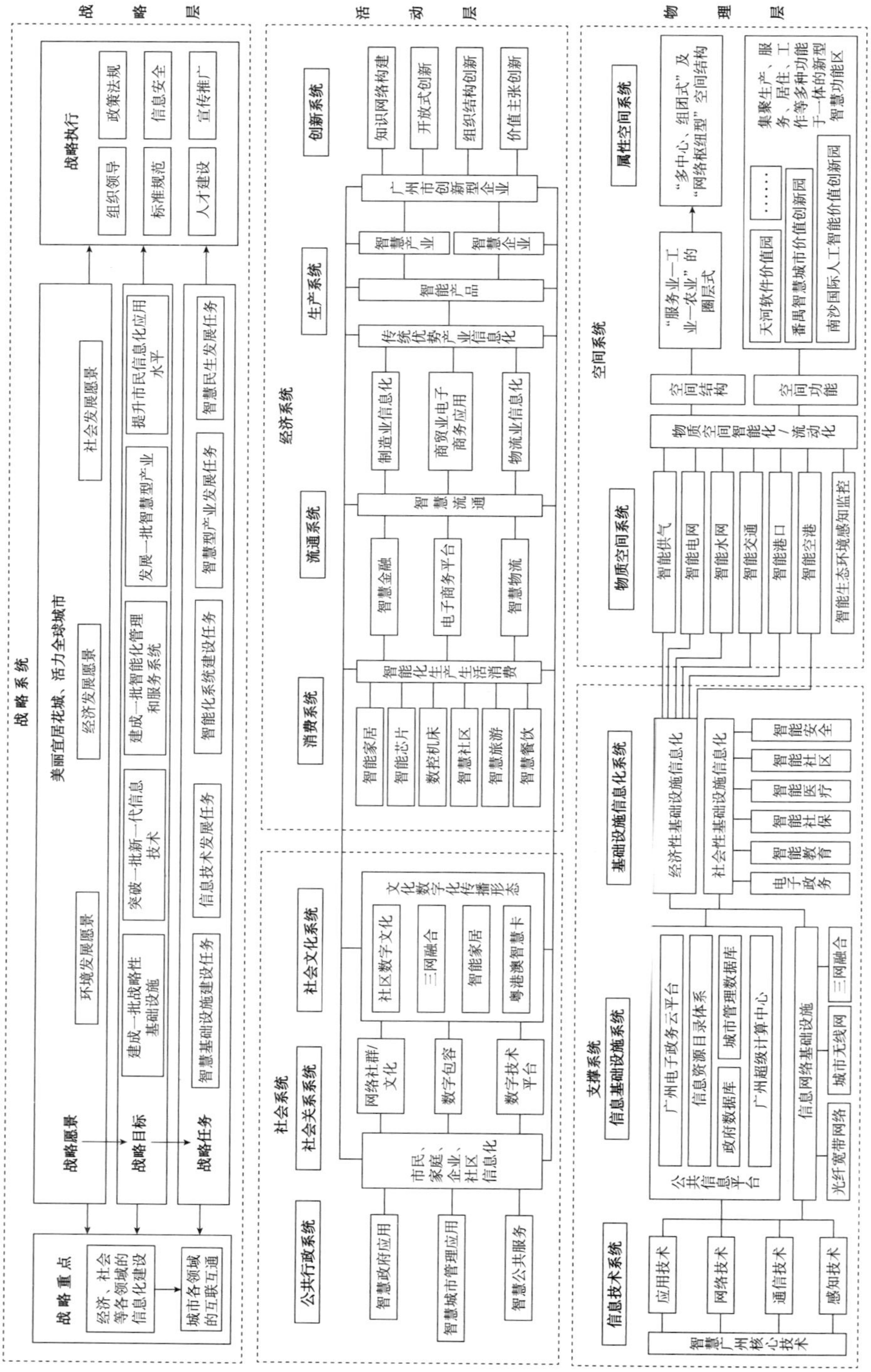

图 6.8 智慧广州系统模型示意图

所示，它是本章所构建的智慧城市系统模型在一个特定城市的具体体现。由该图可以看出，智慧广州系统由战略系统、社会系统、经济系统、支撑系统和空间系统五大子系统构成，五大子系统因其复杂程度按照战略层、活动层、物理层三大层次有序排列，不同子系统所包含的具体内容与本书所构建的智慧城市系统模型较为一致，但也在某些方面因广州市自身的特色而具有不同的具体呈现。

在战略系统，广州市未来发展的愿景方向是成为"美丽宜居花城、活力全球城市"。细分至经济、社会、环境领域，这一愿景则体现为实现和全面增强广州的国际商贸中心、世界文化名城、国际交通枢纽、国家科技产业创新中心、区域文教中心、区域金融中心地位。这一美好愿景需要通过将广州全面打造成符合未来城市发展趋势和基本特征的城市发展模式——智慧城市来实现。因此，广州未来发展愿景和智慧广州建设之间是方向与路径的关系。如图 6.9 所示，智慧广州的战略目标与战略任务为实现广州未来发展愿景提供支撑，与此同时，广州未来发展愿景为广州智慧城市建设与发展提供努力方向。

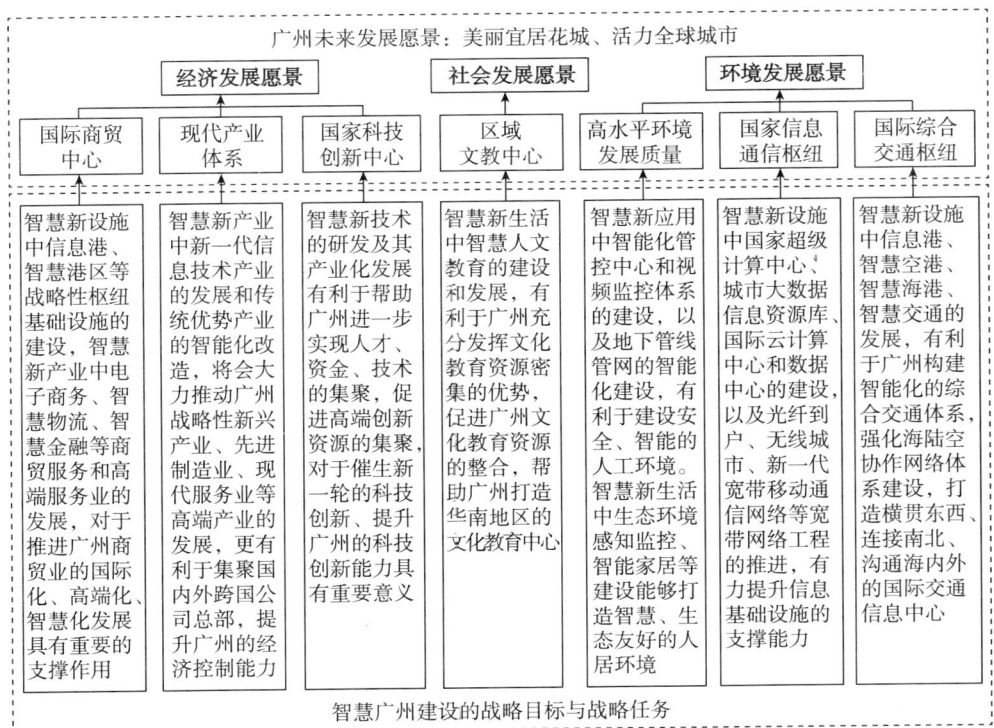

图 6.9　智慧广州建设的战略目标/任务与战略愿景的对应关系

资料来源：根据调研所得资料自行整理绘制。

在社会系统,广州市推进了智慧政府应用、智慧城市管理应用和智慧公共服务应用的建设,在市民、家庭、企业以及社区层面的信息化程度具有了较高水平,为市民享受智慧新生活提供了较好的条件和环境。为了更好地服务于广州世界文化名城的建设,广州市积极推进社区数字文化建设、粤港澳城市群智慧卡、智能家居、"三网"融合等项目,创建和完善了与现代市民生活相适应的数字化文化传播渠道。

在经济系统,广州市在智慧产业发展、传统优势产业的智慧化改造、智慧企业以及智能产品的发展方面,都取得了较好的成绩。流通业经过智慧金融、智慧物流、电子商务的发展实现了资金流、物流、商流的智能流动。智慧家居、智能芯片、数控机床、智慧旅游、智慧餐饮等智慧形态的产品和服务的出现、发展及应用,推进了广州消费体系中生产和生活消费内容的数字化、智能化发展。智慧广州经济系统的重要特色是广州的创新型企业是创新的主体,随着新一代信息技术的发展及应用,它们在企业的知识、技术、管理及商业模式方面出现了一些较为典型的创新模式。

在支撑系统,广州市以国家、省以及市相关部门的大量项目经费的支持推动感知技术、通信技术、网络技术和应用技术等智慧广州核心技术的研发和发展。广州市从光纤宽带网、城市无线网、"三网"融合等方面推进信息网络基础设施的建设,从超级计算中心、政府数据库、城市管理数据库、信息资源目录体系、电子政务云平台等方面推进公共信息平台的建设,在政府行政及城市管理领域得到了较好的应用。广州市经济性基础设施的信息化建设主要从智能供气、智能电网、智能水网、智能交通、智能港口、智能空港等方面展开,社会性基础设施的信息化建设主要从电子政务、智能教育、智能社保、智能社区、智能安全等方面展开,相关信息化建设工作有了较大进展。

在空间系统,智能电网、智能水网等经济性基础设施的信息化建设,以及智能环境感知监控系统的建设,实现了城市物质资源空间和物质环境空间的智能化、流动化发展。与此相对应,广州的城市空间结构和空间功能也发生了变化,以"服务业—工业—农业"形式由内向外布局的圈层式空间结构,逐渐向更加符合智慧广州城市发展需求的"多中心、组团式"以及"网络枢纽型"城市空间布局转变。广州市也通过打造天河软件价值创新园、番禺智慧城市价值创新园、海珠琶洲互联网价值创新园、增城新型显示价值创新园等十大创新园区,推进相关城市区域向集聚生产、服务、居住、工作、生活多种功能于一体的智能化流动空间转变。

由上文分析可知，广州智慧城市系统的组成要素可以从战略系统、社会系统、经济系统、支撑系统、空间系统五大子系统来描述，广州智慧城市系统呈现出了战略层、活动层、物理层这一复杂程度由高到低的结构特征，五大子系统和三大层次相结合也形成了广州智慧城市系统的基本模型，体现了广州智慧城市系统运行的基本机制，揭示了构建和设计一个智慧城市应遵循的基本规律。

6.5 总结与启示

智慧城市的建设与发展对于突破城市发展瓶颈、破解城市发展难题、提升城市发展层级、优化城市发展品质，进而推进城市的持续、健康发展具有重要的现实意义。结合本书对智慧城市系统要素、结构及模型的理论分析，以及对广州智慧城市建设与发展案例的剖析，本章对于智慧城市的认识与实践总结如下：

首先，智慧城市是由战略、社会、经济、支撑、空间等多个重要因素相互联系、有机复合而成的，应从以上多个方面全面推进智慧城市的建设与发展。智慧城市是随着新一代信息通信技术的发展和广泛应用而出现的新的城市发展理念，所以，对于智慧城市的认识，人们往往容易将其与先进的信息技术及发达的信息基础设施联系起来，对于智慧城市的实践，人们也尤为重视与新兴信息技术相关的信息基础设施的建设。由本章对于智慧城市系统的分析也可以看出，信息基础设施只是智慧城市的一个最基础的组成部分，它自身远不足以使一个城市发展成为一个智慧的城市。对于智慧城市而言，更为重要的是将先进的信息技术巧妙地融入城市的管理、服务、生产、生活等各个主要领域中，在城市中创造更加符合现代人发展需求的生活环境和物质条件，推动城市的全面、优化发展。这一切的实现，需要科学的发展战略来引导和统筹，也需要更加符合网络社会时代要素流动特点的空间发展模式的配合。因此，战略、社会、经济、支撑、空间五大方面对于智慧城市的形成和发展而言缺一不可，在智慧城市的建设和发展中应当统筹兼顾。

其次，智慧城市的本质特征是互联互通、创新应用，智慧城市建设应该特别重视信息共享、资源整合、业务协同的实现。智慧城市是继数字城市、智能城市之后出现的一种新的城市发展模式，但与数字城市、智能城市相比，智慧城市的主要区别在于物联网、云计算、大数据、移动互联网等新兴信息技术的运用为智慧城市建立发达的信息网络和发展泛在的社会网络，实现物与物、人与物、人与人之间的广泛互联互通创造了前所未有的便利条件，在此基础上实现各类智慧应用，推动城市创新、优化发展成为智慧城市的显著特征。对于一个城市而言，如果没有实现内部主要业务领域的互联互通，创新应用就不能实现，也不能称之为一个智慧的城市。因此，对于构建一个智慧城市而言，建立对应级别的公共信息平台，逐次在同一业务领域内部、不同业务领域之间以及城市不同职能部门之间实现一定程度的信息资源共享、业务协同，理顺对应的协同工作体制，为政府部门办公，以及市民、企业等机构办事提供前所未有的高效和便利，才能真正体现出智慧城市的优越所在。

最后，智慧城市建设需要具有长远、全面、统筹的战略观念，以科学的发展战略推进城市的"智慧"发展。以系统思考的方法来看智慧城市，智慧城市这一城市发展理念的出现是信息技术发展与城市自组织演化融合发展的产物，但智慧城市的形成与发展是在作为他组织力量的发展战略的约束和控制下实现的。战略系统是城市系统通过他组织干预力量使其实现"智慧"转变的必不可少的组成部分。在智慧城市系统中，战略系统的首要职能是明确城市的未来发展方向，然后结合这一发展定位制定城市智慧发展的战略规划方案，从而对城市物质层面的物质要素及其物理形态的发展进行规划，对活动层面的人们经济社会活动的开展进行有效引导、规范和调节，最后通过一定的战略实施机制推进战略规划方案的贯彻与落实，从而保证整个城市系统向着既定的理想的、智慧的发展方向演进。因此，对于智慧城市科学的发展战略的制定，既要具有长远的眼光和明确的发展方向，又要统筹兼顾城市的内部资源和发展的短板，通过科学合理、行之有效、循序渐进的战略方案有步骤、有重点地推动城市的智慧发展。

第7章 结论与展望

7.1 研究结论

随着新一代信息通信技术的发展及其在城市各领域的广泛和深入应用,智慧城市成为近几年较为热门的话题,智慧城市建设也成为受到各地追捧的城市发展方案。但是对于什么是智慧城市,理论界和学术界尚没有形成较为清晰、一致的看法。甚至在很多地方,人们陷入了一种误区,认为只要一个城市建成了先进、发达的信息基础设施,能够应用较为先进的信息技术,这个城市就可以称之为智慧城市,忽略了智慧城市应有的本质内涵。针对这一现象,本书以智慧城市的相关概念、系统科学理论、城市系统理论等理论为基础,综合运用规范的理论演绎、内容分析法、多元统计分析、社会网络分析、案例分析等方法,剖析了智慧城市以及智慧城市系统的概念内涵,分析了智慧城市系统的要素与结构,构建了智慧城市的系统模型,并以广州智慧城市的建设与发展为案例对智慧广州系统进行了案例分析,从而为智慧城市的认识和实践提供理论参考。总体来看,本书明确地回答了以下三个问题:①智慧城市是一类怎样的城市,如何通过系统思考方法认识这一复杂的新事物?②智慧城市系统是由哪些基本要素构成的,它具有怎样的结构特征?③不同的智慧城市系统要素是怎样在相互联系中按照特定的结构层次构成智慧城市系统这一整体的?通过对以上问题的研究与分析,本书得到了以下一些有意义的研究结论:

(1)智慧城市是以新兴信息技术为基础,以谋求经济、社会、环境的全面可持续发展为基本方向,以信息技术的人工智能和人的智慧为重要手段,通过充分整合城市各类资源推进城市的创新运作,进而实现城市核心资源的优化配置以及城市运行发展全面优化的城市。以系统思考的方法来看,智慧城市本身就是一个完整的系统,智慧城市系统是通过新兴信息技术的智能和人的智慧在城市情境中的良好耦合,推动城市发展全面优化的城市系统形态。

从智慧城市这一概念的产生及来源看,利用新兴信息技术实现对城市核心运行系统的改造提升是智慧城市理念的基本出发点,从城市的发展历程来看,智慧城市是随着网络社会的到来和智能设备的广泛应用而出现的先进的城市发展理念,是城市信息化发展的高级阶段。与数字城市、智能城市相比较,智慧城市中运用了物联网、云计算、移动互联网等更先进的新一代信息通信技术,信息技术的智能在城市中具有了更加鲜明、生动的体现。从智慧城市的本质来看,它主要利用信息技术实现透彻的感知、深度的资源整合、广泛的互联互通,通过具有认知、分析、判断、应对和实践能力的人的使用和广泛参与,在城市各领域实现各类创新应用,推动城市资源的优化配置和城市系统运行的优化。因此,以"人对事物的认识、分析、应对、创新和应用能力"为主要内涵的人的智慧是城市实现智慧发展的灵魂和精髓。如果用系统思考的方式来认识和分析智慧城市这一复杂的新事物,智慧城市本身就是一个系统,并且相对于一般城市系统而言,智慧城市是一种具有"智慧"特征的城市系统,它通过信息技术的智能和人的智慧在城市情境中的良好耦合,推动城市实现全面优化发展。在智慧城市系统中,信息技术的智能和人的智慧在智慧城市中的耦合机制为:首先,新兴信息技术的发展渗透到城市系统的各个核心子系统之中,并在一定程度上影响和重塑城市各核心子系统的形态和运作方式,使城市各子系统变得智能化,从而建设智能化的城市子系统。其次,具有分析判断能力的人与智能化的城市子系统相结合,以人的智慧和力量推进各主要城市子系统运行发展模式的创新及其自身运行发展的不断优化,从而形成智慧的城市子系统。最后,人的洞察、远见和明智应对能力与整个城市系统的运作相结合,通过制定符合城市智慧发展的政策方案,以科学合理的规划方案和行之有效的行动措施推进城市子系统的智能化改造,引导城市子系统的优化发展和智慧升级,促进各城市子系统之间的协调运行,推动整个城市的全面、协调、持续发展,进而构筑一个智慧的城市系统。与一般城市系统相比,智慧城市系统之所以能够融入"智慧"元素,是因为在智慧城市系统的形成和发展中,智慧城市系统虽然是由自组织和他组织两种力量融合作用而形成的,但它是一种他组织力量较为强大,他组织特性较为明显的城市系统形态。这种他组织力量推动城市系统发展成为一个智慧的城市系统。

(2) 智慧城市系统是由各类要素或子系统复合而成的复杂巨系统，主要包括战略系统、社会系统、经济系统、支撑系统和空间系统五个子系统。从结构方面来看，智慧城市系统具有特定的层次结构特征，主要体现为它具有复杂程度由低到高的物理层、活动层、战略层三大层次。

在智慧城市系统中，人的智慧与若干智能化、智慧的城市子系统的集结、联系与协作主要在城市的战略、社会、经济、支撑、空间五大方面反映出来，它们在智慧城市系统中分别体现为战略系统、社会系统、经济系统、支撑系统、空间系统五大子系统。其中，战略系统是智慧城市能够实现"智慧"发展的前导和灵魂，它以"智慧的战略"发挥系统的"他组织"作用，统筹和引领城市不断向智慧城市演进。它主要由战略愿景、战略目标、战略任务、战略重点、战略执行五大部分相互联系而组成。社会系统以"人与自身、人与人、人与社会的关系"为中心，以"人以及人的智慧的再生产"为核心，通过新兴信息技术在社会活动各领域的渗透和广泛应用，使新兴的网络社会形态更加符合现代人发展的需要，为人的全面发展创造良好的社会条件。它主要由社会关系系统、公共行政系统、社会文化系统三个子系统组成。经济系统以处理"人与自然的关系"为中心，以"人的物质财富创造"为核心，充分发挥人的聪明才智，通过将信息技术广泛地渗透和应用到人类物质财富创造过程中的关键环节与重点领域，使城市的物质财富生产与再生产能力得到极大提升，进而为人们创造更好的物质生活条件和环境，并为人的全面发展提供物质基础。它主要由生产系统、流通系统、消费系统、创新系统四个子系统组成。支撑系统是有效地支持和服务于智慧城市的社会生产、人民生活及环境保护等功能发挥的所有技术、设施及部门的集合，它是智慧城市中一切经济社会活动的载体，主要由信息技术系统、信息基础设施系统和基础设施信息化改造系统三个子系统组成。空间系统是智慧城市中人们经济社会活动的资源空间和容纳场所的统一，也是人们的经济社会活动在城市空间上的投影，主要由物质空间系统和属性空间系统两个子系统组成。从智慧城市系统的结构来看，它具有复杂程度由低到高的物理层、活动层和战略层三大层次。其中，物理层集中体现了信息时代城市中物质要素及其呈现的物理形态的发展演变趋势。活动层集中体现了信息时代城市中人类活动呈现的智慧运作形态，主要涉及人们的经济社会活动。战略层是智慧城市系统的最高层次，也是城市"智慧"的最高体现，它的"智慧"主要体现为科学精明的发展战略对城市系统运行与发展的干预、引领和带动作用。

(3) 智慧城市的系统模型刻画了一个完整的智慧城市系统所包含的主要构

成因素，并按照一定的结构形式表达了不同构成因素之间的联系和作用方式，揭示了智慧城市系统形成、运行和发展的内在机制。

在智慧城市的系统模型中，战略系统位于战略层中，战略层位于智慧城市系统的最高层，社会系统、经济系统位于活动层中，活动层位于智慧城市系统的中间层，支撑系统和空间系统位于物理层中，物理层位于智慧城市系统的最底层。同时，战略系统、社会系统、经济系统、支撑系统、空间系统之间存在着相互联系、相互作用、相互依存的关系。智慧城市的系统模型揭示了智慧城市系统的形成、运行和发展是由复杂程度由高到低的战略系统、社会系统和经济系统、支撑系统和空间系统相互之间的联系和作用而实现的。其中，战略系统是推动整个智慧城市系统呈现"智慧"的灵魂与核心，它通过发挥一种强大的他组织力量，以明确的愿景方向、科学的规划方案、有力的执行措施，一方面推动支撑系统中信息网络基础设施、智能应用系统、公共信息平台的建设，空间系统中高度智能化的流动空间和科学合理的空间发展格局的形成，社会系统中更符合现代人生存和发展需要的社会环境和条件的形成，经济系统中更加高效、科学以及符合人性化需求的经济运行模式的形成；另一方面战略系统通过其约束、控制和调节作用实现社会系统、经济系统、支撑系统、空间系统的协调、平衡发展，进而推动整个城市系统的不断优化。社会系统和经济系统与人的活动密切相关，它们是智慧城市系统中最有活力和创造力的系统组成部分，在战略系统的引导和调节下，以及支撑系统和空间系统的支持下，社会系统通过创造良好的社会环境与条件促进人的全面发展，经济系统通过创造更加多样化、丰富的物质生活条件与环境为人的全面发展奠定坚实的物质基础，由此可见，社会系统和经济系统共同在城市中打造更加符合现代人的发展需求的社会经济环境。支撑系统和空间系统与城市中的物质要素密切相关，它们在战略系统的部署和实施中形成，并为智慧城市中人们的经济社会活动提供物质基础和依托场所，其中，支撑体系为人们开展各类经济社会活动提供技术和物质支持，空间系统为人们的经济社会活动提供资源环境和依托场所，由此可见，支撑系统和空间系统共同构建更加符合现代城市运行发展需求的基础条件。综上所述，智慧城市系统模型通过分别位于战略层、活动层、物理层三大层次中的战略系统、社会系统、经济系统、支撑系统和空间系统五大子系统之间的相互联系、相互作用关系，揭示了智慧城市系统形成、运行和发展的内在机制。

7.2 研究局限与展望

本书在综合运用前人的研究结果的基础上，剖析了智慧城市及智慧城市系统的本质内涵，分析了智慧城市系统的要素和结构，构建了智慧城市的系统模型，并以广州智慧城市建设为案例对智慧广州系统进行了案例分析，得到了一些较为新颖和有意义的结论。但由于研究条件及笔者研究能力的限制，本书还存在一些不足之处：

第一，在本书理论模型构建过程中没有采用基于多案例的探索性或验证性案例研究。多案例的探索性案例研究由于其科学、严谨性而成为构建新理论较为常见的方法。但由于本书的研究对象较新，世界各地正处于智慧城市建设的探索阶段，尚没有公认的标准的智慧城市，难以确定较为典型的案例研究对象。即使对于本书第6章作为案例分析的广州市而言，广州市只是进行智慧城市建设探索的一个具体城市而已，目前尚无明确的证据显示广州已经成为在世界上具有典范意义上的智慧城市，也不足以作为构建或验证本书理论的典型案例。更为重要的是，本书的主要研究问题为"什么是智慧城市"，该研究课题的性质决定了，无论是对于本书所构建理论的宏观性和抽象性而言，还是对于资料收集、梳理、归纳、整理的工作难度而言，进行跨案例的探索性案例研究或者利用案例对本书所构建理论进行验证是非常难以实现的。基于以上考虑，本书主要通过规范的理论演绎的方法构建了智慧城市系统的相关理论，并在最后选择了通过广州智慧城市建设案例来对照本书提出的相关理论在具体城市中的适用性与合理性。

第二，本书采用高频关键词共词分析方法分析智慧城市的构成维度所具有的局限性。本书采用共词分析方法，利用高频关键词对国内外文献中人们对智慧城市的分析和研究进行提炼和归纳，以对高频关键词共词矩阵的多元统计分析和社会网络分析，作为分析智慧城市构成维度及其相互关系的基础和主要依据，具有一定的权威性和科学性，为本书研究提供了重要支持。但在国内外智慧城市文献中，也难免存在一些在智慧城市中重要但尚没有引起研究者的广泛关注，或暂时被人们忽视的内容，从而使得现有的高频关键词在代表性方面具有一定的局限性。

以上问题的存在使本书具有了进一步深化和拓展的空间。在后续研究中，本书中所提出的理论模型可在不同地区、城市及区域进行验证与分析，如智慧城市群、智慧社会、智慧乡村以及智慧园区等不同层面进行拓展和深化，结合相关材料对本书所构建的理论模型进行全面、深入的对照和分析，以推动相关理论的进一步补充和完善。

参考文献

［1］Allen J. Scott, 汤茂林. 创意城市: 概念问题和政策审视［J］. 现代城市研究. 2007（2）: 66 - 77.

［2］Arun Mahizhnan. Smart Cities: The Singapore Case［J］. Cities. 1999, 16 (1): 13 - 18.

［3］A. Camero, E. Alba. Smart City and Information Technology: A Review［J］. Cities, 2019（93）: 84 - 94.

［4］Bollier D.. How Smart Growth Can Stop Sprawl［M］. Washington, DC: Essential Books, 1998.

［5］Castells M. (ed). High Technology, Space and Society［M］. Newbury Park: Sage Publications, 1985.

［6］Castells M., Hall P.. Technopoles of the World: the Making of Twenty - First - Century Industrial Complexe［M］. London: Routledge, 1994.

［7］Castells M., Yuko Aoyama., Paths towards the Informational Society: Employment Structure in G - 7 Countries, 1920 - 1990［M］. International Labor Review, Vol. 133, No. 1, 1994.

［8］Castells M.. End of Millennium［M］. Oxford: Blackwell, 1998.

［9］Castells M.. The Informational City［M］. Oxford: Blackwell, 1989.

［10］Castells M.. The Power of Identity［M］. Oxford: Blackwell, 1997.

［11］Castells M.. The Rise of the Network Society［M］. Oxford: Blackwell, 1996.

［12］Center on Governance. Smart Capital Evaluation Guidelines Report: Performance Measurement and Assessment of Smart Capital［EB/OL］. Ottawa, Canada: University of Ottawa, http: //www. christopherwilson. ca/papers/Guidelines_ report_

Feb2003. pdf, 2003.

[13] Colin Harrison, Ian Abbott Donnelly. A Theory of Smart Cities [EB/OL]. Available at: http://journals.isss.org/index.php/proceedings55th/article/view/1703, 2011.

[14] Colin Harrison. Principles for Models of Urban Systems [R/OL]: Available at: http://urbansystemscollaborative.org/library-2/, 2012-01-17.

[15] Dick Komakech. Achieving More Intelligent Cities [J]. Proceedings of the Institution of Civil Engineers, 2005, 158 (ME4): 259-264.

[16] Durlauf, Steven N. and Yannis M., Ioannides. Social Interactions [J]. Annual Review of Economics, 2010, 2 (1): 451-478.

[17] D. Halpern. Social Capital [M]. Bristol: Policy Press, 2005.

[18] Emmanouil Tranos, Drew Gertner. Smart networked cities? [J]. Innovation: The European Journal of Social Science Research. 2012, 25 (2): 175-190.

[19] E. Ismagilova, L. Hughesb, Y. K. Dwivedic, K. Ravi Ramand. Smart Cities: Advances in Research—An Information Systems Perspective [J]. International Journal of Information Management, 2019 (47): 88-100.

[20] Graham S., Healey P.. Relational Concepts of Space and Place: Issues for Planning Theory and Practice [J]. European Planning Studies. 1999, 7 (5): 623-647.

[21] G. F. Camboim, P. A. Zawislak, N. A. Pufal. Driving Elements to Make Cities Smarter: Evidences from European Projects [J]. Technological Forecasting & Social Change, 2019 (142): 154-167.

[22] Hafedh Chourabi, Taewoo Nam. Understanding Smart Cities: An Integrative Frame-work [A]. Ralph H. Sprague, Jr. Proceedings of the Forty-Fifth Annual Hawaii International Conference on System Sciences [C]. Maui, Hawaii: CPS Conference Publishing Services, 2012: 2289-2297.

[23] Hall P.. The World Cities [M]. London: Heinemann, 1966.

[24] Ho Lee, Sang and Hoon Han, Jung and Taik Leem, Yoon and Yigitcanlar, Tan. Towards Ubiquitous City: Concept, Planning, and Experiences in the Republic of Korea [A]: Yigitcanlar, Tan and Velibeyoglu, Koray and Baum, Scott, (eds.). Knowledge-Based Urban Development: Planning and Applications in the Information Era [C]. Hershey, Pa: IGI Global, Information Science Reference, 2008 (148-

169).

[25] Holland G.. Will the Real Smart City Please Stand Up? [J]. Cities, 2008, 12 (3): 303-320.

[26] IBM's Smarter Cities Challenge: Report Philadelphia [R/OL]. Available at: http://www-03.ibm.com/innovation/us/thesmartercity/index_flash.html.

[27] Ikujiro Nonaka, Zhichang Zhu. Pragmatic Strategy: Eastern Wisdom, Global Success [M]. New York: Cambridge University Press, 2012.

[28] John Friedmann. The World City Hypothesis [J]. Development and Change. 1986 (17): 69-83.

[29] John G. Jung. Smart Communities: Digitally - Inclined and Content - Rich [J/OL]. New Telecom Quarterly, 1998: 19-26. Available at: http://www.tfi.com/pubs/ntq/articles/view/98Q1_A3.pdf.

[30] Joost Brinkman. Supporting Sustainability Through Smart Infrastructures: The Case of Amsterdam [J]. Network Industries Quarterly. 2011, 13 (3): 22-25.

[31] Juan Carlos Augusto, Hideyuki Nakashima, Hamid Aghajan. Ambient Intelligence and Smart Environments: A State of the Art [R/OL]. Handbook of Ambient Intelligence and Smart Environments, 2010. http://www.springerlink.com/index/w470817r3u3qllt6.pdf.

[32] Kennedy, Rosemary J.. Smart Cities: Rethinking the City [J/OL]. Response to the Smart State Council Report, 2007. http://eprints.qut.edu.au.

[33] Krassimira Antonova Paskaleva. Enabling the Smart City: The Progress of City E-governance in Europe [J]. Innovation and regional development, 2009, 1 (4): 405-422.

[34] Krassimira Antonova Paskaleva. The Smart City: A Nexus for Open Innovation? [J]. Intelligent Buildings International. 2011 (3): 153-171.

[35] Leonidas G.. Anthopoulos, Athena Vakali. Urban Planning and Smart Cities: Interrelations and Reciprocities [R/OL]. Springer - Verlag Berlin Heidelberg 2011. http://www.springerlink.com/index/7R6P485445752R86.pdf.

[36] Margarita Angelidou. Smart Cities: A Conjuncture of Four Forces [J]. Cities. 2015 (47): 95-106.

[37] Margarita Angelidou. Smart City Policies: A Spatial Approach [J]. Cities. 2014 (41): S3-S11.

[38] Matthias Fingera, Mohamad Ali Mahfouzb. Intelligent Governance of Large Urban Systems [J]. Network Industries Quarterly, 2011, 13 (3): 3.

[39] Mike Barker. Report of the Meeting of Advisory group ICT Infrastructure for Energy – efficient Buildings and Neighbourhoods for Carbon – neutral Cities [R]. Brussels: European Commission, 2011 – 09 – 16.

[40] Nancy Golubiewski. Is There a Metabolism of an Urban Ecosystem? An Ecological Critique [J]. AMBIO: A Journal of the Human Environment. 2012 (41): 751 – 764.

[41] Odendaal N.. Information and Communication Technology and Local Governance: Understanding the Difference Between Cities in Developed and Emerging Economies [J]. Computers, Environment and Urban Systems, 2003, 27 (6): 585 – 607.

[42] Ohbyung Kwon, Jihoon Kim. A Methodology of identifying Ubiquitous Smart Services for U – city Development [A]: J. Indulska et al. (Eds): UIC 2007 [C]. LNCS 4611, 2007: 143 – 152.

[43] Quilley S.. Manchester First: From Municipal Socialism to the Entrepreneurial City [J]. International Journal of Urban and Regional Research, 2000, 24 (3): 601 – 615.

[44] Raffaele Pé. Smart Cities and the Emergence of "Sensitive" Areas for Urban Reclaim [A]: Workshop "Smart Cities e Sviluppo Urbano Sostenibile" [C]. Genoa: Congress Center "Magazzini del Cotone", 2011: 56 – 58.

[45] Rudolf Giffinger, et al.. Smart Cities: Ranking of European Medium – sized Cities [R]. Vienna UT: Centre of Regional Science, 2007: 1 – 25.

[46] Rudolf Giffinger, Haindlamaier Gudrum. Smart Cites Ranking: An Effective Instrument for the Positioning of Cities? [J/OL]. ACE: Architecture, City and Environment. 2010, 4 (12): 7 – 25.

[47] Sam Allwinkle, Peter Cruickshank. Creating Smarter Cities: An Overview [J]. Journal of Urban Technology, 2011, 18 (2): 1 – 16.

[48] Sang Ho Lee, Jung Hoon Han, Yoon Taik Leem, Tan Yigitcanlar. Towards Ubiquitous City: Concept, Planning, and Experiences in the Republic of Korea [A]. In: Yigitcanlar, Tan Velibeyoglu, Koray Baum, Scott (eds.). Knowledge – Based Urban Development: Planning and Applications in the Information Era. IGI Global, In-

formation Science Reference, Hershey, Pa. 2008: 148 - 169.

[49] Sassen S.. On Concentration and Centrality in the Global City [A]. Knox P. L. & Taylor P. J.. World Cities in a World System [C]. Cambridge: Cambridge university press, 1995: 63 - 78.

[50] Sassen S.. The Global City [M]. Princeton: Princeton University Press, 1991.

[51] Sotiris Zygiaris. Smart City Reference Model: Assisting Planners to Conceptualize the Building of Smart City Innovation Ecosystems [J/OL]. Journal of the Knowledge Economy, 2012 (1): http://www.springerlink.com/content/p80672k75w74n679/: 2012 - 03 - 08.

[52] Steve Hodgkinson. Is Your City Smart Enough? [R/OL]. Available at: https://www.aboutcisco.biz/web/strategy/docs/Is_your_city_smart_enough - Ovum_Analyst_Insights.pdf, 2011 - 3.

[53] Sylvie R.. Albert, Ronald C. Fetzer. Smart Community Networks: Self - directed Team Effectiveness in Action [J]. Team Performance Management, 2005, 11 (5/6): 144 - 156.

[54] Taewoo Nam, Theresa A. Pardo. Conceptualizing Smart City with Dimensions of Technology, People, and Institutions [A]. Proceedings of the 12th Annual International Digital Government Research Conference: Digital Government Innovation in Challenging Times [C]. New York: 2011: 282 - 291.

[55] Taewoo Nam, Theresa A. Pardo. Smart City as Urban Innovation: Focusing on Management, Policy, and Context [A]. Proceedings of the 5th International Conference on Theory and Practice of Electronic Governance [C]. Tallinn, Estonia, 2011: 185 - 194.

[56] Tannaz Monfaredzadeh, Robert Krueger. Investigating Social Factors of Sustainability in a Smart City [J]. Procedia Engineering, 2015 (118): 1112 - 1118.

[57] Tansley A. G.. The Use and Abuse of Vegetational Concepts and Terms [J]. Ecology, 1935 (16): 284 - 307.

[58] Tooran Alizadeh. An Investigation of IBM's Smarter Cites Challenge: What Do Participating Cities Want? [J]. Cities, 2017 (63): 70 - 80.

[59] Tuba Bakc, Esteve Almirall, Jonathan Wareham. A Smart City Initiative: the Case of Barcelona [J/OL]. Journal of knowledge economy, 2012 - 02 - 28. ht-

tp://www.springerlink.com/content/9318pq8q61r06345/.

[60] Valdis Krebs, June Holley. Building Smart Communities through Network Weaving [J]. The Appalachian Center for Economic Networks, 2006: 1 – 17.

[61] Vasseur J.. Smart Cities and Urban Networks [A]: Vasseur, J. & Dunkels, A. (Eds.). Interconnecting Smart Objects with IP: The Next Internet [C]. Burlington, MA: Morgan Kaufmann. 2010: 360 – 377.

[62] [美] W. 理查德·斯科特. 组织理论：理性、自然与开放系统的视角 [M]. 高俊山译. 北京：中国人民大学出版社，2011.

[63] [美] 埃弗雷姆·特班，戴维·金等. 电子商务：管理与社交网络 [M]. 时启亮等译. 北京：机械工业出版社，2014.

[64] [美] 艾伯特·赫希曼. 经济发展战略 [M]. 曹征海，潘照东译. 北京：经济科学出版社，1991.

[65] [美] 安东尼·汤森. 智慧城市：大数据、互联网时代的城市未来 [M]. 赛迪研究院专家组译. 北京：中信出版社，2015.

[66] [德] 哈肯. 协同学：自然成功的奥秘 [M]. 戴鸣钟译. 上海：上海科学普及出版社，1987.

[67] [美] 凯瑟琳·M. 埃森哈特，梅丽莎·E. 格瑞布纳. 由案例构建理论的机会与挑战 [J]. 张丽华，何威译. 管理世界，2010（4）：125 – 130.

[68] [美] 理查德·P. 格林，詹姆斯·B. 皮克. 城市地理学 [M]. 中国地理学会城市地理专业委员会译. 北京：商务印书馆，2011.

[69] [美] 理查德·斯科特，杰拉尔德·F. 戴维斯. 组织理论：理性/自然与开放系统的视角 [M]. 高俊山译. 北京：中国人民大学出版社，2011.

[70] [美] 罗伯特·L. 弗勒德等. 创造性解决问题：全面系统干预 [M]. 杨建梅等译. 上海：上海科技教育出版社，2008.

[71] [美] 曼纽尔·卡斯特. 网络社会的崛起 [M]. 夏铸九，王志宏等译. 北京：社会科学文献出版社，2001.

[72] [美] 曼纽尔·科斯特. 流动空间 [J]. 王志弘译. 国外城市规划，2006，21（5）：69 – 87.

[73] [美] 约翰·M. 利维. 现代城市规划（第五版）[M]. 张景秋等译. 北京：中国人民大学出版社，2003.

[74] [日] 界屋太一. 组织的盛衰：从历史看企业再生 [M]. 吕美女，吕国祯译. 上海：上海人民出版社，2000.

[75] [英] P. 切克兰德. 系统论的思想与实践 [M]. 左晓斯等译. 北京: 华夏出版社, 1990.

[76] [英] 迈克尔·C. 杰克逊. 系统思考: 适于管理者的创造性整体论 [M]. 高飞等译. 北京: 中国人民大学出版社, 2005.

[77] [英] 诺南·帕迪森. 城市研究手册 [M]. 郭爱军等译. 上海: 格致出版社、上海人民出版社, 2009.

[78] [英] 欧阳莹之. 复杂系统理论基础 [M]. 田宝国等译. 上海: 上海科技教育出版社, 2002.

[79] 安小米. 国外智慧城市知识中心构建机制及其经验借鉴 [J]. 情报资料工作, 2013 (4): 31-35.

[80] 包雄关. 智慧港口的内涵及系统结构 [J]. 中国航海, 2013, 36 (2): 120-123.

[81] 蔡荣生, 王勇. 国内外发展文化创意产业的政策研究 [J]. 中国软科学, 2009 (8): 77-84.

[82] 陈畴镛, 周青. 智慧城市建设: 主导模式、支撑产业和推进政策 [M]. 杭州: 浙江大学出版社, 2014.

[83] 陈定荣, 蒋伶, 程茂吉. 转型期城市战略研究新思维 [J]. 城市规划, 2011 (S1): 148-151.

[84] 陈果, 顾朝林. 网络时代的城市空间特征及演变 [J]. 城市规划汇刊, 2000 (1): 33-38.

[85] 陈海明, 崔莉, 谢开斌. 物联网体系结构与实现方法的比较研究 [J]. 计算机学报, 2013, 36 (1): 168-188.

[86] 陈江岚, 王兴全. 智慧城市论丛 [M]. 上海: 上海社会科学院出版社, 2011.

[87] 陈江岚. 建设和谐社会要确立"以人为本"作为基本价值的地位 [J]. 天府新论, 2005 (5): 37-39.

[88] 陈柳钦. 智慧城市: 全球城市发展新热点 [J]. 青岛科技大学学报 (社会科学版), 2011 (1): 8-16.

[89] 陈铭等. 智慧城市评价指标体系研究: 以智慧南京建设为例 [J]. 2011 (5): 84-89.

[90] 陈友福, 张毅, 杨凯瑞. 我国智慧城市建设风险分析 [J]. 中国科技论坛, 2013 (3): 45-50.

［91］成思危．试论科学的融合［J］．自然辩证法研究．1998,14（1）：1-6.

［92］程大章．智慧城市顶层设计导论［M］．北京：科学出版社,2012.

［93］程开明．城市自组织理论与模型研究新进展［J］．经济地理．2009,29（4）：540-544.

［94］程扬．经济发展的新趋势：智慧经济［J］．岭南学刊,2010（3）：64-67.

［95］褚大建,黄晓芬．创意城市与大学在城市中的作用［J］．城市规划学刊,2006（1）：27-31.

［96］崔淼,苏敬勤．中国企业管理创新的驱动力：兼与西方企业的比较［J］．科学学研究.2012,30（5）：755-765.

［97］邓贤锋．"智慧城市"评价指标体系研究［J］．发展研究,2010（12）：111-116.

［98］刁玉柱,白景坤．商业模式创新的机理分析：一个系统思考框架［J］．管理学报,2012,9（1）：71-81.

［99］丁纯,李君扬．德国"工业4.0"［J］．德国研究,2014,29（4）：49-66.

［100］丁伟,徐娜,胡艳凤．国家中心城市的战略思维［M］．北京：中国城市出版社,2012.

［101］丁欣伟,陈爽,邓佑满．中国广州科技创新发展报告（2018）［M］．北京：社会科学文献出版社,2018.

［102］方世南．试论社会关系系统［J］．苏州大学学报（哲学社会科学版）,1990（4）：9-13.

［103］房毓菲,单志广．智慧城市顶层设计方法研究及启示［J］．电子政务,2017（2）：75-85.

［104］傅劲松,宁红涛．家园城市、生态城市、网络城市：《雅典宪章》、《马丘比丘宪章》与未来城市规划思考［J］．城市问题．1998（3）：5-6,25.

［105］高光耀．我国智慧城市顶层设计基本思路研究［J］管理现代化,2013（6）：46-48.

［106］高宜程,申玉铭,王茂军等．城市功能定位的理论和方法思考［J］．城市规划,2008,32（10）：21-25.

［107］戈峰．现代生态学（第二版）［M］．北京：科学出版社,2008.

[108] 辜胜阻,王敏.智慧城市建设的理论思考与战略选择[J].中国人口·资源与环境,2012,22(5):74-80.

[109] 辜胜阻,杨建武,刘江日.当前我国智慧城市建设中的问题与对策[J].中国软科学,2013(1):6-12.

[110] 顾朝林,段学军,于涛方等.论"数字城市"及其三维再现关键技术[J].地理研究,2002,21(1):14-24.

[111] 顾德道,乔雯.我国智慧城市评价指标体系的构建研究[J].未来与发展,2012(10):79-83.

[112] 顾基发,唐锡晋.物理—事理—人理系统方法论:理论与应用[M].上海:上海科技教育出版社,2006.

[113] 顾涧清.广州生态城市的建设与探索[M].广州:广州出版社,2013.

[114] 郭宝华,李丽萍.区域中心城市机理解析[J].重庆工商大学学报(西部论坛),2007,17(2):35-38.

[115] 郭齐胜,杨秀月,王杏林等.系统建模[M].北京:国防工业出版社,2006.

[116] 郭熙保.发展经济学经典论著选[M].北京:中国经济出版社,1998.

[117] 何军.智慧城市顶层设计与推进举措[J].城市发展研究,2013(7):72-76.

[118] 胡钰.创新型城市建设的内涵、经验和途径[J].中国软科学,2007(4):32-38,56.

[119] 黄光宇.田园城市、绿心城市、生态城市[J].重庆建筑工程学院学报,1992,14(3):63-71.

[120] 黄金川,黄武强,张煜.中国地级以上城市基础设施评价研究[J].经济地理,2011,31(1):47-54.

[121] 黄肇义,杨东援.国内外生态城市理论研究综述[J].城市规划,2011,25(1):59-66.

[122] 江俊浩,邱建,卢山.基于科学发展观的城市发展理念探讨[J].工业建筑,2011,41(1):41-43,67.

[123] 江曼琦.西方城市系统研究的历史与新进展[J].学习与实践,2007(2):18-24.

[124] 江明融. 公共服务均等化论略 [J]. 中南财经政法大学学报, 2006 (3): 43-47.

[125] 蒋建科. 别陷入更大信息孤岛 [N]. 人民日报, 2012-05-21 (020).

[126] 金江军. 迈向智慧城市：中国城市转型发展之路 [M]. 北京：电子工业出版社, 2013.

[127] 金江军. 智慧产业发展对策研究 [J]. 技术经济与管理研究, 2012 (11): 40-44.

[128] 金经元. 霍华德的理论及其贡献 [J]. 国际城市规划, 1990 (1): 40-44.

[129] 荆浩. 大数据时代商业模式创新研究 [J]. 科技进步与对策, 2014, 31 (7): 15-19.

[130] 李宝梁. 城市创新与建设创新型城市刍议 [J]. 天津社会科学, 2006 (4): 53-55.

[131] 李德仁, 邵振峰, 杨小敏. 从数字城市到智慧城市的理论与实践 [J]. 地理空间信息, 2011, 9 (6): 1-5.

[132] 李国平. 经济系统进化及动因 [D]. 南京：南京农业大学博士学位论文, 2001.

[133] 李慧, 杨君. 文化数字化工程：突破口在何处 [N]. 光明日报, 2014-05-29 (014).

[134] 李江涛, 张赛飞. 广州创新型城市发展报告 (2014) [M]. 北京：社会科学文献出版社, 2014.

[135] 李林. 智慧城市建设思路与规划 [M]. 南京：东南大学出版社, 2012.

[136] 李明超. 创意城市与英国创意产业的兴起 [J]. 公共管理学报, 2008, 5 (4): 93-100.

[137] 李琦, 刘纯波, 承继成. 数字城市若干理论问题探讨 [J]. 地理与地理信息科学, 2003, 19 (1): 32-36.

[138] 李松, 王学文. 跨越数字鸿沟：信息化时代中国民俗文化数字化的现状、问题与对策 [J]. 西南民族大学学报（人文社会科学版）, 2014 (6): 155-160.

[139] 李文莲, 夏健明. 基于"大数据"的商业模式创新 [J]. 中国工业

经济，2013（5）：83-95.

［140］李贤毅，邓晓宇. 智慧城市评价指标体系研究［J］. 电信网技术，2011（10）：43-47.

［141］李玉梅. 社会性网络信息交互模式系统分析［J］. 情报科学，2010，28（8）：1140-1142，1280.

［142］梁桂全. 广州新型城市发展战略研究［M］. 广州：广州出版社，2012.

［143］林建平，郭重庆. 信息技术对传统产业改造的关键：产品信息化［J］. 中国机械工程，2002，13（9）：769-771.

［144］林龄. 国际建筑师联合会第十四届世界会议：建筑师华沙宣言［J］. 世界建筑，1981（5）：42-43.

［145］刘军. 整体网分析讲义：UCINET 软件使用指南［M］. 上海：格致出版社，2009.

［146］刘明宇. 全球化背景下中国现代产业体系的构建模式研究［J］. 中国工业经济，2009（5）：57-66.

［147］陆军，宋吉涛，谷溪. 世界级城市研究概观［J］. 城市问题，2010（1）：2-9.

［148］陆学艺. 当代中国社会阶层的分化与流动［J］. 江苏社会科学，2003（4）：1-9.

［149］陆中骞. 智慧城市建设中公共数据库构建的思考［J］. 现代城市研究，2014（4）：93-96，108.

［150］龙江，靳永辉. 我国智慧农业发展态势、问题与战略对策［J］. 经济体制改革，2018（3）：74-78.

［151］吕传廷，吴超，黄鼎曦. 从概念规划走向结构规划：广州战略规划的回顾与创新［J］. 城市规划，2010（3）：17-24.

［152］吕拉昌. 全球城市理论与中国的国际城市建设［J］. 地理科学，2007，27（4）：449-456.

［153］吕一博，程露. 基于共词网络的我国创新管理研究结构分析［J］. 管理学报，2011，8（10）：1541-1548.

［154］马亮. 智慧城市如何治理创新？——面向城市"痛点"的系统设计［J］. 电子政务，2017（6）：38-46.

［155］毛建儒，李忱，王颖斌. 系统哲学的探索与研究［M］. 北京：中国

社会科学出版社，2014.

［156］苗东升．复杂性科学研究［M］．北京：中国书籍出版社，2013.

［157］明小波，彭岚．电子商务服务业类型及其在西部电子商务发展中的地位：基于成都市电子商务服务业调查研究［J］．电子商务，2010（12）：14-16.

［158］牛凤瑞．城市学概论［M］．北京：中国社会科学出版社，2008.

［159］潘家华，魏后凯．中国城市发展报告（No.5迈向城市时代的绿色繁荣）［M］．北京：社会科学文献出版社，2012.

［160］齐磊磊．系统科学、复杂性科学与复杂系统科学哲学［J］．系统科学学报．2012，20（3）：7-11.

［161］钱志新．大智慧城市：2020城市竞争力［M］．南京：江苏人民出版社，2011.

［162］秋石．如何认识中国社会阶层结构的变化［J］．求实．2002（14）：906-910.

［163］仇保兴．城市定位理论与城市核心竞争力［J］．城市规划，2002，26（7）：11-13，53.

［164］仇保兴．中国智慧城市发展研究报告（2012—2013年度）［M］．北京：中国建筑工业出版社，2013.

［165］沈奎．广州新型城市化发展的实践与探索（一）［M］．广州：广州出版社，2012.

［166］沈奎．广州新型城市化发展的实践与探索（二）［M］．广州：广州出版社，2012.

［167］沈丽珍，顾朝林，甄锋．流动空间结构模式研究［J］．城市规划学刊，2010（5）：26-32.

［168］沈丽珍，甄锋，席广亮．解析信息社会流动空间的概念、属性与特征［J］．人文地理，2012（4）：14-18.

［169］沈丽珍．流动空间［M］．南京：东南大学出版社，2010.

［170］沈清基．智慧生态城市规划建设基本理论探讨［J］．城市规划学刊，2013（5）：14-22.

［171］沈苏彬，毛燕琴，范曲立等．物联网概念模型与体系结构［J］．南京邮电大学学报（自然科学版），2010，30（4）：1-8.

［172］施雪华．服务型政府的基本涵义、理论基础和建构条件［J］．社会科学，2010（2）：3-11.

[173] 史璐. 智慧城市的原理及其在我国城市发展中的功能和意义 [J]. 中国科技论坛, 2011 (5): 97-102.

[174] 世界银行. 1994年世界发展报告: 为发展提供基础设施 [M]. 北京: 中国财政经济出版社, 1994.

[175] 宋刚, 李立明, 王五胜. 城市管理"三验"应用创新园区模式探索 [J]. 中国行政管理, 2008 (专刊): 98-101.

[176] 宋刚, 邬伦. 创新2.0视野下的智慧城市 [J]. 城市发展研究, 2012 (9): 53-60.

[177] 宋刚, 张楠. 创新2.0: 知识社会环境下的创新民主化 [J]. 中国软科学, 2009 (10): 60-66.

[178] 宋刚等. Fab Lab创新模式及其启示 [J]. 科学管理研究, 2008, 26 (6): 1-4.

[179] 宋刚等. Living Lab创新模式及其启示 [J]. 科学管理研究, 2008, 26 (3): 4-7.

[180] 苏敬勤, 林海芬. 管理创新研究视角评述及展望 [J]. 管理学报, 2010, 7 (9): 1343-1357.

[181] 孙立平. 走向积极的社会管理 [J]. 社会学研究, 2011 (4): 22-32.

[182] 孙中伟. 流动空间的形成机理、基本流态关系及网络属性 [J]. 地理与地理信息科学, 2013, 29 (5): 107-111.

[183] 孙中亚. 城市管治"智慧化": 电子管治到智慧管治的嬗变 [J]. 现代城市研究, 2013 (10): 11-16, 28.

[184] 汤宇卿. 城市流通空间的发展趋势与规划布局研究 [M]. 上海: 同济大学出版社, 2007.

[185] 唐建新, 杨军. 基础设施与经济发展 [M]. 武汉: 武汉大学出版社, 2003.

[186] 汪淼军, 张维迎, 周黎安. 信息技术、组织变革与生产绩效 [J]. 经济研究, 2006 (1): 65-77.

[187] 王爱华, 陈才. 智慧城市: 构筑于信息高地上的城市智慧发展之路 [M]. 北京: 电子工业出版社, 2014.

[188] 王广斌, 崔庆宏. 欧洲智慧城市建设案例研究: 内容、问题及启示 [J]. 中国科技论坛, 2013 (7): 123-128.

[189] 王广斌, 张雷, 刘洪磊. 国内外智慧城市理论研究与实践思考 [J].

科技进步与对策,2013,30(19):153-160.

[190] 王慧芳,周恺.2003~2013年中国城市形态研究评述[J].地理科学进展,2014,33(5):689-701.

[191] 王家耀等.让城市更智慧[J].测绘科学技术学报,2011,28(2):79-83.

[192] 王金柱,李嘉伟.智慧城市的哲学审视[J].自然辩证法研究.2018(11):119-123.

[193] 王静远,李超,熊璋.以数据为中心的智慧城市研究综述[J].计算机研究与发展,2014,51(2):239-259.

[194] 王乐夫.论公共行政与公共管理的区别与互动[J].管理世界,2002(12):48-51.

[195] 王琴.基于价值网络重构的企业商业模式创新[J].中国工业经济,2011(1):79-88.

[196] 王兴平.城市企业化与城市战略规划[J].城市规划,2002,26(6):69-72,96.

[197] 王雪冬,董大海.商业模式创新概念研究述评与展望[J].外国经济与管理,2013,35(11):29-35.

[198] 王要武,郭红领,杨洪涛.我国数字城市建设的现状及发展对策[J].公共管理学报,2004,1(2):58-64.

[199] 王志章.全球知识城市与中国城市化进程中的新路径[J].城市发展研究.2007,14(3):13-19.

[200] 韦颜秋,李瑛.新型智慧城市建设的逻辑与重构[J].城市发展研究,2019(6):108-113.

[201] 邬贺铨.大数据思维[J].科学与社会,2014,4(1):1-13.

[202] 巫细波,杨再高.智慧城市理念与未来城市发展[J].城市发展研究,2010,17(11):56-60.

[203] 吴标兵,林承亮,徐为民.智慧城市发展模式:一个综合逻辑架构[J].科技进步与对策,2013,30(10):31-36.

[204] 吴广谋.系统原理与方法[M].北京:北京师范大学出版社,2013.

[205] 吴良镛.21世纪建筑学的展望[J].建筑学报,1998(12):4-12.

[206] 吴良镛.人居环境导论[M].北京:中国建筑工业出版社,2001.

[207] 吴敏华. 知识城市研究综述 [J]. 城市问题, 2011 (1): 29-35.

[208] 吴余龙, 艾浩军. 智慧城市: 物联网背景下的现代城市建设之道 [M]. 北京: 电子工业出版社, 2011.

[209] 吴月静. 关于南京城市转型与规划创新的思考 [J]. 现代城市研究, 2009 (12): 62-66.

[210] 吴志强, 李德华. 城市规划原理 (第四版) [M]. 北京: 中国建筑工业出版社, 2010.

[211] 席广亮, 甄峰. 基于可持续发展目标的智慧城市空间组织现象和规划思考 [J]. 城市发展研究, 2014 (5): 102-109.

[212] 夏昊翔, 王众托. 从系统视角对智慧城市的若干思考 [J]. 中国软科学, 2017 (7): 66-80.

[213] 肖海林, 闻学. 超级竞争条件下企业整体管理的基本维度与共生型控制模式 [J]. 管理世界, 2006 (12): 131-141.

[214] 谢守红, 宁越敏. 世界城市研究综述 [J]. 地理科学进展, 2004, 23 (5): 56-66.

[215] 谢学宁. 广州智慧城市建设 [M]. 广州: 广州出版社, 2013.

[216] 辛章平, 张银太. 低碳经济与低碳城市 [M]. 城市发展研究, 2008, 15 (4): 98-102.

[217] 徐继华. 智慧政府: 大数据治国时代的来临 [M]. 北京: 中信出版社, 2014.

[218] 徐珏燕, 丁丽, 张乐益. 论城市: 一个自组织演化系统 [J]. 东南大学学报 (哲学社会科学版), 2006 (8): 168-170.

[219] 徐玲. 公共文化数字化建设: 直面城乡现实, 跨越数字鸿沟 [R]. 北京: 北京市社会科学界联合会、北京市科学技术协会, 2012.

[220] 许鹏, 张赛飞. 广州创新型城市发展报告 (2018) [M]. 北京: 社会科学文献出版社, 2018.

[221] 许国志等. 系统科学 [M]. 上海: 上海科技教育出版社, 2000.

[222] 许欢, 杨慧. 智慧城市迭代发展的问题、逻辑与路径 [J]. 学术研究, 2017 (10): 68-72.

[223] 许庆瑞, 吴志岩, 陈力田. 智慧城市的愿景与架构 [J]. 管理工程学报, 2012 (4): 1-7.

[224] 杨冰之, 郑爱军. 智慧城市发展手册 (修订版) [M]. 北京: 机械

工业出版社，2012.

[225] 杨冬梅，赵黎明，闫凌州. 创新型城市：概念模型与发展模式[J]. 科学学与科学技术管理，2006（8）：97-101.

[226] 杨帆，肖希明. 从资源网络到知识网络：Web 2.0 泛在知识环境下数字信息服务基础建构[J]. 图书情报工作，2007，51（8）：71-75，83.

[227] 杨建梅. 切克兰德软系统方法论[J]. 系统辩证学学报，1994（3）：86-91.

[228] 杨建梅. 系统隐喻、系统方法论的系统体系及全面系统干预[J]. 系统工程，2000，18（2）：7-12.

[229] 杨珍. 企业战略对城市战略制定的启示[J]. 城市发展研究，2002，9（3）：30-35.

[230] 杨正洪. 智慧城市：大数据、物联网和云计算之应用[M]. 北京：清华大学出版社，2014.

[231] 姚乐，樊振佳，赖茂生. 政府开放数据与智慧城市建设的战略整合初探[J]. 图书情报工作，2013，57（13）：12-17，48.

[232] 姚南. 智慧城市理念在新城规划中的应用探讨：以成都市天府新城规划为例[J]. 规划师，2013，29（2）：20-25.

[233] 尹丽英，张超. 中国智慧城市理论研究综述与实践进展[J]. 电子政务，2019（1）：111-121.

[234] 余红艺. 智慧城市：愿景、规划与行动策略[M]. 北京：北京邮电大学出版社，2012.

[235] 郁建兴，高翔. 中国服务型政府建设的基本经验与未来[J]. 中国行政管理，2012（8）：22-27.

[236] 袁晓勐. 城市系统的自组织理论研究[D]. 长春：东北师范大学博士学位论文，2006.

[237] 岳欣. 推进我国智慧城市发展的思考[J]. 宏观经济管理，2013（11）：39-40.

[238] 曾伟玉，顾涧清. 广州建设国际商贸中心研究[M]. 广州：世界图书出版广东有限公司，2011.

[239] 曾伟玉，顾涧清. 广州培育世界文化名城研究[M]. 广州：世界图书出版广东有限公司，2011.

[240] 张成福. 重建公共行政的公共理论[J]. 中国人民大学学报，2007

（4）：1－7.

［241］张春红，卓越．国内社会保障研究的知识图谱与热点主题：基于文献计量学共词分析的视角［J］．公共管理学报，2011（4）：111－128.

［242］张鸿雁，张登国．城市定位论：城市社会学视野下的可持续发展战略［M］．南京：东南大学出版社，2008.

［243］张华夏．物质系统论［M］．杭州：浙江人民出版社，1987：264.

［244］张佳丽，王蔚凡，关兴良．智慧生态城市的实践基础与理论建构［J］．城市发展研究，2019（5）：4－9.

［245］张可云，洪世键．现代国际城市研究述评［J］．北京社会科学，2010（3）：10－16.

［246］张玲．城市基础设施建设与区域经济发展研究［D］．大连：东北财经大学博士学位论文，2006.

［247］张勤，马费成．国外知识管理研究范式：以共词分析为方法［J］．管理科学学报，2007，10（6）：65－75.

［248］张曙．工业4.0和智能制造［J］．机械设计与制造工程，2014，43（8）：1－5.

［249］张小娟，贾海薇，张振刚．智慧城市背景下城市治理的创新发展模式研究［J］．中国科技论坛，2017（10）：105－111.

［250］张小娟，张振刚．中国城市社会来临背景下智慧城市的建设与发展对策［J］．科技管理研究，2017（18）：148－152.

［251］张小娟．智慧城市背景下企业技术创新的发展模式研究［J］．科技管理研究，2018（5）：34－38.

［252］张振刚，张小娟．广州智慧城市建设的现状、问题与对策［J］．科技管理研究，2015（16）：87－93.

［253］张振刚，张小娟．企业技术创新要素及其关系研究［J］．科技进步与对策，2014，31（3）：79－83.

［254］张振刚，张小娟．企业市场创新的概念框架及其基本过程［J］．科技进步与对策，2014，31（1）：80－85.

［255］张振刚，张小娟．生态城市的系统框架构建研究：以广州市为例［J］．科技管理研究，2015（21）：245－249.

［256］张振刚，张小娟．智慧城市的五维度模型研究［J］．中国科技论坛，2014（11）：41－45.

［257］张振刚，张小娟．智慧城市系统构成及其应用研究［J］．中国科技论坛，2014（7）：88－93．

［258］张振刚，张小娟．智慧城市研究述评与展望［J］．管理现代化，2013（6）：126－128．

［259］张跃国，许鹏．广州经济发展报告（2018）［M］．北京：社会科学文献出版社，2018．

［260］张其学，陈小钢，王宏伟．中国广州城市建设与管理发展报告（2018）［M］．北京：社会科学文献出版社，2018．

［261］赵光宇，马晖．从《雅典宪章》到《北京宪章》：对居住问题的历史性思考［J］．华中建筑，2000：18（3）：16－17．

［262］赵群毅．全球化背景下的城市中心性［J］．城市发展研究，2009（4）：76－82．

［263］赵燕枫．大数据，大冲击［J］．科学世界，2014（6）：88－93．

［264］赵燕霞，姚敏．数字城市的基本问题［J］．城市发展研究，2011，8（1）：20－24．

［265］赵峥．国外主要创新型城市发展实践与借鉴［J］．决策咨询，2011（1）：87－92．

［266］甄锋．信息时代区域发展战略及其规划探讨［J］．城市规划汇刊，2001（6）：61－64．

［267］郑立明．关于建设智慧城市的战略思考［J］．现代管理科学，2011（8）：66－68．

［268］智慧城市发展研究课题组．"十三五"我国智慧城市"转型创新"发展的路径研究［J］．电子政务，2016（3）：2－11．

［269］中国电信智慧城市研究组．智慧城市之路：科学治理与城市个性［M］．北京：电子工业出版社，2011．

［270］中国发展研究基金会．中国发展报告2010：促进人的发展的中国新型城市化战略［M］．北京：人民出版社，2010．

［271］中国工程院．智慧城市与智能系统的前沿问题与应用［M］．北京：高等教育出版社，2014．

［272］周一星．城市地理学［M］．北京：商务印书馆，1995．

［273］邹采荣，马正勇，冯元．中国广州科技和信息化发展报告（2014）［M］．北京：社会科学文献出版社，2014．

附　录

中共广州市委广州市人民政府
关于建设智慧广州的实施意见

(2012年9月19日)

为深入贯彻科学发展观，全面落实省第十一次党代会、市第十次党代会精神，根据《中共广州市委、广州市人民政府关于全面推进新型城市化发展的决定》，现就建设智慧广州提出以下实施意见。

一、发展目标

至2015年，信息化应用更加广泛深入，建成新一代信息通信网络国际枢纽、城市运行感知网络和智能化管理服务系统，突破一批新一代信息技术，发展一批智慧型产业，构建以智慧新设施为"树根"、智慧新技术为"树干"、智慧新产业为"树枝"、智慧新应用和新生活为"树叶"的智慧城市"树型"框架，智慧城市运行体系初步形成，实现信息网络广泛覆盖、智能技术高度集中、智能经济高端发展、智能服务高效便民，成为中国智慧城市建设先行示范市。

1. 具体目标。

——建成一批战略性信息基础设施。国家信息通信枢纽地位不断提升，基本建成新一代宽带网络、国家级超级计算中心、若干个云计算中心和城市大数据信息资源库，成为汇聚华南、辐射全国的信息资源中心。互联网普及率达到80%以上，企业平均接入带宽达到100兆位每秒，家庭平均接入带宽达到30兆位每秒，无线局域网接入点超过30万个。

——建成一批智能化管理和服务系统。建成一批智慧城市管理平台，城市运行管理协同能力明显提高。市、区（县级市）政府部门普遍实现信息共享和业务协同，80%以上的成年居民和企业拥有个性化政府服务网页，90%以上行政许可审批事项实现网上办理。集聚3~5个年交易额500亿元以上的电子商务平台，上市电子商务企业达到10家。

——发展一批智慧型产业。以高端电子和智能产品占主导的电子信息产品制造业年营业收入达到3000亿元，软件和信息服务业年营业收入达到3000亿元，上市企业达到10家。

——突破一批新一代信息技术。在物联网、云计算、新一代通信网络、高端软件、智能终端、智能处理等领域的核心技术攻关取得重大突破，相关发明专利申请和技术标准超过2000项。

——提升市民信息技术应用水平。建成市民综合学习平台。中小学生基本掌握信息技术基础知识和技能，90%以上的市民能通过网络享受工作、生活、学习等服务，全民信息技术应用水平不断提升。

——健全智慧城市发展保障体系。建立支撑智慧城市发展的政策法规、管理制度、投资融资、信息安全和相关标准体系，形成与城市智慧化发展水平相适应的保障环境。

二、建设智慧广州新设施，强化综合门户城市功能

（一）构建枢纽型国际信息港

2. 实施宽带网络工程。加快推进光纤到户、"无线城市"宽带网络、宽带移动通信网和双向数字有线电视网络等新一代宽带网络建设，推进城乡无线移动宽带网络全覆盖、城区"千兆进企、百兆到户"、乡村"光纤进村、宽带到户"。不断提高国家电信网、国际互联网枢纽的服务水平和处理能力。加快实施下一代互联网（IPv6）工程。积极推进三网融合试点建设。（牵头单位：市科技和信息化局；配合单位：市文化广电新闻出版局、中国电信广州分公司、中国移动广州分公司、中国联通广州分公司等）

3. 建设国际云计算中心。实施"天云计划"，加快建设广州超级计算中心和电子政务云计算平台。推进中国电信沙溪云计算中心、中国移动南方基地、中国联通数据中心、中金华南数据中心和亚洲脉络等一批云计算中心建设。（牵头单位：市科技和信息化局；配合单位：天河区政府、南沙区政府、增城市政府、中国电信广州分公司、中国移动广州分公司、中国联通广州分公司）

4. 建设城市大数据信息资源库。汇集经济调节、市场监管、社会管理、公共服务和人口发展等经济社会发展动态信息以及城市设施和生态环境感知信息，建立全市统一的基础地理空间信息资源体系，构建智慧广州核心战略信息资源。积极推进社会信用体系建设。（牵头单位：市科技和信息化局；配合单位：市发展改革委、市统计局、市公安局、市人口计生局、市工商局、市质监局、市国土房管局、市规划局、市卫生局、市民政局、市流动人员出租屋管理办等）

5. 建立可控的信息安全保障体系。建设信息安全监测、预警和应急指挥系统。建设电子政务异地容灾备份中心，推动关键行业信息系统建立异地灾备体系。加强物联网、云计算、智能处理等安全技术攻关和应用。支持使用自主知识产权的核心芯片、电子器件、计算机和网络设备以及操作系统、数据库和中间件等基础软件产品。研究出台信息保护政策和措施。（牵头单位：市科技和信息化局；配合单位：市政府办公厅、市公安局等）

（二）推进城市基础设施智能化

6. 全面推进智能交通工程。实施智能交通规划。加快建设交通动态信息感知设施，推广应用物联网、交通仿真等智能技术，缓解交通拥堵。大力推进电子警察和交通管理业务网上办理。加快建设交通信息服务发布、公共交通管理、交通管理辅助决策、行业管理、交通基础设施管理等信息系统。推动羊城通与其他城市电子收费系统的互联互通和应用融合。推广电子票务应用。（牵头单位：市交委；配合单位：市公安局、市科技和信息化局、市监察局、广铁集团、市地铁总公司）

7. 加快建设智能港口工程。建设港口货物物联网、港区智能管理系统，实现对进出港区船舶、车辆、货物的实时视频监控、自动感知、智能调度和管理。推进物流大通关及集装箱智能物流信息平台建设，建设具有数据交换、业务协同及客户"一站式"综合服务等功能的港口公共信息平台。建设空港自动感知和智能处理系统，完善地面指挥调度系统，建立一体化空港服务平台，提供"一站式"物流审批、全程货物实时追踪和电子货运物流服务。推动电子票、手机票和行李电子标签的广泛应用。（牵头单位：广州港务局、广州空港经济区管委会；配合单位：南沙区政府、黄埔区政府、广州港集团、市交委、白云区政府、花都区政府、广州白云国际机场股份有限公司、南方航空股份有限公司）

8. 建设智能电网工程。推进用电和配电环节的智能化改造，普及远程智能电力终端，提供双向互动智能用电服务。推进国家级智能电网实验研发中心、电动汽车换电站及换电体验中心建设。建设中新广州知识城和南沙智慧岛智能电网示范区。(牵头单位：市经贸委；配合单位：广州供电局有限公司、广州开发区管委会、南沙区政府)

9. 加快建设智能水网工程。建设智能供水保障系统，建立覆盖供水全过程的水质感知网。建设智能排水系统，实现对所有重点污染源的实时监控以及污水管网状态和水质水量的在线监测。构建水利信息采集系统，实现对全市重点水利设施的实时监测和预测预警。建设三防智能决策系统。(牵头单位：市水务局)

10. 建设智能安全供气工程。建设城市低耗、安全、高效的智能气网，逐步推广新建小区居民家庭用气远程智能抄表，建立智能型的燃气监控调度和应急指挥平台，实现对液化气充装站、汽车加气站、天然气门站、调压站、燃气终端等设施的在线监控，确保供气和用气安全。(牵头单位：市城管委)

三、推进智慧广州新应用，推动公共管理和服务创新

(一) 建设高效便民的电子政府

11. 大力推动政府网上行政审批。加强电子政府建设顶层设计，构建纵向贯通、横向联动、资源共享的电子政务框架体系。建立面向市民和企业的个性化政府服务网页，实现与各政府部门网上办事系统无缝对接，提供政府个性化服务和云计算服务。以业务协同为导向，全面推进政务信息资源共享，促进政务信息资源深度开发利用。实施政府服务网上办理工程，理顺部门内部、跨部门的工作机制，全面梳理和优化办事流程，深入推进行许可事项网上审批、并联审批，提供全生命周期、全方位、个性化、主动式的政府在线服务。推广信息无障碍服务，市、区(县级市)政府门户网站和市残联网站要开展信息无障碍改造。完善和全面推广社区综合服务信息化平台，实现市、区(县级市)各部门电子政务在街道和社区的信息共享和一站式办理。(牵头单位：市科技和信息化局；配合单位：市法制办、市政务办、市监察局、市残联、各行政审批主体单位等)

12. 建设政府智能化办公决策平台。基于云计算服务模式建设全市一体化的办公自动化系统，全面实现电子公文交换和数字档案管理。推广视频会议、移动办公等技术，创新政府会议、会商和决策模式。积极推动政民网上互动，拓展政府信息网上公开的深度和广度，建设政府网络问政平台，完善网上百姓热线系统，推动政府部门开展网络直播和建立政务微博。建立政府决策支持平台，对城市经济社会发展和热点事件进行监控、分析、预警和趋势预测。建立健全智能化

廉政风险防控体系。(牵头单位:市政府办公厅;配合单位:市委宣传部、市发展改革委、市监察局、市科技和信息化局、市信访局,各区、县级市政府)

(二)着力推进城市管理智能化

13. 建设城市智能化管控中心。汇接公安、人力资源和社会保障、国土房管、环保、城建、交通、水务、卫生、人口计生、规划、城管、林业园林、质监、食品药品、安监、水电气、电信、消防、气象等部门智能化信息平台,实现城市设施广泛接入和城市关键运行系统状态自动感知、信息互联互通和事件智能处理。(牵头单位:市科技和信息化局;配合单位:市城管委、市政府办公厅、市公安局、市人力资源和社会保障局、市国土房管局、市环保局、市建委、市交委、市水务局、市卫生局、市人口计生局、市规划局、市林业和园林局、市质监局、市食品药品监管局、市安监局、市气象局等)

14. 建设城市智能化视频监控体系。实施城市图像信息采集"慧眼工程",推进城市视频监控系统高清化、网络化、智能化升级,建设高度整合的视频资源综合管理和智能应用平台,实现城市运行和公共安全的可视化,提升预警和调度能力。(牵头单位:市公安局;配合单位:市视频监控领导小组成员单位)

15. 全面实施公共安全智能化工程。推进治安视频监控的智能化应用,实现市区视频监控点的全面联网。建设"平安校园"。建立全市设施设备安全监测系统。推进食品、药品安全监管智能化,加快推进"放心肉"工程,支持冷冻食品、粤马港清真食品、供港生猪等食品安全溯源应用。(牵头单位:市科技和信息化局;配合单位:市公安局、市城管委、市安监局、市食品药品监管局、市农业局、市工商局、市质监局、市社会治安视频监控系统建设领导小组办公室等)

16. 加快实施城市管理智能化工程。建设城市设施自动感知网、基础设施和管理动态数据库。建设城市智慧型管理平台,推广网格化管理方式,形成综合管理、执法、监督和社会公众参与"四位一体"的城市综合管理体系。(牵头单位:市城管委;配合单位:市科技和信息化局、市建委、市交委、市国土房管局、市规划局、市监察局、市水务局、市环保局、市林业和园林局等)

17. 建设城市规划和地下管线管网智能化工程。加快建设三维城市仿真和规划辅助决策平台,实现城市规划智能化和可视化。构建全市统一的房地产数据库和建设项目审批信息共享平台,提升管理效率和监管能力。建设地下管线管网智能系统,实现地下管线管网的精细化管理。(牵头单位:市规划局;配合单位:市建委、市交委、市国土房管局、市环保局、市水务局、市城管委、市林业和园

林局、市水投集团、广州供电局有限公司、市燃气集团、各通信运营商等）

18. 推进城市应急管理智能化工程。加快推进全市应急平台体系建设，建设可视化指挥平台，有效集成视频监控、800 兆通信、卫星定位、短信等功能，实现突发事件监测防控、预测预警、指挥调度、应急保障、信息收集与发布、模拟演练和空间辅助决策。建设人民防空指挥平台，纳入全市应急平台体系。（牵头单位：市应急办；配合单位：市应急委成员单位及市政府有关单位，各区、县级市政府）

四、发展智慧广州新产业，促进经济发展转型

（一）着力发展新一代信息技术产业

19. 培育发展一批新一代信息技术产业。重点发展以下一代互联网、新一代移动通信、物联网、云计算、集成电路设计、数字音响、数字家庭、新型平板显示和半导体照明等为代表的信息技术产业。实施"创建中国软件名城行动计划"，打造珠三角工业创意设计中心和"网游动漫之都"。建设信息技术离岸服务外包产业集聚区，加速发展软件和信息技术服务外包产业。大力发展面向研发设计、科技成果转化等领域的高新技术服务。（牵头单位：市发展改革委；配合单位：市科技和信息化局、市经贸委、市外经贸局、市文化广电新闻出版局）

20. 实施企业扶大做强行动计划。在物联网、云计算、新一代移动通信、移动互联网、电子商务等领域打造 10 个有国际影响力的龙头骨干企业。（牵头单位：市科技和信息化局；配合单位：市发展改革委、市经贸委、市外经贸局、市文化广电新闻出版局）

21. 培育发展一批名牌智能产品。推动智能汽车、工业智能仪表、平板电脑、卫星导航、机顶盒、智能家电等智能终端产品研发和产业化。大力培育安凯、新岸线、龙芯、凌旭等芯片设计企业，发展核心元器件、终端和系统设备产业。在嵌入式软件、商业智能软件、行业应用解决方案和工业设计软件等领域发展一批具有影响力的软件产品。（牵头单位：市科技和信息化局；配合单位：市发展改革委、市经贸委、市外经贸局）

（二）着力打造网络商都

22. 加快发展电子商务。大力推进国家电子商务示范城市建设。制定出台加快电子商务发展的相关政策文件，培育电子商务经营主体和平台，加快电子商务产业集聚区和电子商务物流基地建设。大力发展移动电子商务，加快中国移动南方基地建设，积极推进移动互联网产业基地和移动互联网应用研究院建设。打造优视动景（UC）和久邦数码（3G门户）两大国际性移动门户。支持广交会电子商务平台等一批第三方国际电子商务平台做大做强。（牵头单位：市经贸委；配合单位：市发展改革委、市科技和信息化局、市外经贸局、市工商局）

23. 实施智能物流工程。推进南方现代物流公共信息平台广州主节点和电子口岸建设，在航运、空运、铁路、公路等行业建设融信息发布、监控追踪、诚信认证、金融担保、保险救援等功能于一体的物流公共服务平台，把广州建成华南地区的物流信息中心和物流公共服务中心。支持广州物流信息公共平台、林安物流园电子商务平台等第四方物流平台建设。（牵头单位：市科技和信息化局；配合单位：市经贸委、市交委、广州港务局、广州白云国际机场股份有限公司、广铁集团）

24. 实施智慧金融工程。搭建人民币跨境业务信息管理系统和共享平台。推进磁条银行卡向金融智能卡迁移，改造和完善受理终端。拓展金融智能卡多行业应用领域。推动证券行情交易、金融信息及数据智能化分析，发展网络金融、手机金融等新型服务。（牵头单位：市金融办；配合单位：市发展改革委、中国人民银行广州分行、广东银联）

（三）推动传统优势产业智能化

25. 大力发展智能装备。研制数字化、智能化、网络化特征的自动化控制系统和装备，加快核电、数控机床、工业机器人等装备产业智能化发展，提高装备工业智能化水平。（牵头单位：市经贸委；配合单位：市发展改革委、市科技和信息化局）

26. 推进研发、生产、管理、营销和服务智能化。推广柔性敏捷化制造、精益生产和智能化管控。大力推广计算机辅助设计（CAD）、计算机辅助工程（CAE）、虚拟仿真、数字模型等技术应用。支持新一代智能化企业资源计划、供应链管理、客户关系管理等系统研制和应用。（牵头单位：市经贸委；配合单位：市发展改革委、市科技和信息化局）

27. 推动节能环保应用。在钢铁、建材、电力、化工、服装、皮具、造纸和食品饮料等高耗能、高污染行业推广清洁生产和节能减排信息技术应用，建立在线监测预警系统，改造优化传统工艺和生产流程，促进节能增效和减污控耗。（牵头单位：市经贸委；配合单位：市发展改革委、市科技和信息化局、市环保局）

（四）建设智慧型产业集聚区

28. 科学布局智慧型产业。建立一批智慧产业聚集区，推进各区（县级市）根据本地区发展基础和现有产业布局，建立基于数据和知识的智慧型产业特色园区，实现优势互补、差异发展。建设华南智慧谷和广州智慧城市研究院。（牵头单位：市发展改革委；配合单位：市经贸委、市科技和信息化局，各区、县级市政府）

29. 优化产业园区创新环境。推动各产业园区建设"无线园区"、公共创新云服务平台等一批基础设施。培育和引进一流的研究、教育、检测认证、风险投资、股权投资、小额贷款和融资担保、科技中介机构等创新资源。（牵头单位：市发展改革委；配合单位：市经贸委、市科技和信息化局、市金融办，各区、县级市政府）

五、发展智慧广州新技术，增强自主创新能力

30. 组织研发核心芯片技术和新一代网络核心技术。支持多核应用处理器芯片、高频无线射频识别微处理器卡芯片、无线射频智能卡（RF－SIM）、超高频无线射频识别芯片研发。支持北斗二代射频芯片和基带芯片、北斗二代/全球定位系统双模导航终端的设计和研发。重点开展基于下一代互联网、三网融合、"无线城市"组网、传感器节点组网和协同感知等技术研发。充分运用新一代移动通信技术，推进移动互联网在各个领域的广泛应用。（牵头单位：市科技和信息化局；配合单位：市发展改革委）

31. 推动传感器技术、超级计算和智能处理技术的研发和产业化。大力扶持低功耗、小型化、高性能的新型传感器，以及各种物理、化学、生物信息传感器的研发和产业化。重点开展传感信息处理、新一代智能引擎、中间件、嵌入式软件、仿真、数据挖掘等技术研发。开展高性能计算技术在生命健康、生物制药、新能源、新材料和高端装备制造等战略性新兴产业中的应用。（牵头单位：市科技和信息化局；配合单位：市发展改革委）

六、创造智慧广州新生活，促进幸福广州建设

（一）着力发展智慧民生服务

32. 发展智慧人文教育。构建教育云公共服务平台，整合共享全市优质教育信息资源。推动网络环境下的教育模式创新。加快推进广州智慧大学城和数字教育城建设，探索推进智慧校园建设。建设文化产业网络交易平台和一批高质量的文化信息数据库，加快岭南精品文化的广泛传播。大力推广自助图书借还终端。推动平面媒体向全媒体转型。（牵头单位：市教育局；配合单位：市文化广电新闻出版局、市人力资源和社会保障局、市科技和信息化局）

33. 加快推进智慧医疗工程。构建区域卫生信息平台，逐步建立全市居民电子健康档案和电子病历等数据资源库。建设全市统一的集约式预约挂号系统、诊疗费用支付系统和妇幼保健信息系统，探索检验检查结果互认、双向转诊及远程医疗等协同应用。推进云计算、物联网和无线移动技术在医院管理的应用。推动基层医疗卫生机构信息系统全覆盖。建设出生缺陷干预和优生促进信息化工程。（牵头单位：市卫生局；配合单位：市科技和信息化局、市公安局、市民政局、市人力资源和社会保障局、市人口计生局）

34. 全面建设智慧社保工程。推进社会保障信息系统和相关系统全面整合、信息共享和智能化利用，全面推行社会保障"一卡通"，实现公共服务领域一卡多用和社保领域跨部门、全流程网络化协同管理。建设智慧救助工程，建立社会救助、社会福利信息共享机制，建设广州市居民家庭经济状况核对系统。（牵头单位：市人力资源和社会保障局；配合单位：市民政局、市科技和信息化局、市公安局、市卫生局、市人口计生局、市地税局、市教育局、市公积金中心、市残联、广东银联）

35. 大力实施智慧人才工程。加快广州人才信息港建设，汇聚科技创新、产业发展、创新创业领军人才，打造华南智慧城市人才聚集区。建设国家级区域性人才信息资源中心和应用服务中心，实现人力资源开发和人才培养、就业、流动、评价、成长等全过程的智慧型服务。（牵头单位：市人力资源和社会保障局；配合单位：市委组织部、市卫生局、市文化广电新闻出版局、市科技和信息化局）

（二）着力营造智能化生活环境

36. 建设生态环境感知监控工程。加快建立涵盖气象、林业、水、大气、工业源、餐饮油烟、机动车、放射源、噪声、固体废弃物的全区域生态状况实时感知体系。建设基于云计算的智能监控中心、环境公众服务体系和智能化生态环境信息服务平台。推动智慧海珠生态城建设。（牵头单位：市环保局；配合单位：海珠区政府、市国土房管局、市建委、市交委、市公安局、市水务局、市气象

局、市规划局、市城管委、市工商局、市林业和园林局、市农业局、市安监局)

37. 推进智能家居工程。大力推进以4C(计算机、通信、消费电子、内容)融合和三网融合为特征的数字家庭发展。发展集家居控制、安防、节能、健康服务等为一体的智能家居系统,发展高清互动家庭多媒体信息服务。大力推广物联网、新材料、新能源等技术在楼宇建设中的综合应用,改善居住和办公环境。(牵头单位:市科技和信息化局;配合单位:天河区政府、市建委、市公安局、市文化广电新闻出版局、市卫生局)

38. 建设智慧社区工程。建设和推广全市统一的社区服务管理信息平台,为居民提供行政管理、社会事务、家政等"一站式"服务。推广智能消防、停车场管理、社区安防、远程抄表、智能供水等智能物业管理应用,发展电子商务、电子政务、远程医疗和远程教育等社区互动信息服务。(牵头单位:各区、县级市政府;配合单位:市科技和信息化局、市文化广电新闻出版局、市教育局、市水投集团)

(三) 建设智慧广州示范区

39. 加快推进天河智慧城建设。建成中国软件名城核心区和智慧产业集聚区,培育广州天云产业基地。建设智慧广州先行区,全面探索和推动面向未来的智慧政务、智慧民生应用。(牵头单位:天河区政府;配合单位:市科技和信息化局等各有关部门)

40. 建设南沙智慧岛。着力建设"粤港澳数据服务合作区"、国际互联网数据中心和知识产权交易中心。重点推进信息网络、云计算中心和国际智能港等智能基础设施建设,推进教育、医疗、城管、交通、社区、政务等重点领域智能化应用,集聚一批国家级的创新平台和高新技术企业,建设物联网人才基地、研发基地和制造基地。(牵头单位:南沙开发区管委会)

41. 建设中新广州知识城智慧城市示范区。构建基于新一代宽带网络的光网城区,搭建出口带宽达100吉位(G)的新加坡—知识城国际通信光缆通道,推进智能电网、电子政府、智慧社区、智慧教育、智慧医疗、智能交通等示范应用,推进智慧产业发展。(牵头单位:广州开发区管委会;配合单位:中国电信广州分公司、中国移动广州分公司、中国联通广州分公司)

42. 建设数字家庭(番禺)示范区。推进国家数字家庭应用示范产业基地建设,推动三网融合、家庭、政务、城管、教育、医疗、民生、文化等综合应用,建设社区数字家庭体验屋。(牵头单位:番禺区政府;配合单位:市科技和信息

化局、市文化广电新闻出版局、市质监局、市人口计生局）

43. 建设黄埔智慧港。重点建设一批特色智能产业、智慧化城市管理及民生服务等示范应用项目，打造国家电子商务示范基地、广州智慧产业集聚区、社会服务管理改革创新引领区。（牵头单位：黄埔区政府）

44. 建设智慧乡村。结合美丽乡村试点建设，实施"一管（集约化通信管道）五通（通电话、有线电视、宽带、光纤、无线网络）"工程。建立智慧乡村信息化服务平台，大力推广农博士科技下乡、LED 信息进村等智慧乡村应用模式。实施订单农业电子商务应用扶持工程及精准农业应用试点示范工程。（牵头单位：市科技和信息化局；配合单位：市农业局、市经贸委、市旅游局、市卫生局、番禺区政府、花都区政府、增城市政府、从化市政府、中国电信广州分公司、中国移动广州分公司、中国联通广州分公司）

七、保障措施

45. 加强统筹规划。开展智慧城市顶层设计，统筹协调信息基础设施和重大项目建设。完善智慧城市法制环境，推行电子证照作为法定办事依据。加快制定光纤到户、通信管道和基站、政府信息共享和开发利用、信息安全管理等关键政策文件。将移动通信基站建设纳入城市规划。（牵头单位：市科技和信息化局；配合单位：市法制办、市规划局、中国电信广州分公司、中国移动广州分公司、中国联通广州分公司）

46. 建立推进机制。依托市科技和信息化工作领导小组，建立高层次的智慧城市联席会议制度，研究解决推进智慧城市建设过程中的重大问题。加大推进力度，由市领导牵头负责市政府确定的跨部门重大项目。明确工作分工和责任，建立智慧城市评价指标体系，纳入全市科学发展观考核。（牵头单位：市科技和信息化局；配合单位：市科技和信息化工作领导小组成员单位）

47. 理顺管理体制。探索建立适应高度协同发展的信息化管理机制，推行首席信息官（CIO）制度，试点先行、分批推进，建立双重管理或集中派驻的政府首席信息官的运作机制，提高信息资源整合和协同能力。推行电子政务集约化云服务模式，健全网络与信息安全协同管理机制。（牵头单位：市编办；配合单位：市科技和信息化局、市人力资源和社会保障局）

48. 制定标准规范。推进智能化城市管理系统工程顶层设计，建立智慧城市的技术标准体系，推动光纤到户、通信基站选址、通信管道铺挖、信息安全以及智慧城市的关键应用领域建立技术标准规范。（牵头单位：市科技和信息化局；

配合单位：中国电信广州分公司、中国移动广州分公司、中国联通广州分公司）

49. 加强技术攻关应用。通过市财政信息化资金重点保障政府信息化重点项目建设；在市科技经费中设立智慧广州重大专项，支持智慧城市核心技术攻关。通过战略性主导产业发展资金重点支持技术成果应用转化和园区载体建设。采取试点首购和产业链联动应用，推动核心技术产业化和应用试点示范。（牵头单位：市科技和信息化局；配合单位：市财政局、市发展改革委）

50. 加强培训宣传。将智慧广州建设理论和实践纳入干部培训计划。结合智慧城市重大工程和重点产业，校企联动培养多层次人才。利用科技活动周、智慧城市论坛和就业培训、社区服务等平台，开展多种形式宣传体验，普及智慧生活模式。（牵头单位：市科技和信息化局；配合单位：市教育局）